# पंचायत नेतृत्व का उदीयमान स्वरूप

# पंचायत नेतृत्व का उदीयमान स्वरूप

विकास कुमार

GYAN

The publication of this book was financially supported by ICSSR and the responsibility for the facts stated, opinions expressed or conclusions reached are entirely that of the author and ICSSR accepts no responsibility for them.

**Prof. Sushma Yadav, Pro Vice Chancellor, IGNOU, New Delhi** has evaluted the thesis and her name should be printed at the appropriate place (i.e. copyright place)

*पंचायत नेतृत्व का उदीयमान स्वरूप*



ISBN : 978-81-212-1256-4

भारत में सन् 2015 में प्रकाशित

ज्ञान पब्लिशिंग हाउस
23, मेन अंसारी रोड, दरियागंज
नई दिल्ली–110002

फोन : 23282060, 23261060

ई-मेल : books@gyanbooks.com

*टंकण :* शुभम् प्रिंटर्स, दिल्ली
*मुद्रित :* जी. प्रिंट प्रोसैस, दिल्ली

# अनुक्रमणिका

# प्राक्कथन

डॉ0 विकास कुमार ने बहुआयामी एवं व्यावहारिक विधाओं का अनुसरण करते हुए ग्रामीण भारत में पंचायतों और उनसे जुड़े नवीन उदीयमान नेतृत्व का अध्ययन "पंचायत नेतृत्व का उदीयमान स्वरूप" शीर्षक से पुस्तक प्रस्तुत किया है। मैंने इसका सम्यक् अवलोकन किया। भारतीय ग्रामीण परिवेश से जुड़े समाजशास्त्रीय अध्ययनों विशेषकर मिल्टन सिंगर, मैकिम मैरियट, आस्कर लेविस, राबर्ट रेडफिल्ड, बी0आर0 चौहान, योगेन्द्र सिंह, एस0सी0 दुबे, एम0एन0 श्रीनिवास एवं के0एल0 शर्मा के द्वारा किए गए अध्ययनों की दिशा में ही ग्रामीण जीवन शैली और उससे जुड़ी शक्ति–संरचना तथा विकेन्द्रीकृत विकास से जुड़ा हुआ एक नवीन अध्ययन है। डॉ0 विकास कुमार ने सांख्यिकीय आधारों पर विश्लेषण करते हुए बिहार विशेषकर दक्षिण–पश्चिम बिहार के ग्रामीण उदीयमान नेतृत्व की प्रवृत्तियों और स्वरूपों का नवीन एवं यथार्थ चित्रण प्रस्तुत किया है। यह ग्रंथ डा0 कुमार का ग्रामीण समाजशास्त्र में एक मौलिक योगदान है। मेरे आकलन में एक समाजशास्त्र के अध्येता की हैसियत से युवा लेखक ने वैज्ञानिक दृष्टि एवं विवेचनात्मक आधारों पर ग्रामीण सामाजिक एवं सामयिक परिस्थितियों में उनकी प्रासंगिकता की व्याख्या की है।

अध्ययन सर्वेक्षण, विश्लेषण एवं विवेचन सभी वैज्ञानिक अध्ययनों के आधार होते हैं। इस पुस्तक में लेखक ने उपलब्ध समसामयिक मुद्दों से जुड़ें ग्रामीण समाजशास्त्र के एक बड़े साहित्य का भली–भाँति पुनरावलोकन करते हुए अपने अध्ययन को एक विशिष्ट एवं दृढ़ आधार प्रदान करते हुए परिणामों को सविस्तार व्यक्त किया है, इनका अध्ययन पूर्ववर्ती अध्ययनों का विकासात्मक सोपान है। महिला सशक्तिकरण, ग्रामीण विकास कार्यक्रम, जनचेतना, मनरेगा, स्वास्थ्य मिशन, त्रि–स्तरीय पंचायतीराज, कृषि अर्थव्यवस्था, सामाजिक अन्तःक्रिया एवं विकास आदि ग्रामीण विकेन्द्रीकरण से जुड़े अध्ययन एवं अपने क्षेत्रीय अवलोकन से प्राप्त अनुभवों के आधार पर लेखक ने ग्रामीण समाज में नवीन उदीयमान नेतृत्व की प्रवृत्तियों का मूल्यांकन किया है। ग्रंथ 7 अध्यायों में विभक्त है प्रारम्भ में विषय–संबोध में अवधारणात्मक विश्लेषण एवं साहित्य समीक्षा का संतोषप्रद सैद्धान्तिक विश्लेषण है।

अंतिम अध्याय में जो निष्कर्ष व्यक्त किये गये हैं, उन्हें विषयगत प्रमाणों एवं मानकों के तहत जाँचा–परखा गया है। प्रस्तुत पुस्तक ग्रामीण समाजशास्त्र के अध्येताओं, शोध कार्य से जुड़े छात्र–छात्राओं एवं राजकीय स्तर पर ग्रामीण विकास से जुड़े लोगों के अध्ययन में उपयोगी सिद्ध होगी।

प्रो. पी.एन. पाण्डेय
भूतपूर्व संकायाध्यक्ष,
सामाजिक विज्ञान संकाय,
काशी हिन्दू विश्वविद्यालय, वाराणसी,
(उ.प्र.)

# अभिस्वीकृति

स्वतंत्र भारत के 68 वर्षों की उपलब्धियों पर आज हम दृष्टिपात करते हैं तो इसके एक महत् आयाम, विकेन्द्रित सत्ता के प्रतिरुप ग्राम पंचायतों की तरफ ध्यान जाना सहज है। ये पंचायतें ही हैं जो ग्रामीण भारत में स्वावलंबन और सुदृढ़ीकरण के प्रयास में अनवरत् संलग्न हैं। वैसे तो पंचायतें भारतीय स्वतंत्रता के समय से ही अस्तित्व में आयी लेकिन संविधान के 73वें संशोधन ने इन्हें विकेन्द्रीकृत तथा समावेशी विकास की दिशा में दृढ़ता से आगे बढ़ने का मार्ग प्रशस्त किया। संविधान के 42वें संशोधन द्वारा उद्देशिका में योजित शब्द समाजवादी की मूल भावना का कार्यपालन पंचायतों के माध्यम से ही हुआ। पंचायत संबंधी संवैधानिक प्रावधानों के तहत पंचायतों में महिलाओं और निम्न वर्गों की समुचित भागीदारी सुनिश्चित करते हुए जमीनी स्तर पर नेतृत्व की एक नवीन संरचनात्मक प्रणाली का प्रादुर्भाव हुआ, जो आधुनिक भारत की महत्वपूर्ण सामाजिक उपलब्धि है। पंचायतों के अध्ययन के आलोक में बिहार के अत्यंत पिछड़ा नक्सल प्रभावित जिला औरंगाबाद की ग्राम पंचायतों पर आधारित यह अध्ययन आवश्यक है।

इस शोध प्रबन्ध के प्रकाशन हेतु भारतीय सामाजिक विज्ञान अनुसंधान परिषद (ICSSR) नई दिल्ली, से वित्तीय सहायता प्राप्त हुआ। अतः परिषद् के प्रति आभार व्यक्त करता हूँ।

शोध कार्य एवं पुस्तक के प्रकाशन में जिन–जिन व्यक्तियों ने प्रत्यक्ष एवं अप्रत्यक्ष रूप से अपना बहुमूल्य सहयोग, समय एवं सुझाव प्रदान किया है, उनके प्रति आभार प्रकट करना मेरा नैतिक कर्तव्य है। सर्वप्रथम मैं अपने शोध–निर्देशक प्रो0 पी0एन0 पाण्डेय जी (पूर्व संकायाध्यक्ष, सामाजिक विज्ञान संकाय, बी0एच0यू0) के प्रति सहृदय आभार व्यक्त करता हूँ, जिन्होंने कठिन परिश्रम एवं लगन से मेरे शोध कार्य को पूर्ण कराया। उनके कर्मठ तपोमय सरल जीवन पर महान आदर्शों की छाप है, ऐसे श्रद्धेय गुरु जी के प्रति मैं हार्दिक कृतज्ञता ज्ञापित करता हूँ। साथ ही मैं विभागाध्यक्ष एवं प्राध्यापक प्रो0 सोहनराम यादव, प्रो0 सलीम, प्रो0 जयकान्त तिवारी, प्रो0 मंजीत चतुर्वेदी, प्रो0 ए0के0 जोशी, प्रो0 ए0के0 कौल, प्रो0 ए0पी0 सिंह, प्रो0 जे0एन0 सिंह, प्रो0 ए0के0 पाण्डेय, डॉ0 ओमप्रकाश भारतीय, डॉ0 डी0के0 सिंह,

डॉ0 ए0के0 पाण्डेय के प्रति आभार व्यक्त करता हूँ जिन्होंने बहुमूल्य सुझाव व प्रोत्साहन सहित उत्साहवर्धन किया। मैं विभाग के कर्मचारियों का भी आभारी हूँ, जिनका सहयोग एवं स्नेह अवर्णनीय है।

मेरी वात्सल्यमयी माता जी (श्रीमती शकुंतला देवी) व पूज्य पिता जी (श्री जयनन्दन शर्मा) का स्नेहाशीर्वाद मेरे लिए सदैव प्रेरणा का स्रोत रहा है, मेरी ईश्वर से प्रार्थना है कि उनका स्नेहाशीष मुझे सदैव प्राप्त होता रहे।

मैं अपने गुरु पत्नी डा0 इन्द्रा पाण्डेय जी एवं गुरु पुत्री डा0 अनुपमा पाण्डेय (पोस्ट डॉक्टोरल फेलो, समाजशास्त्र विभाग, बी0एच0यू0) तथा उनके परिवार के समस्त सदस्यों को आभार प्रकट करना तो औपचारिकता ही समझता हूँ, क्योंकि मैं इन लोगों के योगदान से उपकृत अनुभव करता हूँ।

मैं अपने स्नेहिल मित्रों विशेषकर डा0 नीरज राय, डा0 प्रमोद कुमार चर्तुर्वेदी, डा0 रामधनी पाल, डा0 कमलेश कुमार सिंह, डा0 नित्यानंद सिंह, डा0 कुमार वरुण, डा0 नीलेश कुमार, पल्लवी अग्रवाल, प्रशांत सिंह आदि के प्रति आभारी हूँ, जिनके सहयोग के फलस्वरूप यह कार्य पूर्ण हुआ। मैं अपने अध्ययन से संबंधित तथ्यों के प्रति जानकारी प्रदान करने वाले उत्तरदाताओं को धन्यवाद ज्ञापित करता हूँ तथा उन लेखकों, सहलेखकों के प्रति हार्दिक कृतज्ञता प्रकट करता हूँ, जिनकी कृतियों एवं शोध पत्रों से मैं स्वतंत्रतापूर्वक लाभान्वित हुआ हूँ। मैं उन समस्त सहयोगियों का आभारी हूँ, जिन लोगों ने क्रमबद्धता लाने तथा व्यवस्थित ढंग से पुस्तक के प्रकाशन में सहयोग प्रदान किया है। अन्ततः, मैं ज्ञान पब्लिकेशन, नई दिल्ली के प्रबन्धक एवं प्रोपराइटर गर्ग जी को धन्यवाद ज्ञापित करता हूँ जिन्होंने बड़ी तत्परता के साथ इसे प्रकाशित किया है।

**विकास कुमार**

# 1 अवधारणात्मक विश्लेषण एवं साहित्य समीक्षा

ग्रामीण विकास बहुआयामी एवं बहुउद्देशीय आधार पर संचालित कार्यक्रम है। इसका मौलिक उद्देश्य ग्रामीण क्षेत्रों को शिक्षा, स्वास्थ्य, चिकित्सा, कृषि विकास, सिंचाई साधन, पशुपालन, उन्नत बीज, उर्वरक आदि के प्रति जागरूकता लाकर ग्रामीण निर्धनता, बेरोजगारी, अशिक्षा, पिछड़ापन, को दूर करना है। साथ ही साथ महिलाओं को शैक्षणिक, आर्थिक एवं सामाजिक स्वावलबन प्रदान करना एवम् अनुसूचित जाति, जनजाति, पिछड़े वर्ग तथा अन्य कमजोर वर्गों को एवम् हासिएँ पर आये लोगों को प्रगति की मुख्य धारा से जोड़ना है। ग्रामीण क्षेत्रों में लघु एवं कुटीर उद्योगों की स्थापना, स्वरोजगार हेतु वित्तीय सहायता, विधवा, अपाहिज आदि को अग्रसरित कर गांवों को आत्मनिर्भर, स्वतंत्र इकाई बनाना है। दूसरी ओर ग्राम पंचायतें शक्ति संरचना का आधार बनें और ग्रामीण जनता शोषण और दोहन से मुक्त हो, सामाजिक न्याय, निष्ठा एवं राष्ट्रीय विकास की ओर अग्रसर हो।[1] चूँकि विकासशील देशों की एक विशाल जनसंख्या ग्रामीण क्षेत्रों में रहती है। सामाजिक आर्थिक रूप से उपेक्षित इन क्षेत्रों में निर्धनता एवं पिछड़ापन एक प्रमुख समस्या है। भारत जैसे ग्रामीण जनसंख्या वाले देश में ग्रामीण विकास एक महत्वपूर्ण आवश्यकता है। ग्रामीण भारत में लगभग 68.31 प्रतिशत जनसंख्या रहती है। अधिकांश ग्रामीण समुदाय ग़रीबी से ग्रस्त है। वे अशिक्षा एवम् अज्ञानता जैसी समस्याओं को हल कर पाने में भी असमर्थ है।

1950-60 का दशक ग्रामीण अर्थ व्यवस्था के पुनर्निर्माण में नया बदलाव लाया, विकास के लिए नवीन एजेंसियाँ बनाई गई। कार्यक्रमों को लागू करने की दिशा में प्रशासनिक सुधार की प्रक्रिया आरंभ की गई, हमारे देश में प्रथम पंचवर्षीय योजना[2] के साथ हीं ग्रामीण पुणर्निर्माण का कार्य प्रारंभ हो गया था। अक्टूबर 1952 को सामुदायिक विकास कार्यक्रम की शुरूआत की गई, सामुदायिक विकास कार्यक्रम का उद्देश्य है ग्रामीण समुदाय को आत्मनिर्भर बनाना। इस प्रक्रिया के द्वारा ग्रामीण समुदाय स्वयं अपनी आवश्यकताओं को पहचानता है और मिल-जुलकर जनसहभागिता

से उन आवश्यकताओं की पूर्ति करता है। सामुदायिक विकास योजना की शक्ति शासकीय अनुदान से सहायता प्राप्त गाँव की आत्मनिर्भरता है। टेलर ने कहा "सामुदायिक योजना वह रीति है कि जिसके द्वारा लोग जो स्थानीय गाँवों में रहते हैं, अपनी आर्थिक एवं सामाजिक दशाओं को उन्नत करने में सहायता देने के लिए प्रवृत होते हैं, और भौतिक उन्नति के विकास में प्रभावशाली कार्यकारी समूह बनते हैं"।[3] ए.आर. देसाई ने कहा "सामुदायिक विकास योजना, एक प्रणाली के रूप में है जिसके द्वारा पंचवर्षीय आयोजन ग्रामों के सामाजिक और आर्थिक जीवन के परिवर्तन के लिए एक प्रक्रिया का निर्माण करता है"।[4]

बलवंत राय कमेटी रिपोर्ट (1957)– "सामुदायिक शब्द एक धार्मिक अथवा जातीय समूह को कई शताब्दियों से प्रदर्शित करता आया है, अथवा कुछ अवस्थाओं में आर्थिक समूह को भी। यह आवश्यक नहीं है कि यह एक क्षेत्र में रहते हों। लेकिन इस देश में सामुदायिक विकास कार्यक्रम के उद्घाटन से यह आकांक्षा है कि इसका प्रयोग ग्रामीण समुदाय की एक ईकाई के रूप में परिभाषित किया जाए और जाति, धर्म, आर्थिक असमानताओं का नाश हो"।[5] इस कार्यक्रम में ग्रामीण समुदाय का प्रत्येक क्षेत्र विकसित करना निहित है, जो ग्रामीण समुदाय की धार्मिक, जातीय और आर्थिक भिन्नता को काटता है। अतः यह पूर्ण रूप से स्पष्ट हो जाता है कि सामुदायिक विकास योजना जनता द्वारा स्वयं अपने प्रयत्नों से ग्रामीण जीवन में सामाजिक और आर्थिक परिवर्तन लाने का एक गंभीर प्रयास है। इसमें ग्रामीण जनता द्वारा उनकी समस्त समस्याओं को हल करने का पूर्ण अवसर प्रदान किया जाता है। योजना आयोग के अध्यक्ष पण्डित जवाहर लाल नेहरू ने एक स्थान पर कहा है कि यह सबसे पहली बार सत्य के साथ कहा जा सकता है कि ''हमने वास्तविक रूप से ग्रामीण समस्याओं को सुलझाया।'' इस प्रकार सामुदायिक विकास समस्त ग्रामीण समस्याओं को सुलझाने का एक अत्यंत प्रगतिशील और सर्वोच्च कार्यक्रम है।[6]

इतना होने के बावजूद सामुदायिक विकास कार्यक्रम की असफलता 10 वर्षों में हीं दिखलाई देने लगी। इसकी आलोचना करते हुए ए. आर. देसाई ने लिखा है कि इस तथ्य के होते हुए भी कि विचार योग्य वास्तविक सामग्री का संग्रह किया जा चुका है, जो कृषक समाज के वर्ग ढाँचे को प्रदर्शित करता है, और जो यह भी बताता है कि कैसे सर्वहारा वर्ग, अनार्थिक जोतदारों की एक बड़ी संख्या और कुचले हुए कारीगरों का एक दल ग्रामीण समुदाय बनाते है। इन मूल्यांकनकर्ताओं में से एक भी इस प्रश्न का सामना नहीं करता है कि कैसे एक योजना जो आवश्यक रूप से ग्रामीण जनसंख्या के उच्च स्तर का समर्थन करती है और जो मूल रूप से

उसको शक्तिशाली बनाने में इन अल्पसंख्यकों को लाभान्वित करती है, सामुदायिक विकास योजना कही जा सकती है। सैद्धांतिक तौर पर यह विकास योजना तो एक अच्छी योजना रही थी लेकिन व्यवहारिक एवं वास्तविकता के स्तर पर, यह बनावटी थी।[7]

पंचवर्षीय योजना में करोड़ों रुपये सामुदायिक विकास योजना पर खर्च किये जा चुके हैं, दस वर्ष से सरकार तथा सरकारी कर्मचारी इस आंदोलन को आगे बढ़ाने का प्रयत्न कर रहे हैं। फिर भी चारों ओर यही सुनाई पडता है कि कुछ नहीं हो रहा है। प्रश्न यह है कि सरकार इतना धन व्यय करने के उपरांत भी सफल क्यों नहीं हो सकी? इस प्रश्न का उत्तर निम्न प्रकार से अभिव्यक्त किया गया है।

"यह एक बहुत बड़ा गर्त है जिसमें एक युवा नेता खड़ा होकर सामाजिक कार्य करते समय कभी-कभी गिर सकता है। वह उसमें से उठ नहीं सकता। वह गर्त जिसमें आप गिरने का कार्य कर रहे हैं तो आपका साथ कोई भी नहीं देगा, आप अकेले ही गिरेंगे। समाज में सदैव ऐसे व्यक्ति रहे हैं जो हमेशा आपकी सलाह में आपके साथ रहेंगे और आपके कार्यों में भी भाग लेंगे।"[8] उपरोक्त विवरण से स्पष्ट है कि कोई भी कार्य किसी भी समुदाय में उस समय तक सफल नहीं हो सकता, जब तक कि उस समुदाय के अधिकारी या प्रभावशील व्यक्ति उसमें सहयोग न दें। इसलिए किसी भी कार्य को करने से पूर्व जनता का सहयोग अत्यंत आवश्यक है। ग्राम पंचायत ग्राम के जन प्रतिनिधियों की समिति होती है। यदि ग्राम पंचायत किसी कार्य से सहमत है, तो प्रायः ग्राम के प्रभावशील व्यक्ति इससे सहमत होंगे। इस प्रकार, जनता का सहयोग प्राप्त किया जा सकता है, और योजनाओं को सफल बनाया जा सकता है।

"नियोजन को एक माध्यम के रूप में नहीं, बल्कि उन्नतिशील एवं व्यापक रूप में होना चाहिए, क्योंकि सफल नियोजन की कल्याणकारी योजनाओं के लिए यह आवश्यक होगा कि स्थानीय संस्थाओं एवं समुदायों की योजनाओं का विस्तृत वर्णन छोड़ दिया जाए। प्रत्येक नियोजन को राज्य सरकार के स्तर पर बनाना संभव नहीं क्योंकि सबसे पहले नियोजन को स्थानीय, आवश्यकताओं एवं परिस्थितियों के स्त्रोत के बारे में जानकारी हो"।[9] ग्राम पंचायत ही एक ऐसी संस्था है जो ग्राम की प्रतिनिधि संस्था है। ग्रामीण पुर्ननिमाण में वह अत्यधिक उपयोगी एवं लाभप्रद हो सकती है। स्कूल तथा सहकारी समिति भी ग्राम पंचायत से संबंधित होती है। उनका भी सहयोग सरलता से प्राप्त किया जा सकता है। यदि इन तीनों मौलिक संस्थाओं का सहयोग प्राप्त कर लिया जाए तो कार्यक्रम की सफलता में कोई संदेह नहीं होगा। अतः इनके कार्यों को ग्राम पंचायतों पर छोड़ना उचित प्रतीत होता है। लेकिन स्वतंत्रता के बाद

ग्राम पंचायतों के पुनर्गठन को व्यापक स्थान देने के लिए इनके अधिकारों की आवश्यकता को अनुभव किया गया, संविधान के अनु. 40 में यह निर्देश कर दिया गया कि राज्य को पंचायतों की स्थापना एवम् उनके विकास पर विशेष ध्यान देना चाहिए। इस दृष्टि से प्रथम पंचवर्षीय योजना में यह जोर दिया गया कि पंचायतों को और अधिक अधिकार दिये जाएं। जैसे– गाँवों में उत्पादन के कार्यक्रमों की योजना बनाना, बजट तैयार करना, ग्राम तथा सरकार के बीच संबंध स्थापित करना, सामुदायिक कार्यों के लिए श्रमदान संगठित करना इत्यादि। दूसरी ओर अनेक मूल्यांकनों से स्पष्ट हो गया कि सामुदायिक विकास योजना जनता का कार्यक्रम तभी बन सकती है, जब इसे जनता के प्रतिनिधियों के हाथों में सौंप दिया जाए। यह भी स्पष्ट रूप से अनुभव कर लिया गया था कि प्रजातंत्र तभी सफल हो सकता है जब जनता को अधिक अधिकार दिये जाएं। अतः यह अनिवार्य हो गया कि पंचायतों की व्यापक स्वायत्तता पर गंभीर विचार किया जाए। अतः योजना कार्यक्रमों की समिति ने बलवंत राय मेहता की अध्यक्षता में उन्हें यह कार्य सौंपा कि आप पंचायतों की व्यापक स्वायत्तता पर विचार प्रस्तुत कर कुछ समय बाद बलवंत राय मेहता समिति ने यह सिफारिश की कि सत्ता को बाँट दिया जाए और प्रशासनिक कार्यों का विकेन्द्रीकरण कर दिया जाए, जिससे कि विकास कार्यक्रमों की योजना बनाने एवं कार्यक्रम क्रियान्वित करने का उतरदायित्व स्थानीय क्षेत्र के चुने हुए प्रतिनिधियों पर हो जाए। इस संबंध में "प्रजातंत्र अपना कार्य करने के लिए निश्चित यंत्र प्रणाली रखता है, लेकिन प्रजातंत्र सरकार अपनी कार्यकारिणी यंत्र प्रणाली द्वारा विस्तृत क्षेत्रों पर लागू करते हुए स्थानीय आवश्यकताओं और परिस्थितियों का पूर्ण रूप से मूल्यांकन नहीं कर सकती। अतः यह आवश्यक है कि शक्ति का एक हस्तांतरण और यंत्र प्रणाली का विकेन्द्रीकरण होना चाहिए, वह पूर्व कथित, शक्ति का प्रयोग होगा और वह यन्त्र प्रणाली स्थानीय क्षेत्र में प्रमुख प्रतिनिधियों द्वारा नियंत्रित और निर्देशित होगी"[10] मेहता समिति ने इस योजना का एक प्रारूप तैयार किया और उसे लोकतांत्रिक विकेन्द्रीकरण का नाम दिया। 12 जनवरी, 1958 को राष्ट्रीय विकास समिति ने जिसके अध्यक्ष प्रधानमंत्री पण्डित जवाहरलाल नेहरू थे, मेहता की योजना को स्वीकार कर लिया गया। इस प्रकार, लोकतांत्रिक विकेन्द्रीकरण की योजना स्वीकार कर ली गई। सर्वप्रथम राजस्थान सरकार ने 20 अक्टूबर, 1959 को लोकतांत्रिक विकेन्द्रीकरण की योजना को अपने राज्य में लागू किया। इस योजना का उद्घाटन भी देश के तत्कालीन प्रधानमंत्री पण्डित जवाहरलाल नेहरू ने ही नागौर में किया शेष अन्य राज्यों ने भी इस योजना की शुरूआत कर दी थी। इस योजना के अनुसार, विभिन्न राज्यों में एक त्रि–स्तरीय व्यवस्था (Three-tier system) स्थापित की गई, इसमें सबसे नीचे की मौलिक इकाई के रूप में ग्राम

पंचायत है। इसके ऊपर कुछ ग्राम पंचायतों को मिलाकर एक खण्ड स्थापित किया गया है, इस खण्ड की पंचायत को पंचायत समिति नाम दिया गया है, इस त्रि-स्तरीय योजना को निम्न चित्र के द्वारा भली प्रकार समझाया जा सकता है :-

लोकतांत्रिक विकेन्द्रीकरण की त्रि-स्तरीय व्यवस्था

जिला स्तर पर - जिला परिषद

प्रखण्ड स्तर पर - पंचायत समिति

ग्राम स्तर पर - ग्राम पंचायत

इस प्रकार यह निश्चित किया गया कि हमें ग्राम पंचायत को शक्तिशाली बनाना होगा तथा इन्हें मौलिक तथा सहयोगी संस्थाओं के रूप में संगठित करना होगा। इसके द्वारा ही समस्त सामुदायिक कार्यक्रम चलेगा। इस संबंध में तय किया गया कि विकेन्द्रित यन्त्र प्रणाली पंचायत में स्पष्ट रूप से होनी चाहिए जैसे-ग्राम में परिनियत प्रशासनात्मक संस्था का नेतृत्व प्रदान करना, सहकारिता जो समुदाय की आर्थिक आवश्यकताओं पर ध्यान देगी, विद्यालय जहाँ से समस्त सांस्कृतिक क्रियाकलाप प्रसारित होंगे। ये तीनों आधारभूत संस्थाएँ अन्य सहयोगी संस्थाओं जैसे युवक मण्डल, महिला मण्डल, दस्तकार मण्डल आदि के साथ-साथ उस आधार का निर्माण करेंगे, जिस पर सम्पूर्ण समुदाय के विकसित कार्यक्रम स्थिर होंगे।"[11] लोकतांत्रिक विकेन्द्रीकरण का अन्तिम लक्ष्य पंचायती राज की स्थापना है, पंचायती राज के अन्तर्गत भारतीय ग्रामीण पंचायतों का नवीन परिस्थितियों के अनुसार पुनगर्ठन कर उन्हें अधिक प्रशासनिक शक्तियाँ प्रदान की जा रही हैं और विभिन्न राज्यों में पंचायती राज की स्थापना की गई है। चूंकि पंचायती राज भारत की विलक्षण विशेषता है। जन-जन को शासन की गतिविधियों में सक्रिय बनाये जाने के दृष्टिकोण पर आधारित पंचायती राज व्यवस्था ऐतिहासिक अवधारणा है। प्रशासनिक संगठन एवम् स्वरूप चाहे जो रहा हो पंचायती राज संस्थाएँ मानव की मनोवैज्ञानिक एवं व्यावहारिक आवश्यकताओं के रूप में विद्यमान रही है। स्थानीय स्वशासन के अभियन्त्र के रूप में पंचायती राज संस्थाओं के अतीत से वर्तमान कालखण्ड तक के विकास का अध्ययन अग्रिम शीर्षकों में किया गया है।

प्राचीन काल में पंचायती राज व्यवस्था-पंचायत अर्थात् *पंच-आयत* शाब्दिक दृष्टि से गाँव वालों द्वारा चयनित पाँच व्यक्तियों का समूह है। व्यावहारिक तौर पर यह उस व्यवस्था को इंगित करता है जिसके द्वारा भारत की असंख्य ग्रामीण जनता को शासित किया जाता था तथा जो स्वशासन की मनोवृत्ति को इंगित करता है। प्राचीन भारत की राज-व्यवस्था में राजशाही शासन प्रणाली के साथ-साथ गणतंत्र

व्यवस्था भी प्रचलित थी, जिसके अन्तर्गत राजा का चयन स्थानीय समुदाय द्वारा किया जाता था। श्रीरामचरित मानस में पंचायती राज व्यवस्था के अनेक उदाहरण इंगित किये गए हैं।

जासु राज प्रिय प्रजा दुखारी।
सो नृप अवसि नरक अधिकारी।। (खण्ड 64वाँ मानस)

उक्त दोहें में अभिव्यक्त भाव में शासक का मुख्य ध्येय प्रजा-कल्याण ही है। तत्कालीन शासन प्रणाली राजतंत्र प्रजातंत्र एवं विदतंत्र की अद्‌भुत समन्वित प्रणाली थी। पंचायतों का स्वरूप आधारभूत विकास एवं स्वशासन के भाव पर गठित था। राजव्यायी पंचायत से चुना प्रतिनिधि राजा के मंत्रिपरिषद का सदस्य होता था। इस प्रकार, राज्य की मन्त्रीपरिषद में राज्य में बसने वाली सभी जातियों के उक्त प्रतिनिधियों की सम्पति की उपेक्षा राजा के लिए असंभव थी। वैदिक युग में शासन के प्रत्येक स्तर पर दो प्रकार की संस्थाओं का वर्णन मिलता है (1) सभा (2) समिति, वस्तुतः समस्त प्रजा का सामूहिक रूप 'समिति' कहा गया है तथा गाँव की प्रमुख संचालक संस्था को सभा कहा गया है। ऐतरेय तथा शतपथ ब्राह्मण में वर्णन मिलता है कि ग्राम का मुखिया ग्रामीणी कहलाता था। मौर्यकाल का सर्वाधिक चर्चित ग्रंथ आचार्य कौटिल्य द्वारा रचित अर्थशास्त्र है। कौटिल्य ने राज्य के विकेन्द्रीकरण सिद्धांत का समर्थन करते हुए कहा कि 10 गाँवों पर संग्रहण, 200 गाँवों पर सार्वटिक, 400 गाँवों पर द्रोणमुख तथा 800 गाँवों पर जनपद स्थानीय नामक अधिकारी रहेंगे। गुप्तकालीन अभिलेखों में ग्राम सभा को ग्राम जनपद एवं पंचमण्डली कहा गया है। जो महत्वपूर्ण कार्यों का सम्पादन करती थी। राजपूत काल के दौरान विभिन्न वंशों यथा चौहान, चालुक्य, परमार, प्रतिहार, गाहडवाल, पाल आदि ने शासन किया। यह दौर राजनीतिक अस्थिरता का था, अतः गाँवों में भी सुदृढ़ संस्थाएँ दम तोड़ने लगी तथा जातिगत दबाव बढ़ने लगा। पंचायतें सामंतों के शोषण का शिकार होने लगी थी।

मध्यकाल में पंचायती राज व्यवस्था—दिल्ली सल्तनत काल में राज्य की सबसे छोटी इकाई ग्राम थी। ग्राम का प्रबन्धन लम्बरदारों, पटवारियों व चौकीदारों द्वारा किया जाता था। गाँवों को अपने प्रबंधन के मामले में पर्याप्त स्वायतता प्राप्त थी। मुगलकाल (1526-1707 ई.) के दौरान भारतीय शासन व्यवस्थित आकार लेने लगा था। अकबर को यह श्रेय जाता है कि उसने समस्त प्रशासनिक कार्यों को व्यवस्थित स्वरूप प्रदान किया, अकबर के कार्यों में सहायता हेतु प्रांतों को सूबों में, सूबों को सरकार में, सरकार को परगनों में तथा परगनों को गाँव में बाँटा गया था।

गाँव स्तर पर चार अधिकारी तैनात थे 1. मुकद्म 2 पटवारी 3. चौधरी 4. चौकीदार, मुगलकाल में जाति पंचायतें अपनी पैठ बनाने लगी थी तथा पंचायतों का कार्यकरण इनके इर्द-गिर्द सिमटा रहा था।

**ब्रिटिश काल में पंचायती राज व्यवस्था**-अंग्रेजी शासनकाल में पंचायती राज संस्थाओं को उत्तरदायी प्रतिनिधिक संस्थाओं का दर्जा प्रदान किया गया था, क्योंकि ब्रिटिश शासन का प्रमुख लक्ष्य नगरीय या स्थानीय शासन को, ग्रामीण स्थानीय शासन की अपेक्षा अधिक सुदृढ़ करना था। स्थानीय शासन के इस काल का प्रारंभ 1687 ई. में माना जा सकता है। और इसी समय मद्रास में नगर निगम की स्थापना की गई। सन् 1726 में बंबई व कलकता नगरपालिकाओं की स्थापना की गई, यद्यपि उस समय देश में परम्परागत पंचायतें कार्यरत थीं, किन्तु वे अंग्रेजों की प्राथमिकता सूची में नहीं थी। सन् 1870 में लार्ड मेयो के प्रस्ताव में कहा गया कि सरकार के वित्तीय बोझ को कम करने तथा शासन को विकेन्द्रीकरण करने के लिए यह आवश्यक है कि स्थानीय स्वशासन संस्थाओं का प्रसार अधिक से अधिक मात्रा में किया जाए। इसी क्रम में बंगाल चौकीदारी अधिनियम-1870 पारित हुआ जो कि मुगलकालीन ग्राम व्यवस्था को वैधानिक आधार देने का प्रयास था। इस अधिनियम के द्वारा जिला मजिस्ट्रेट को गाँव की पंचायत में सदस्यों के मनोनयन का अधिकार मिल गया। लार्ड रिपन के मई 1882 में पारित स्थानीय शासन संस्थाओं संबंधी प्रस्ताव को स्थानीय लोकतंत्र के संबंध में 'मैग्नाकार्टा' माना जाता है। सन् 1908 में विकेन्द्रीकरण आयोग के प्रतिवेदन में सुझाव दिया गया कि ग्राम पंचायतों को अधिक शक्तियाँ मिलनी चाहिए। ऐसा माना जाता है कि संवैधानिक महत्व के किसी दस्तावेज में पंचायत शब्द का प्रथम बार प्रयोग 'हाब हाऊस आयोग' 1909 की रिपोर्ट में हुआ था। 20 अगस्त, 1917 को ब्रिटिश सरकार द्वारा की गयी घोषणा के अनुसार भारत में संवैधानिक सुधारों का लक्ष्य उत्तरदायी शासन की स्थापना है, अतः स्थानीय स्वायतशासी संस्थाओं के क्रमिक विकास द्वारा उत्तरदायी सरकार की स्थापना की जाएगी। उक्त उद्घोषणा के परिप्रेक्ष्य में ब्रिटिश भारत के राज्यों में पंचायती राज ग्राम पंचायत अधिनियम पारित कर पंचायतों को वैधानिक स्तर प्रदान किया गया। वास्तविक अर्थ में स्थानीय शासन संस्थाएँ औपचारिक निकाय मात्र थी। सन् 1935 के भारत सरकार अधिनियम द्वारा प्रांतीय स्वायत्तता का प्रावधान किया गया था। इस अवधि में पंचायतों के कार्यक्षेत्र का विस्तार किया गया। स्थानीय स्वशासन की संस्थाओं को करारोपण के लिए बाध्य करने हेतु प्रान्तीय सरकारों को अधिकार दिये गये। स्पष्ट है कि ब्रिटिश शासनकाल में स्थानीय शासन संस्थाओं को संगठन एवं कार्यप्रणाली की दृष्टि से व्यवस्थित रूप प्रदान किया गया। स्थानीय

शासन इकाईयों को निर्वाचित स्वरूप देना, उसे करारोपण की विस्तृत शक्तियाँ देना व प्रजातंत्र की पाठशाला के रूप में विकसित करने का कार्य ब्रिटिश काल में ही हुआ है। स्वतंत्रता के बाद पंचायती राज 22 नवम्बर 1948 को संविधान सभा में राज्य के नीति निर्देशक तत्वों पर विचार विनिमय करते हुए के. सन्थानम ने एक प्रस्ताव प्रस्तुत किया कि इन तत्वों में एक तत्व यह भी होना चाहिए कि राज्य ग्राम पंचायतों का गठन करें और उनकों ऐसे अधिकार भी प्रदान करें कि वे स्वायत शासन प्रबंधन सुचारू रूप से कर सके। इस प्रस्ताव के फलस्वरूप ही संविधान के भाग 4 अनुच्छेद 40 में राज्य के नीति निर्देशक तत्वों के अंतर्गत कहा गया है कि, "राज्य ग्राम पंचायतों का संगठन करने के लिए अग्रसर होगा तथा उनकों ऐसी शक्तियाँ और अधिकार प्रदान करेगा, जो उन्हें स्वायत शासन की इकाईयों के रूप में कार्य करने योग्य बनाने के लिए आवश्यक हो"।[12] स्वतंत्र भारत में पंचायतों के महत्व का ज्ञान इसी से हो जाता है कि ग्रामीण समुदाय का विरोध करते हुए भी डॉ. भीमराव अम्बेडकर तक इसके स्वायत्व से इन्कार नहीं कर सके। प्रजातन्त्रात्मक शासन की सफलता के लिए ग्राम पंचायतों की सफलता का होना भी आवश्यक है। स्वतंत्र भारत में प्रजातान्त्रिक शासन प्रणाली होने के कारण ग्राम पंचायतों की सफलता के लिए अनेक मार्ग खुले ताकि वे सामाजिक और आर्थिक संगठन के रूप में भारतीय प्रजातंत्र को सफल बनाने में उपयोगी सिद्ध हो सके। बलवंत राय मेहता समिति की सिफारिश आने के बाद 2 अक्टूबर 1959 को राजस्थान के नागौर में तत्कालीन प्रधानमंत्री पण्डित जवाहरलाल नेहरू ने आधुनिक त्रि–स्तरीय पंचायती राज व्यवस्था का दीप प्रज्वलित कर शुभारम्भ किया, राजस्थान के बाद 11 अक्टूबर 1959 को आन्ध्रप्रदेश के महबूब नगर जिले के शादनगर विकासखण्ड में नेहरू ने पंचायती राज का उद्घाटन किया। इसके पश्चात शेष राज्यों ने भी पंचायती राज को अपनाया। आज स्थिति यह है कि राज्य सूची का विषय होने तथा भारत सरकार द्वारा राज्यों को छूट मिलने के कारण राज्यों में पंचायती राज का विविधतापूर्ण स्वरूप विकसित होने लगा है।

1952 में सामुदायिक विकास कार्यक्रम तथा गुजरात राज्य ने पंचायती राज की तीन स्तर वाली संरचना को अपनाया, जिसमें गाँव की मूल इकाई, दूसरे स्तर पर खण्ड इकाई तथा तीसरे स्तर पर जिले को रखा गया। अधिकांश राज्यों में राजनीतिक तथा प्रशासनिक हस्तक्षेप के कारण पंचायती राज व्यवस्था को अपेक्षित सफलता नहीं मिल सकी। कई राज्यों में पंचायतें भंग हो गई और कुछ राज्यों में पंचायत के चुनाव ही नहीं कराए गए।

1970 के दशक में राज्य द्वारा ग़रीब वर्गों तथा आर्थिक दृष्टिकोण से पिछड़े लोगों को ग़रीबी रेखा से उपर उठाने के लिए क्षेत्रीय स्तर पर अनेक कार्यक्रम चलाए गए।[13] इन कार्यक्रमों में विशेष बल कमजोर वर्गों की ओर दिया गया, जिनका उद्देश्य इनकी आर्थिक गतिविधियों को सुनियोजित व्यवस्था से जोड़ना था। पंचवर्षीय योजनाओं तथा सरकारी स्तर पर ग्रामीण विकास के लिए अपनाए गए कुछ कार्यक्रम इस प्रकार हैं :

> सामुदायिक विकास योजना, राष्ट्रीय ग्रामीण रोजगार योजना, जवाहर रोजगार योजना, इंदिरा आवास योजना, इत्यादि। इन कार्यक्रमों द्वारा विकास के लक्ष्य को प्राप्त करना आसान हो गया। वहीं दूसरी ओर, पंचायती राज लागू होने के कारण ग्रामीण समुदाय में नेतृत्व का नया स्वरूप उभर कर सामने आने लगा। संविधान के 73वें संशोधन जो 24 अप्रैल 1993 से प्रभावी है, इसमें संशोधन के जरिये स्थानीय प्रशासन में सहभागिता हेतु अनुसूचित जाति, जनजातियाँ, पिछड़ी जातियां तथा महिलाओं के स्थान आरक्षित किए गए हैं। इस प्रकार ग्रामीण नेतृत्व में परिवर्तन का एक नया अध्याय जुड़ गया।

आज गाँव के नेताओं को विकास के परिप्रेक्ष्य में देखा जाने लगा है। भारत में प्रजातांत्रिक विकेन्द्रीकरण की प्रक्रिया प्रारंभ हुए छः दशक बीत चुके हैं। अब ग्रामीण विकास का दायित्व पंचायत के नेताओं पर है।[14] इन नेताओं ने ग्रामीण विकास में क्या योगदान दिया? यह भी अनुसंधान का आकर्षक विषय बन चुका है। अभी तक ग्रामीण विकास में पंचायत के नेताओं के योगदान से संबंधित अध्ययन बहुत ही कम हुए हैं। इसी आवश्यकता को देखते हुए "पंचायत नेतृत्व के उदीयमान स्वरूप" पर शोध किया गया है। इससे पूर्व हम ग्रामीण नेतृत्व के सभी पक्षों का विश्लेषण कर नेतृत्व की अवधारणा को स्पष्ट करेंगे।

प्रत्येक समाज में नेतृत्व का महत्वपूर्ण स्थान है। नेतृत्व विहीन समाज की हम कल्पना नहीं कर सकते। प्रत्येक छोटे और बड़े समाज में, छोटे और बड़े समूह और समुदाय में किसी न किसी रूप में नेता और उसके नेतृत्व रूपी स्वरूप को देखा जा सकता है।[15] किसी भी समाज का गतिमान जीवन चाहे वह ग्रामीण हो अथवा नगरीय, नेता के निर्देशों, सुझावों, योजनाओं आदि के आधार पर व्यवस्थित रूप से चलता रहता है। नेता एक ऐसा व्यक्ति है जो विभिन्न प्रकार की समस्याओं के समाधान के लिए नवीन मार्गों की खोज करता है। नेता के कुशल नेतृत्व का प्रतिफल होता है कि सामाजिक जीवन के नियमों और आदर्शों की स्थापना हो सके। नेता समाज, समुदाय, देश व राष्ट्र की उन्नति और प्रगति के लिए विभिन्न प्रकार की योजनाओं में विधान सभा, संसद, मंत्रालय, पंचायत, नगर निगम के माध्यम से

अपना योगदान देते है। उसे कार्यान्वित करने के लिए अपने साथियों, सहयोगियों और अधिकारियों को प्रेरित करते हैं।

ग्रामीण जनता का नेतृत्व आज अशिक्षित रूढ़िवादी और परम्परावादी व्यक्तियों के हाथ में न होकर प्रगतिशील एवं शिक्षित व्यक्तियों के हाथों में आ रहा है। शिक्षित व्यक्तियों में केवल उच्च जाति के व्यक्ति ही नहीं हैं, बल्कि हरिजन और पिछड़ी जातियों के व्यक्ति भी शामिल हैं। इन नेताओं पर नगरीय राजनीति की गतिविधियों और कार्य-पद्धति का काफ़ी प्रभाव है। ये नेता आज इस तथ्य से भलीभांति परिचित हो रहे हैं कि गाँव में किस प्रकार के परिवर्तनों की आवश्यकता है? किस तरह गाँव के आर्थिक-सामाजिक ढाँचे में परिवर्तन लाया जाये जिससे वे उन्नति कर सकें और वहाँ के व्यक्तियों के रहन-सहन का स्तर उँचा उठ सके? किस प्रकार की योजनाओं को कार्यान्वित किया जाये जिससे कृषि में उन्नति हो सके। कौन-कौन से कुटीर उद्योग-धंधों को प्राथमिकता दी जाये जिससे यहां के बेकार, कुशल-अकुशल, शिक्षित-अशिक्षित युवकों को कार्य मिल सके। इस उद्देश्य की पूर्ति के लिए ग्रामीण नेता गाँव के व्यक्तियों को आधुनिक उपलब्धियों से परिचित कराता है एवं सामयिक परिवर्तन के महत्व को उन्हें समझाता है। इस तरह वह अपने समाज को वैज्ञानिक और आधुनिक बनाने में प्रयत्नशील है। हम यह कह सकते हैं कि ग्रामीण समाज की नई पीढ़ी के हाथों में आज नेतृत्व आ रहा है और इससे परम्परागत ग्रामीण नेतृत्व की संरचना में काफी परिवर्तन आया है।[16]

यद्यपि वास्तविकता यह है कि आज भी उच्च जाति के हाथों में ग्रामीण नेतृत्व है किंतु परम्परावादी कार्य-पद्धति और विचार में परिवर्तन आये हैं। उन्हें अनुसूचित जाति, जनजाति तथा पिछड़े वर्ग को समायोजित करना होता है एवं ग्रामीण जनता को यह विश्वास दिलाना होता है कि वे जातिगत भावना के शिकार नहीं है। उनके लिए सभी जाति के व्यक्ति समान हैं। यह भावना जातिगत दलबन्दी को कम करती है हालांकि अभी जातिगत राजनीति की जड़ें ग्रामीण समाज में काफी गहरी हैं फिर भी समय के साथ इसमें कमी आयेगी ऐसे लक्षण दिखायी दे रहे हैं। यह तभी संभव है कि जब गाँव के सामाजिक-आर्थिक ढाँचे में तीव्रता से परिवर्तन होंगे। आर्थिक विकास परम्परात्मक विचारों और रूढ़ियों को समाप्त करने में सहायक होते हैं। निर्धनता व्यक्ति को जातिवादी, परम्परावादी और रूढ़िवादी बनाती है। निर्धन देशों की ये घिनौनी परम्परात्मक विशेषतायें हैं जो आधुनिक और प्रगतिशील समाज में नहीं पायी जाती।

उपर्युक्त तथ्य इस बात के प्रमाण हैं कि ग्रामीण नेतृत्व का प्रतिमान परम्परात्मक लीक से हटकर लोकतांत्रिक और आधुनिक हो रहा है। ग्रामीण-राजनीति का स्वरूप दिन-प्रतिदिन नगरीय राजनीति से प्रभावित हो रहा है। दूसरे शब्दों में हम यह कह सकते हैं कि नगर की राजनीति अब गाँवों में पहुँच गयी है। उसमें वे समस्त गुण और अवगुण उत्पन्न हो गये हैं जो नगर की राजनीति में देखे जा सकते हैं। ग्रामीण नेतृत्व नगरीय नेतृत्व के पदचिन्हों पर चलने का प्रयास कर रहा है।

ग्रामीण नेतृत्व के प्रतिमान में जितने परिवर्तन हो रहे हैं उन्हें निम्नलिखित बिन्दुओं के आधार पर जाना जा सकता है :

1. नेतृत्व का परम्परात्मक स्वरूप और रूढ़िवादी ढाँचा अब प्रभावशाली नहीं रहा है।
2. उच्च जातियों का नेतृत्व पर वर्चस्व नहीं रहा है।
3. कमजोर वर्ग के व्यक्ति भी नेतृत्व कर रहे हैं।
4. अनुसूचित जातियों, जनजातियों एवं पिछड़ी एवं महिलाओं में नेता बनने की प्रतिस्पर्धा आरम्भ हो गई है।
5. निम्न वर्ग के राजनैतिक संगठनों की स्थापना हो रही है। इनमें प्रजातांत्रिक मूल्यों की भावना अत्यधिक है।
6. नेतृत्व की वंशानुगत परम्परा समाप्त हो गयी है।
7. नेता बनने के लिए ग्रामीण नेता अपने को जातिगत भावना और संकीर्ण धर्म से उपर दिखाने का प्रयास करता है।
8. ग्रामीण नेतृत्व में शिक्षा का महत्व दिन-प्रतिदिन बढ़ता जा रहा है।
9. ग्रामीण क्षेत्र में भी नगरों की तरह पृथक-पृथक क्षेत्रों के नेता होते हैं जिन्हें अपने क्षेत्र की समस्याओं का अच्छा ज्ञान होता है।
10. नई पीढ़ी के व्यक्ति में नेता बनने की प्रतिस्पर्धा अधिक हैं। पुरानी पीढ़ी के हाथों से नेतृत्व अब नयी पीढ़ी के हाथों में आ रहा है।
11. ग्रामीण क्षेत्र में एक अच्छा, ईमानदार और निर्धन जनसेवक अब नेता बन सकता है जबकि पहले जमींदार और सवर्ण ही नेता बनते थे।

12. राजनैतिक जागरूकता में निरन्तर वृद्धि हो रही है।

13. ग्रामीण व्यक्ति अपने अधिकार और कर्तव्यों से जहां परिचित हो रहा है वहीं वह इस तथ्य से भी परिचित हो रहा है कि किस प्रकार सरकार पर दबाव डाला जाय जिससे उसकी माँगे पूर्ण हो सके। किसानों के जुलूस इसके प्रमाण हैं।[17]

केवल मानव समाज के लिए नहीं बल्कि जीवसमुदाय के लिए नेतृत्व महत्वपूर्ण है, किसी समाज अथवा वर्ग के नेतृत्व धारण करने वाले को नेता कहा जाता है, नेता अपने समाज का पथ प्रदर्शक होता है, उसके वर्ग के अन्य व्यक्ति उसके अनुगामी होते है, वे उसके आदेश को अपना कर्तव्य मानते हुए उसके अनुसार कार्य करते हैं।

प्रायः लोग नेता शब्द से राजनीतिक नेता का अर्थ लगाया करते हैं, किन्तु मनोवैज्ञानिक दृष्टिकोण इससे भिन्न है। इसके अनुसार किसी भी क्षेत्र में जो व्यक्ति कुछ व्यक्तियों अथवा उनके समूह का पथ प्रदर्शन करता है, उसे नेता कहा जाता है इसे स्पष्ट करने के लिए कुछ प्रसिद्ध मनोवैज्ञानिकों ने इसकी परिभाषा दी है :

> किम्बाल यंग के अनुसार– "नेता संस्था अथवा संगठंन का प्रधान होता है उसके उद्देश्य उस संस्था अथवा संगठन का कल्याण करना होता है। इस सिलसिले में अपने अनुयायिओं का पथप्रदर्शन करना उसका प्रमुख कर्त्तव्य होता है।"[18]

कॉटज तथा शॉक के अनुसार– नेता किसी सामाजिक संस्था संगठन अथवा कार्यालय का प्रमुख होता है, उसके क्षेत्र में उसके विचार तथा मत को मानने वाले बहुसंख्यक लोग होते हैं। सरल शब्दों में जनता तथा सरकार के समक्ष अपने अनुगामियों की मांगों को प्रस्तुत करता है। वह अपने उद्देश्य की पूर्ति के लिए प्रचलित नियमों की सीमा का उल्लंघन करने में भी नहीं हिचकता है।[19]

इन मनोवैज्ञानिकों के कथन से स्पष्ट है कि वर्ग के व्यक्तियों की रूचि तथा विश्वास पर ही नेता का नेतृत्व निर्भर करता है, अनुगामियों पर विश्वास जमाने के लिए नेता में विशेष योग्यता का होना अनिवार्य है। इस तरह, पूर्ण रूप से उसके अनुगामियों पर नेता की सफलता निर्भर करती है।

नेतृत्व के स्त्रोत के संदर्भ में प्रकाश डालने के लिए यह ध्यान में रखना आवश्यक है कि छोटे जीव से लेकर मनुष्य तक सभी के समक्ष अपनी समस्याएं हैं जिनकी पूर्ति के लिए प्रत्येक जीव प्रयत्नशील रहता है। किन्तु दो जीव अथवा व्यक्ति

समान नहीं होते। अतः वैयक्तिक भिन्नता के कारण प्रत्येक व्यक्ति अपनी वैयक्तिक या सामाजिक समस्याओं को सुलझाने में समर्थ नहीं हो पाता, परिस्थिति-वश असमर्थ व्यक्ति ऐसे लोगों का सहारा लेते हैं, जो उनकी सहायता कर सके।[20] तब उनके ही वर्ग का कोई व्यक्ति अपनी सूझ-बूझ से उनकी समस्याओं का निराकरण करने लगता है। जनता में ध्वनि नहीं होती, बुद्धि नहीं होती, केवल इच्छा तथा बेचैनी होती है, ऐसी स्थिति में एक ऐसे व्यक्ति की आवश्यकता होती है, जो वर्तमान विषमता को दूर करने की निश्चित योजना उसे कार्यान्वित करते हुए जनता की आवश्यकताओं को दृढ़तापूर्वक व्यक्त कर सके। ऐसा करने में समर्थ व्यक्ति ही उस समाज का नेता होता है, अन्य व्यक्ति उसकी आज्ञा का पालन करते हुए उसके अनुगामी होते हैं, ऐसी ही परिस्थिति में नेता का महत्व परिलक्षित होता है। अतः नेतृत्व के मूल में भी ऐसी हीं जटिल परिस्थितियाँ होती हैं। नेता को अपने समाज के व्यक्तियों का सहयोग मिलता है। समाज का व्यक्ति उसका अनुकरण करता है, क्योंकि उनमें संसूचनशीलता होती है। इस तरह, एक ओर समाज या समूह में प्रतियोगिता है तथा दूसरी ओर किसी अन्य वर्ग के व्यक्तियों में सहयोग है। हमारा वर्तमान समाज ऐसा है कि सहयोग के सहारे दौड़ने के लिए स्वभावतः किसी नेता के नेतृत्व की आवश्यकता होती है।[21]

उपरोक्त व्याख्या से स्पष्ट है कि कोई नेता समाज विशेष का अंग है, समाज का प्रमुख व्यक्ति है, वह अपने समाज का मौलिक प्रतिनिधि माना जाता है अतः सुव्यवस्थित समाज निर्माण के लिए नेता को समन्वित तथा योग्य होना आवश्यक है।

**नेता के अनुसरण के कारण-** उपर्युक्त विवेचन से स्पष्ट है कि परिस्थिति नेता के अनुसरण करने का प्रधान कारण है, जनता किसी व्यक्ति का पथ-प्रदर्शन चाहती है, अतः जो उसका निर्देशन करता है, वह उसका अनुसरण करने लगती है।

नेता की प्रतिकृति भी अनुगामियों के अनुसरण करने का मुख्य कारण है, बच्चों पर पिता का जो अधिकार होता है, समाज विशेष पर नेता का भी वही अधिकार होता है, जिस प्रकार पिता के सामने बच्चे विनयशील बने रहते है, उसी प्रकार नेता के समक्ष अनुगामी भी विनयशीलता का प्रदर्शन करते हैं, प्रत्येक समस्या के समाधान के लिए अनुगामी अपने नेता की ओर देखा करते हैं। इसलिए फ्रॉयड ने नेता अनुगामी संबंध को प्रेमी तथा प्रेमिका का संबंध बताया है।

नेता की प्रतिष्ठा भी अनुसरण करने का कारण है, उसे अपनी सफलता पद आदि के कारण प्रतिष्ठा प्राप्त होती है, जनता के बीच जो नेता जितना ज्यादा

प्रतिष्ठित रहता है, वह उतना ही ज्यादा सफल होता है, नेता की प्रतिष्ठा के प्रकाश में अनुगामियों की तर्कशक्ति धीमी पड़ जाती है। अतः वे नेता के आदेशों को पूर्णतः मान लेते हैं। श्रद्धा अथवा भय के कारण अनुगामी अपने नेता में कुछ ऐसे गुणों का आरोपण कर देते है, जो वस्तुतः उसमें नहीं होते, इससे इसकी प्रतिष्ठा तथा मूल्य बढ़ जाता है।

अनुगामी नेता को आदर्श पुरूष मानते हुए उसके आदेशों को ग्रहण करते हैं, उसके बताये हुए रास्ते पर चलने में वे गौरव का अनुभव करते हैं, जब जनता यह समझने लगती है कि नेता उसी के बीच का रहने वाला एक व्यक्ति है, जिसमें बाह्य् आडम्बर तथा अभिमान नहीं है, तब उसमें उसकी महानता घर कर लेती है। एडलर के अनुसार प्रत्येक व्यक्ति मान, प्रतिष्ठा, मर्यादा आदि को पाने का इच्छुक रहता है। इस तरह नेता समाज का आदर्श प्रतीक होता है और जनता अपने आदर्श प्रतीक को कभी खोना नहीं चाहती है। अतः नेता के आदर्श एवं महानता के कारण अनुगामी उसका अनुसरण करते हैं।

प्रत्येक नेता अपने समाज के किसी भी व्यक्ति को दंड तथा पुरस्कार देने का पूर्ण अधिकारी रहता है, आर्थिक, सामाजिक, नैतिक अथवा धार्मिक किसी भी प्रकार का दंड या पुरस्कार हो सकता है, जैसे- अर्थदण्ड, पदच्युति, पदोन्नति, मान, प्रतिष्ठा, उपहास आदि। कोई व्यक्ति दण्ड पाना नहीं चाहता लेकिन सभी व्यक्तियों को पुरस्कार पाने की इच्छा से भी बहुत लोग अपने नेता का अनुसरण करते हैं। किंतु इसके लिए नेता की ठोस स्थिति आवश्यक है। ऐसी स्थिति में जब किसी सामाजिक अथवा सामूहिक अथवा सामाजिक समस्या के संबंध में जनता से राय ली जाती है, तब प्रायः वह मूक होकर अपने अगल-बगल देखने लगती है, यदि अधिक लोगों द्वारा किसी नेता विशेष का अनुसरण करते देखा जाता है तो वह भी सामाजिक एकरूपता को बनाये रखने के लिए उस नेता के आदेशों को मान लेती है। इस तरह, सामाजिक एकरूपता को बनाये रखने के लिए भी जनता नेता का अनुसरण करती है। किंतु निरंकुश नेतृत्व में सामाजिक एकरूपता भंग करने वाले को दण्ड दिया जाता है।

संक्षेप में उपर्युक्त कारणों के फलस्वरूप अनुगामी अपने नेता का अनुसरण करते हैं। किन्तु नेता की एक असफलता ही उसे आदर्श के सिंहासन से निम्नतम स्तर पर उतार लाने के लिए पर्याप्त होती है। अनुगामी तभी तक उसका अनुसरण करते हैं जब तक उस पर उनका विश्वास बना रहता है अन्यथा नहीं।

## नेतृत्व के प्रकार एवं विकास

**नेतृत्व के प्रकार :** नेतृत्व की उत्पत्ति नेता के व्यवहार तथा नेता एवं अनुयायियों के बीच पाये जाने वाले संबंधों के आधार पर नेताओं के अनेक प्रकार देखने को मिलता है, यहां हम कुछ प्रकारों का उल्लेख करेंगे–

1. **एफ.सी. बार्टलेट[22] का वर्गीकरण–** बार्टलेट ने नेताओं के तीन प्रकार बताये है:

   (क) **संस्थात्मक नेता–** यह किसी संस्था का प्रशासक अथवा मैनेजर होता है। ऐसे नेता की सत्ता परम्परा, प्रथाओं, मंदिर, चर्च, मस्जिद, स्कूल अथवा आर्थिक व्यवस्था पर आधारित होती है।

   (ख) **प्रभुत्वशाली नेता–** ऐसा नेता आक्रामक दबाव रखने वाला तथा कठोर कार्यवाही करने वाला होता है।

   (ग) **हृदयग्राही नेता–** ऐसा नेता शब्दों अथवा संकेतों द्वारा अपना नियंत्रण कायम रखता है वह चापलूसी, झुकाव एवं मौखिक सलाह का प्रयोग भी करता है।

2. **किम्बाल यंग[23] द्वारा नेता का वर्गीकरण–**

   (क) **राजनैतिक नेता–** ऐसा नेता अन्य लोगों के विरोध करने पर भी अपनी नेतागीरी को बनाये रखता है और इस बात पर कड़ी निगरानी रखता है कि दल का कार्य सुचारू रूप से चल रहा है या नहीं। ऐसा इसलिए वे करते हैं क्योंकि वे जानते हैं कि दल टूट जाने से उनका नेतृत्व समाप्त हो जाएगा।

   (ख) **प्रजातन्त्रात्मक नेता–** वह किसी तरह का निर्णय मिल-जुल करके लेता है न कि अपने द्वारा लिये गए निर्णय को लोगों पर थोप देता है। ऐसे नेता सहनशील होते हैं एवम् आम सदस्यों की राय के अनुकूल चलने वाले होते हैं।

   (ग) **नौकरशाही नेता–** वे किसी समस्या पर निर्णय स्वयं न लेकर उसे अपने से उच्च अधिकारियों पर छोड़ देना अधिक पसंद करते है। फलतः वे अपने से बड़े अफसरों एवं राजनैतिक नेताओं की चापलूसी करना अच्छी तरह से जानते हैं। वे अधिकार प्रेमी होते हैं।

(घ) **कूटनीतिज्ञ–** कूटनीतिज्ञ सरकार के प्रतिनिधि के रूप में किसी दूसरे देश या अन्तर्राष्ट्रीय क्षेत्र में काम करते है। कूटनीतिज्ञ जिस सरकार का प्रतिनिधित्व करता है, वह उसके द्वारा बनायी गई नीतियों एवं योजनाओं के अनुकूल हीं कार्य करता है।

(च) **सिद्धांतवादी–** वह तर्क के ही संसार में रहता है तथा तर्क द्वारा हीं अपने अनुयायियों को प्रभावित करके देखता है।

3. **लिपिट एवं ह्वाईट[24] का वर्गीकरण–** लिपिट एवं ह्वाईट ने (1939) ने कुर्ट लेविन के निर्देश में एक अध्ययन किया जिसके परिणामस्वरूप उन लोगों ने नेतृत्व के निम्नांकित तीन प्रकार बतलाये हैं :-

(क) **सत्ताधारी नेतृत्व–** सत्तावादी नेता अपने समूह में निरपेक्ष अधिकार या सता अधिक रखता है, वह स्वयं हीं समूह की नीतियों का निर्माण करता है, तथा समूह की योजनाएँ तैयार करता है। वह सदस्यों की क्रियाओं एवम् उनके संबंधों का निर्धारण स्वयं ही  करता है वह अपने द्वारा यह निर्णय करता है कि समूह में किस व्यक्ति को इनाम तथा किस व्यक्ति को दण्ड दिया जाए। ऐसा नेता जान बूझकर समूह की संरचना, इस ढंग से बनाकर रखता है कि सदस्य आपस में कुछ विचार-विमर्श न कर सके तथा समूह के भीतर आने वाले तथा समूह के बाहर जाने वाले सभी तरह का संचार उसी के माध्यम से हो।

(ख) **प्रजातंत्रात्मक नेतृत्व–** प्रजातंत्रात्मक नेता समूह के लक्ष्यों की प्राप्ति के लिए बनाए जाने वाली नीतियों एवं योजनाओं का निर्धारण करने के लिए सभी प्रमुख सदस्यों के साथ विचार-विमर्श कर एक निश्चित निर्णय पर पहुँचता है, यह समूह के कार्यों को सभी सदस्यों में बाँट देता है तथा सदस्यों की भलाई के लिए हर संभव प्रयत्न करता है। इस तरह से ऐसे नेतृत्व में अधिकार एवं सत्ता का विकेंद्रीकरण होता है।

(ग) **अहस्तक्षेपी नेतृत्व–** अहस्तक्षेपी नेतृत्व से तात्पर्य वैसे नेतृत्व से होता है जहाँ नेता अपने समूह के सदस्यों पर नाम मात्र का नियंत्रण रखता है, इस तरह के नेतृत्व में नेता न तो मार्गदर्शन करता है और ना ही किसी तरह का निर्देश अपनी ओर से देता है, सदस्यगण को पूरी स्वतंत्रता होती है कि समूह लक्ष्यों की प्राप्ति के लिए ये कौन सा कार्य करें तथा कौन सा न करें।

**4. ऑरेनस्टीन[25] का वर्गीकरण–** इसने गाँवों में पाये जाने वाले नेतृत्व को औपचारिक एवम् अनौपचारिक दो प्रमुख भागों में बांटा है।

**(क) औपचारिक नेता–** इस श्रेणी में गाँव के वे सभी नेता आते हैं जिनकी नियुक्ति औपचारिक प्रक्रिया एवं नियमों के अनुसार होती है, गाँव का मुखिया, पटवारी, ग्राम सेवक, अध्यापक आदि।

**(ख) अनौपचारिक नेता–** गाँव में कई ऐसे नेता होते हैं, जिनकी नियुक्ति किसी नियम अथवा सरकारी प्रक्रिया द्वारा नहीं होती है, गाँव में ऐसे नेता का अधिक प्रभाव होता है। अनौपचारिक नेताओं को उप विभागों में विभक्त किया गया है।

**(अ) स्वीकृत नेता–** ये वे नेता होते हैं जिन्हें गाँव के लोग अपना नेता स्वीकार करते हैं, गाँव में उनका दबदबा तथा प्रभुत्व होता है।

**(ब) अस्वीकृत नेता–** गाँव में कुछ व्यक्ति ऐसे भी होते हैं जो कार्य को किसी प्रकार से पूरा कर लेते हैं, उनमें कोई विशेष गुण नहीं होता और वे अपनी शक्ति के आधार पर ही नेतृत्व करते हैं वे व्यक्ति शारीरिक बल प्रयोग एवं लाठी के बल पर ही अपना कार्य चलाते हैं। लोगों पर इनका भय तथा आतंक छाया रहता है। गाँव के लठैत इस प्रकार के नेता की श्रेणी में आते हैं।

इस प्रकार अनेक समाज वैज्ञानिकों ने नेतृत्व के प्रकारों की चर्चा की इनमें हेराल्ड डील लाशवेल[26] ने सन् 1930 में अपनी पुस्तक *'पालिटिक्स'* में राजनीतिक नेताओं की विवेचना करते हुए उनकी प्रणाली के आधार पर उन्हें चार वर्गों में विभाजित किया है–

(क) अवसरवादी (ख) जनतांत्रिक (ग) व्यवसायिक (घ) राजनीतिज्ञ।

**5. ए. बी. बुल्फ ने नेता को तीन वर्गों में विभाजित किया है–**

**(क) आमूल नेता–** प्रत्येक संस्था अथवा दल का सिद्धांत होता है कि उसी आधार पर वह दूसरे दल से भिन्न समझा जाता है। नेता अपने समाज के सिद्धांत का विरोध नहीं करता है, किन्तु आवश्यकता पड़ने पर वह सदस्यों की राय से उसमें परिवर्तन कर सकता है, आमूल नेता पूर्णतः अपने आदर्श की रक्षा करता है। वह सच्चे अर्थ में आदर्शवादी होता है, जो सिद्धांत की रक्षा के लिए कठिनाईयों को

हँसते-हँसते सहता है, अपने दल की मर्यादा निभाने में वह तिल भर इधर से उधर नहीं होता। इस तरह, नेता में मौलिकता एवं व्यवहारिकता की बहुत कमी रहती है।

(ख) **वैज्ञानिक नेता–** इस तरह के नेता बुद्धि तथा योग्यता के आधार पर नेतृत्ववरण करता है, अपने तथा दूसरे समाज के गुणों का समस्त अध्ययन कर वह एक नये समाज का निर्माण करता है। फलतः वह 'भाव प्रधान' और 'अन्तर्मुख' व्यक्तित्व का होता है। अध्ययन तथा परीक्षण के आधार पर उसे जो मिलता है, वह उसे उचित समझता है। वह पक्षपात से दूर निःसंकोच होकर सत्य का उद्‌घाटन करता है। वैज्ञानिक नेता दूसरे समाज से घृणा नहीं करता, बल्कि उसके अध्ययन से अपनी त्रुटियों को समझकर उन्हें दूर करते हुए अपने समाज के उत्थान के लिए उसके अच्छे गुणों को अपनाता है।

(ग) **परम्परावादी नेता–** परम्परावादी नेता धर्म की आड़ में जनता को मूर्ख बनाकर अपना उल्लू सीधा करते हैं, समाज की वर्तमान परिस्थितियों में वे न तो किसी प्रकार का परिर्वतन लाना चाहते हैं, और न उनमें परिवर्तन लाने की क्षमता होती है, अपनी परम्परा के निर्वाह में उन्हें सुख तथा आनंद मिलता है, जनता जितनी अशिक्षित, मूर्ख और गंवार रहती है, उतना ही अधिक वे अपने प्रयत्न में सफल होते हैं वे जनता को विश्वास के पथ पर अग्रसर होते देखकर घबराने लगते हैं, वे समझ जाते हैं कि उनका नेतृत्व समाप्त हो रहा है। आज भी गाँव के अधिकांश भोले-भाले लोग मान लेते हैं, किन्तु शिक्षा विकास के साथ लोगों की ऐसी धर्मांधता समाप्त होती जा रही है।

उपर्युक्त विभिन्न नेतृत्व प्रकारों पर दृष्टिपात करने से स्पष्ट है कि किसी क्षेत्रविशेष के नेता को ध्यान में रखकर कुछ विद्धानों ने वर्गीकरण किया है, किन्तु सभी प्रकार एक-दूसरे से भिन्न नहीं है।

**नेतृत्व विकास–** इतिहास इसका साक्षी है कि यदि फ्रांस की क्रांति न होती तो नेपोलियन इतना बड़ा नेता नहीं होता, यदि द्वितीय विश्वयुद्ध न होता वो चर्चिल में कार्थर का नाम संसार की वाणी पर न आता और भारत में स्वतंत्रता संग्राम न छिड़ता तो संभवतः महात्मा गांधी इतने महान न हो पाते। परिस्थिति और समय

संसार में व्यक्ति की योग्यता को बिखेर देते हैं, किन्तु कोई सहसा महान नेता नहीं बन जाता। इसके लिए कुछ माध्यम है जो निम्नलिखित हैं–

(क) **वर्ग निर्माण एवं वर्ग वृद्धि में नेतृत्व का आविर्भाव–** समाज व्यक्तियों का एक समूह है और व्यक्ति बुद्धि का प्रतीक है। स्पष्ट है कि प्रत्येक व्यक्ति दूसरे के समान नहीं होता। उसमें वैयक्तिक भिन्नता होती है किसी समाज का निर्माण प्रारंभ होने पर कुछ व्यक्ति उसमें सहयोग देते हैं। वे दो प्रकार के होते हैं– प्रथमः- एक-दो प्रस्तुत करने वाले होते हैं और द्वितीय– शेष हाथ पर हाथ देकर सिर हिलाने वाले तथा सुनने वाले होते हैं। कुछ दिनों के बाद प्रथम नेता बनता है तथा अन्य अनुगमन करते हैं।

(ख) **अस्थिर वर्ग संगठन में नेतृत्व का आविर्भाव–** आज प्रतियोगिता का युग है, प्रत्येक समाज अथवा वर्ग दूसरे समाज या वर्ग को नीचा दिखाकर आगे बढ़ना चाहता है। अतः प्रत्येक समाज में एक ऐसे नेता की आवश्यकता होती है, जो समाज की प्रगति की दिशा को अग्रसर कर सके। जो व्यक्ति जनता को इसका विश्वास दिलाता है, वह नेता बन जाता है, और उसी के नेतृत्व में समाज आगे की ओर बढ़ता है।

(ग) **वैयक्तिक आवश्यकताओं की संतुष्टि में नेतृत्व का आविर्भाव–** समाज का प्रत्येक सदस्य अपने नेता से समाज कल्याण की आशा रखता है, साथ ही प्रत्येक व्यक्ति की अपनी कुछ आवश्यकताएं होती है, वह नेता इनकी पूर्ति की इच्छा करता है, अतः नेता के लिए आवश्यक है कि वह उनकी इच्छापूर्ति के लिए कुछ प्रबंध करें। अपनी योग्यता, वाकपटुता अथवा किसी भी वस्तु के सहारे जो व्यक्ति जनता की वैयक्तिक आवश्यकताओं की पूर्ति कर उसे संतोष प्रदान करता है, वह नेता मान लिया जाता है।

**ग्रामीण नेतृत्व की विशिष्ट विशेषताएँ–** ग्रामीण नेतृत्व की अपनी कुछ विशिष्ट विशेषताएँ हैं जो अन्य प्रकार के नेतृत्व से भिन्न हैं, वे इस प्रकार हैं–

(क) ग्रामीण नेतृत्व में अनुयायियों पर नेता के व्यवहार का अधिक प्रभाव होता है न कि नेता पर अनुयायिओं के व्यवहार का।

(ख) ग्रामीण नेतृत्व में अनुयायियों की नेता के प्रति स्वाभाविक समर्पण की भावना पायी जाती है, डर तथा दबाव से नेतृत्व अधिक समय तक नहीं चलता, वरन् लोगों के सहयोग व सद्भाव पर ही नेता सफलतापूर्वक कार्य कर सकता है।

(ग) प्रत्येक नेता एक विशिष्ट स्थिति में ही नेता होता है। वह सभी परिस्थितियों में नेतृत्व नहीं कर सकता है। एक जाति का मुखिया अपनी जाति पंचायत और जाति संबंधी कार्यों में जाति के लोगों का नेता होता है, किन्तु वही व्यक्ति दूसरी जातियों के कार्यों से नेता नहीं हो सकता। इस प्रकार, गाँव में नेतृत्व जातियों में विभक्त दिखाई देता है।

(घ) उच्च कोटि के नेता में जो विशेषताएँ होती है, जैसे- आत्मविश्वास, प्रेरणा शक्ति तथा बुद्धि आदि उनकी ग्रामीण नेताओं से सामान्यतः अपेक्षा नहीं की जा सकती ।

(ङ) ग्रामीण नेतृत्व परम्परागत और वंशानुगत होता है। जाति का पंच एवं परम्परागत ग्राम पंचायत में गाँव का मुखिया, लम्बरदार तथा चौकीदार आदि वंशानुगत और परम्परात्मक ही होते थे।

**ग्रामीण भारत में परम्परात्मक शक्ति संरचना की प्रकृति :-** डा. योगेन्द्र सिंह[27] ने परम्परात्मक भारतीय गाँवों में शक्ति संरचना के प्रमुख तीन आधार बताये हैं– जमींदारी प्रथा, गाँव पंचायत एवं जाति पंचायत। एक तरफ जमींदारी प्रथा, समुदाय के लोगों के भौतिक व आर्थिक हितों एवम् आकांक्षाओं की प्रतिनिधि थी तो दूसरी ओर गाँव पंचायत एवं जाति पंचायतें ग्रामीण राजनीति की सामाजिक विशेषताओं की प्रतीक थी।

ग्रामवासियों का मुख्य व्यवसाय कृषि था, अतः भू-स्वामित्व के अधिकार उनके सामाजिक संबंधों में प्रभुता और अधीनता की स्थिति को निश्चित करते थे। भू-स्वामित्व के अधिकार ही समुदाय के लोगों की आर्थिक अपेक्षाओं पर नियंत्रण रखते थें। जमींदारी व्यवस्था, गाँव की शक्ति संरचना के रूप में विकसित हो गयी और यही नेताओं का निर्धारण करने लगी।

जमींदारी प्रथा के बाद ग्रामीण लोगों के व्यवहार संस्कार, परम्परात्मक अपेक्षाओं एवं सामाजिक जीवन को प्रभावित करने वाला दूसरा महत्वपूर्ण संगठन जाति संगठन था। जाति संगठन ने जमींदारी प्रथा के साथ-साथ अपनी शक्ति संरचना का विकास किया। गाँवों में शक्ति संरचना का तीसरा प्रमुख आधार ग्राम पंचायतें थी। वर्तमान पंचायती राज की स्थापना से पूर्व गाँवों की सभी जातियों के वयोवृद्ध लोगों द्वारा निर्मित एक परिषद अथवा ग्राम पंचायत होती थी। यह पंचायत जमींदारों की सामूहिक प्रकार से जमींदारी प्रथा के उन्मूलन से पूर्व गाँव में शक्ति व्यवस्था को निर्धारित करने में जमींदारी व्यवस्था, गाँव पंचायत व जाति पंचायत संस्थाएं महत्वपूर्ण भूमिका निभाती थी। कोई भी आर्थिक, राजनैतिक, सामाजिक, सांस्कृतिक तथा सांस्कारिक विवाद, इन तीनों संस्थाओं द्वारा ही निपटाये जाते थे।

इसका अर्थ यह नहीं है कि इन तीनों के अतिरिक्त गाँव में शक्ति के अन्य स्त्रोत नहीं थे, प्रथाएं, परम्पराएँ एवं जनरीतियाँ भी गाँव में शक्ति के स्त्रोत थे, इन्हें गाँव के लोग अचेतन रूप से स्वीकार करते थे, इनका उल्लंघन करने पर व्यक्ति के सम्मुख कठिनाईयाँ पैदा हो जाती थी, ग्रामीण शक्ति के तीनों स्त्रोत जमींदारी प्रथा, गाँव पंचायत एवं जाति पंचायत अपने आप में स्वतंत्र नहीं थे, वरन् एक-दूसरे पर निर्भर थे, इनसे भी ऊपर पुलिस तथा राज्य की शक्ति थी। इन्हीं पर ये तीनों संस्थाएं आश्रित थी तथा इनसे अपनी शक्ति प्राप्त करती थी।

हम यहाँ भारतीय गाँव में शक्ति संरचना के इन तीन स्त्रोतों का उल्लेख करेंगे, जिससे कि गाँवों की परम्परात्मक शक्ति संरचना को स्पष्टतः समझा जा सके।

**(क) जमींदारी प्रथा तथा शक्ति संरचना–** जमींदारी तथा गाँव की शक्ति संरचना के बीच संबंध सम्पति तथा भूमि अधिकारों से घनिष्ठ रूप से संबंधित थे, जमींदारी प्रथा से पूर्व गाँवों में भू-स्वामित्व का क्या तरीका प्रचलित था, इस बारे में विद्वानों में एक राय नहीं थी। हेनरी मेन की मान्यता है कि प्राचीन समय में पितृसतात्मक परिवार प्रचलित था। परिवार का मुखिया अपने सदस्यों के साथ मिलकर कृषि कार्य करता था तथा भूमि पर सामूहिक अधिकार की प्रथा विद्यमान थी। मुखर्जी तथा अल्टेकर ने हेनरीमेन के विचारों से असहमति प्रकट की है। बेडन पॉवेल का मत है कि प्रजातीय आवागमन के परिणामस्वरूप भू-स्वामित्व के आधारों में भी परिवर्तन होता रहा है, आर्यों से पूर्व रैयतवाड़ी व्यवस्था प्रचलित थी जो अब भी दक्षिण भारत में पायी जाती है। आर्यों ने भूमि पर गाँव के सामूहिक स्वामित्व की प्रथा प्रारंभ की। वे कहते थे कि भूमि पर स्वामित्व दो प्रकार से पैदा होता है, एक तो भूमि पर जो व्यक्ति श्रम करता है, और उसे कृषि योग्य बनाता है, उसका उस पर अधिकार होता है। दूसरा भूमि पर अधिकार विजय के कारण होता है, उतर भारत में भूमि का अधिकार एक जाति या गोत्र द्वारा भूमि जोत लेने के कारण पैदा हुआ अथवा राजा द्वारा भूमि देने या जाति द्वारा भूमि विस्तार के कारण भी। भूमि पर स्वामित्व के आधार पर उत्तरी भारत में दो प्रकार के गाँव देखने को मिलते हैं–

(अ) ताल्लुकेदारी अथवा जमींदारी प्रथा वाले गाँव

(ब) संयुक्त जमींदारी प्रथा वाले गाँव

जिन गाँवों में जमींदारी या ताल्लुकेदारी प्रथा थी, वहाँ गाँव की सारी भूमि पर जमींदार अथवा ताल्लुकेदार का अधिकार होता था, गाँव के दूसरे लोग उनकी प्रजा

अथवा रैयत कहलाते थे, जिन्हें केवल खेती करने का अधिकार था, भूमि पर खेती करने के बदले लोग जमींदार को लगान देते थे, गाँव के बाग-बागीचे, चारागाह, तालाब, भूमि आदि पर जमींदार का अधिकार होता था। इनका उपयोग करने वाले को, नकद अथवा वस्तु के रूप में मुआवजा देना होता था। जमींदार को अपनी रैयत पर अनेक न्यायिक अधिकार भी प्राप्त थे, जमींदारी प्रथा ने अनेक आर्थिक, राजनीतिक, सामाजिक एवं न्यायिक अधिकारों को जन्म दिया। इन अधिकारों में कानून का कोई हस्तक्षेप नहीं। बिना कानून के ही जमींदार बहुत शक्तिशाली होते थे, और गाँव के लोग भी कानून से ज्यादा प्रथाओं को स्वीकार करते थे। इस प्रकार, जमींदारी प्रथा ने गाँवों में एक विशिष्ट शक्ति संरचना को जन्म दिया। जाति पंचायत के बाद गाँव में जमींदार ही सभी प्रकार के व्यावहारिक मामलों में कानून एवं नियमों के प्रतिपादक एवं संरक्षक थे। वे अपनी कचहरी लगाते, कागजों का लेखा जोखा रखते, न्याय करते एवं अपराधियों को दण्डित करते। जमींदार ही गाँव का मुखिया होता था।

दूसरे प्रकार के गाँव में जहाँ संयुक्त जमींदारी प्रथा का प्रचलन था, शक्ति संरचना भिन्न थी। सामूहिक प्रथा में सभी जमींदार 'थोकों' में बँटे हुए थे, तथा थोक पट्टियों में बंटे हुए थे। एक थोक का एक या एक से अधिक लम्बरदार होते थे, जो शक्ति की एक स्वतंत्र ईकाई था, गाँव के किसान सेवा करने वाली जातियां एवं व्यापारी भी थोक के अनुसार बँटे होते थे, और उन पर थोक की ही सत्ता होती थी, इस प्रकार संयुक्त जमींदारी वाले गाँव में शक्ति की एक से अधिक ईकाईयां होती थी, इन ईकाईयों के जमींदारी से संबंधित कई अधिकार थे जैसे वे भूमि लगान और मकान के टैक्स की वसूली करते, वे अपनी चारागाह भूमि को विवाह, मृत्यु एवं जन्म के समय जनता में बाँटते, अपनी जनता की विभिन्न जाति पंचायतों के विरूद्ध सुनवाई करते। ऐसे गाँवों में शक्ति धारण करने वाली एक संस्था होती, जिसमें भू-स्वामी परिवार के वयोवृद्ध व्यक्ति, पटवारी, चौकीदार तथा गाँव का मुखिया आदि होते थे।

ताल्लुकेदार, गाँव में भी उप-भूस्वामी होते थे, जिन्हें ठेकेदार कहते थे। ये ठेकेदार ताल्लुकेदार की तरह ही शक्ति का प्रयोग करते थे। कुछ गाँव में ताल्लुकेदारों का एक प्रतिनिधि गाँव में उनके नाम से शक्ति का प्रयोग करता था और महत्वपूर्ण मामलों की सुनवाई करता था।

**(ख) गाँव पंचायत–** सैद्धांतिक रूप में तो ग्राम पंचायतें ग्रामीण शक्ति संरचना में सर्वोच्च स्थान रखती थी, किंतु वास्तविक व्यवहार में इनका प्रभुत्व थोकों के भू-स्वामियों के गुटों के साथ इधर-उधर खिसकता रहता था, शायद ही यह

व्यापक संस्था कभी अपनी शक्ति का प्रयोग सफलतापूर्वक करती थी, सामान्यतः ये ग्राम पंचायत सुषुप्त अवस्था में ही रहती थी। किन्तु जब कभी गाँव की प्रतिष्ठा और सुरक्षा का प्रश्न होता था तो गाँव पंचायतें क्रियाशील और शक्तिशाली दिखाई देती थी।

**(ग) जाति पंचायत–** संपूर्ण भारतीय गाँव में जाति पंचायतें शक्ति का महत्वपूर्ण स्त्रोत थी, जाति पंचायतों ने ही जाति व्यवस्था को सुरक्षा प्रदान की। जाति पंचायतों की विभिन्न भूमिकाओं ने ही अनेक विद्वानों जैसे रिजले, आल्टेकर, मुखर्जी आदि का ध्यान अपनी ओर आकर्षित किया। अंग्रेजी राज्य की न्याय व्यवस्था की स्थापना के साथ ही जाति पंचायतों के कई कार्य भी समाप्त हो गये, जाति पंचायत के प्रमुख अधिकारी चौधरी (प्रधान) पंच (पंचायत की कार्यकारिणी के सदस्य), सिपाही (सन्देश वाहक) आदि होते थे, जो सभी निम्न तथा बीच की जातियों में वंशानुगत होते थे, इन जाति पंचायतों का प्रभाव एक गाँव तक ही सीमित नहीं था, वरन् दस या बीस गाँव तक फैला होता था। जाति पंचायतें कई कार्य करती थी। जैसे– भोजन के नियमों को तय करना, विवाह का क्षेत्र व नियम तय करना, नियमों का उल्लंघन करने वाले को दण्ड देना तथा विरोधी जातियों व समूहों से जाति की प्रतिष्ठा एवं सुरक्षा और हितों की रक्षा करना आदि।

किन्तु समय के साथ–साथ जब जमींदारी प्रथा का उन्मूलन हुआ और नयी चयनित पंचायतों का गठन हुआ तो गाँवों में जाति पंचायतें क्रियाशील हुई तथा जातियों के गुट बने, जमींदारी प्रथा में जाति पंचायतों में जातिवाद का तत्व दबा हुआ था और जाति पंचायतें शक्ति का द्वैतीयक एवं अपेक्षित स्त्रोत थी। किन्तु अब वे गाँव में सामाजिक, आर्थिक और राजनैतिक संबंधों को नियंत्रित करने वाली शक्ति बन गयी, अब वे ग्रामीण सामाजिक संरचना में सामाजिक तनाव का कारण भी हैं।

उपर्युक्त विवरण के आधार पर हम परम्परागत ग्रामीण शक्ति संरचना की विशेषताओं का उल्लेख इस प्रकार कर सकते हैं–

(क) जमींदारी प्रथा के उन्मूलन से पूर्व गाँव में शक्ति का स्त्रोत आर्थिक स्त्रोतों पर निर्भर था, जो कुछ ही वर्गों के हाथों में केन्द्रित था।

(ख) जमींदारी अर्थव्यवस्था ने गाँव की समाज व्यवस्था व शक्ति व्यवस्था को प्रभावित किया, गाँव पंचायत जमींदारों के हाथों की मात्र साधन थी। यहाँ ध्यान रखने योग्य एक महत्वपूर्ण बात यह है कि गाँव और उसका भू–स्वामित्व का संबंध गाँव की सामाजिक व शक्ति व्यवस्था से संबंधित था। गाँव में नेतृत्व का प्रतिमान जमींदारी व्यवस्था से प्रभावित था।

(ग) परम्परागत शक्ति संरचना में जाति का भी स्पष्ट प्रभाव था, जाति पंचायतें काफ़ी शक्तिशाली थी। उच्च जातियों के लोगों ने ही जमींदारों एवं ग्राम पंचायत के मुखियाओं के रूप में शक्ति प्रयोग में अहम भूमिका निभायी।

(घ) परम्परागत ग्रामीण संरचना का स्वरूप वंशानुगत था। जमींदार गाँव पंचायत तथा जाति पंचायत के मुखियाओं के पुत्रों को ही पिता से शक्ति एवं पद वंश परम्परा से प्राप्त होते थे।

(ङ) परम्परागत ग्रामीण शक्ति संरचना में निरंकुशता का तत्व पाया जाता था, शक्ति धारण करने वाले निरंकुश प्रकृति के होते थे तथा ग्रामहित एवं जनहित की अपेक्षा व्यक्तिगत हित ही अधिक देखते थे।

(च) परम्परागत ग्रामीण शक्ति संरचना का स्वरूप स्थानीय था, जिसका संबंध सामान्यतः उसी गाँव व जाति तक सीमित था।

(छ) परम्परागत ग्रामीण शक्ति संरचना में ग्रामीण समाज संरचनाओं से भी प्रभावित हुआ, वह जाति व्यवस्था, जमींदारी, संबंधों, परिवार, विवाह, नातेदारी, धर्म और व्यवसाय सभी का नियम और नियंत्रण करती थी। स्पष्ट है कि परम्परागत शक्ति संरचना में जाति तथा आर्थिक सम्पनता का प्रमुख प्रभाव था, व्यक्ति शक्ति संरचना में कितना ऊँचा चढ़ सकेगा। इसका निर्धारण उसकी जाति एवम् आर्थिक स्थिति से होता था। नेतृत्व में बहुत कम परिवर्तन होता था, और उसका भी दायरा सीमित था।

**शक्ति का नया प्रतिमान–** आजादी के बाद जमींदारी व्यवस्था को समाप्त करके उसके स्थान पर नयी पंचायती व्यवस्था को लागू किया गया। इस पंचायत व्यवस्था ने गाँव में नयी शक्ति संरचना को जन्म दिया। सन् 1948 में पंचायती राज कानून बनाया गया, जिसके द्वारा प्रत्येक युवा शक्ति को मताधिकार प्रदान किया गया तथा हाथ खड़े करके चुनाव करवाया गया, स्त्रियों को पहली बार गाँव की गतिविधियों में सक्रिय भाग लेने का अधिकार दिया गया, गाँव पंचायत में कार्यवाही का लिखित रिकार्ड रखा जाने लगा और इनका संबंध राज्य की संपूर्ण न्याय व्यवस्था तथा लगान को प्रशासन से जोड़ दिया गया। इस तरह पहली बार गाँव के अधिकारियों का सैद्धांतिक व कानूनी रूप से आर्थिक स्थिति एवं जाति संबंध तोड़ दिया गया।

जमींदारी उन्मूलन कानून ने ग्रामीण प्रजातंत्र को तीव्र गति प्रदान की। भूमि में मध्यस्थ अधिकारियों की समाप्ति करने से पुराने काश्तकारों के परिवारों को आर्थिक एवं सामाजिक क्षेत्र में जमींदारों के अधिकारों से मुक्ति मिली। बाग–बगीचे,

तालाब, चारागाह, भूमि जमींदारों के अधिकारों में थे, उन्हें गाँव की सामूहिक संपत्ति घोषित कर दिया गया। गाँव का चौकीदार अब जमींदार के स्थान पर चुनी हुई पंचायत के अधिकारियों के प्रति उत्तरदायी बना दिया गया।

इस प्रकार समाजशास्त्रीय दृष्टि से ग्रामीण समुदाय की सामाजिक, आर्थिक एवं शक्ति संरचना में महत्वपूर्ण प्रजातंत्रीय परिवर्तन कर दिये गए। यह राष्ट्रीय समाजवादी प्रजातंत्र की ओर एक कदम था। कानूनी दृष्टि से भी गाँव में सामूहिक संबंधों की प्राचीन व्यवस्था के स्थान पर नयी व्यवस्था लागू कर दी गयी। इस व्यवस्था ने परिवार के स्थान पर व्यक्ति को शक्ति व्यवस्था में सहभागी बनाया। जाति का महत्व समाप्त कर दिया गया। इस प्रकार, प्रदत्त पदों के स्थान पर अर्जित पदों को महत्व दिया गया जो समाजशास्त्रीय दृष्टि से परम्परात्मक ग्रामीण विश्वदृष्टि में परिवर्तन का प्रयोग कहा जा सकता है।

नयी विकास पंचायतों एवं न्याय पंचायतों ने नयी शक्ति व्यवस्था को जन्म दिया, जो जन सहयोग तथा लोकतंत्र पर आधारित थी। अब ग्रामीण नेताओं का चुनाव वर्ग एवं जाति के स्थान पर उनके अर्जित गुणों के आधार पर होने लगा। यद्यपि पंचायत चुनाव से संबंधित अनेक अध्ययन इस बात की पुष्टि करते हैं कि अब भी कई गाँव में एक पंच एवं सरपंचों के चयन में जाति एवं वर्ग का महत्त्व कम नहीं हुआ है, आर्थिक विषमता के कारण भूस्वामियों, बड़े-बड़े किसानों तथा साहूकारों का अब भी ग्रामीण शक्ति संरचना में महत्वपूर्ण स्थान है। ग्रामीण काश्तकारों की भू-स्वामियों एवं साहूकारों पर अधिक निर्भरता अब भी बनी हुई है, इसके लिए निम्न एवं दयनीय आर्थिक स्थिति उतरदायी है। गाँव में उच्च जाति एवं वर्ग के साथ मध्यम एवं निम्न जातियों तथा वर्गों का असंतोष एवं संघर्ष धीरे-धीरे बढ़ रहा है।

योगेन्द्र सिंह ने वर्तमान भारतीय लोगों की शक्ति संरचना की विशेषताओं का उल्लेख इस प्रकार से किया है–

(क) गाँव में आज भी उच्च जातियाँ तथा शक्तिशाली वर्गों के हाथों में शक्ति केन्द्रित है।

(ख) निम्न जातियाँ एवम् वर्ग संगठित होकर उच्च जातियों एवं वर्गों से शक्ति प्राप्त करने के लिए प्रतिस्पर्धा कर रहे हैं। यह प्रवृत्ति वर्ग समूह के स्थान पर जाति समूहों के लिए अधिक सही है। जाति स्तर पर इस सहभागीकरण ने गुटबन्दी को जन्म दिया है। गुटबन्दी ने गाँव को विभाजित ही नहीं किया वरन् ग्रामीण जीवन में तनाव और असुरक्षा भी पैदा की है।

(ग) गाँव की राजनीति आज भी विभिन्न जातियों एवं वर्गों की आर्थिक सम्पन्नता एवं वंचित रहने के प्रतिमानों द्वारा प्रभावित है। गाँव में शक्ति व्यवस्था का झुकाव उन समूहों की ओर है जो ग्रामीण लोगों की आर्थिक आकांक्षाओं को नियंत्रित करते हैं। भविष्य में ग्रामीण शक्ति व्यवस्था की गतिशीलता की दिशा गाँव में होने वाले आर्थिक परिवर्तन और आर्थिक समृद्धि पर निर्भर करेगी।

(घ) गाँव की नयी शक्ति व्यवस्था में जिन लौकिक और प्रजातंत्रीय मूल्य व्यवस्थाओं की अपेक्षा की गई थी, वे गाँव की मूल्य व्यवस्था एवं सामाजिक संरचना में प्रवेश नहीं कर पाये हैं। गाँवों में सामाजिक, संस्कृति एवं राजनीतिक सहभागीकरण की इकाई व्यक्ति नहीं अपितु गृहस्थ परिवारों का समूह या गुट है।

इस प्रकार, यह प्रतीत होता है कि गाँवों में आज भी शक्ति संरचना में परम्परात्मक शक्ति व्यवस्था का महत्व है। परिवार में यह आयु के आधार पर टिकी हुई है। गाँव में अब भी उच्च जातियाँ अपने प्रभुत्व का प्रयोग निम्न जातियों पर करती है। गाँव पंचायतें भी ग्रामीण क्षेत्र में महत्वपूर्ण भूमिका निभा रही हैं। यद्यपि वर्तमान में इन सभी क्षेत्रों में परिवर्तन की लहर दिखाई दे रही है, परिवार में यदि कोई सदस्यकर्ता से अधिक शिक्षित, बुद्धिमान और आर्थिक क्षमता रखता है, तो कर्ता की शक्ति क्षीण हो जाती है। दूसरी ओर, निम्न जातियों में शिक्षित, समृद्ध, भू-स्वामी व्यक्ति नयी पंचायत व्यवस्था में मतदान के आधार पर उच्च जातियों की शक्ति को चुनौती दे रही हैं। गाँव, पंचायत में शक्ति व्यवस्था का मिश्रित रूप देखने को मिल रहा है। निम्न जातियों के लोग संख्या और सुरक्षित स्थानों के कारण पंचायतों में स्थान ग्रहण कर शक्ति व्यवस्था अपने हाथ में लेने के लिए प्रयत्नशील हैं, तो दूसरी ओर, भू-स्वामित्व एवम् आर्थिक समृद्धि के कारण जमींदार, साहूकार एवम् उच्च जाति के व्यक्ति गाँवों में औपचारिक एवम् अनौपचारिक रूप से शक्ति संरचना में अब भी महत्वपूर्ण भूमिका अदा कर रहे हैं।

**संबंध साहित्य सर्वेक्षण–** हम विभिन्न विद्वानों द्वारा ग्रामीण शक्ति संरचना के संबंध में किए गए अध्ययनों का उल्लेख करेंगे, जिससे यह जानना सरल हो जाएगा कि वर्तमान में गाँव की शक्ति संरचना कैसी है? क्या यह परम्परात्मक रूप से ही बनी हुई है, अथवा नयी राजनैतिक व्यवस्था के साथ-साथ उसके स्वरूप में भी परिवर्तन आया है।

जे.टी. हिंचकाक[28] ने उतरप्रदेश के सहारनपुर जिले के एक राजपूत गाँव के नेतृत्व का अध्ययन में यह बताया है कि नेता अपनी संस्कृति के केन्द्रीय मूल्यों को अभिव्यक्त करते हैं जिनमें व्यक्तिगत त्याग को बड़ा महत्व दिया गया है।

**डेनियल थॉर्नर का अध्ययन[29]–** इन्होंने ग्रामीण शक्ति संरचना का सहकारी संस्थाओं के संदर्भ में उल्लेख किया है। ग्रामों में सामाजिक आर्थिक विकास के लिए सरकार ने सहकारी संस्थाओं की स्थापना की है। सहकारी संस्थाओं ने ग्रामीण शक्ति संरचना को प्रभावित किया है। जिन लोगों का इन सहकारी संस्थाओं पर आधिपत्य है, वे इस गाँव की शक्ति के केन्द्र भी हैं।

**पी.सी. जोशी का अध्ययन[30]–** डॉ. जोशी ने गाँवों में भूमि सुधारों के परिणामस्वरूप नये हित समूहों के उदय होने की बात कही है। प्रथम तथा द्वितीय पंचवर्षीय योजना में भूमि सुधारों के नियमों से प्रभावित होकर गाँव के प्रमुख चार हित समूह बने हैं जो इस प्रकार हैं- बड़े भूस्वामियों, समृद्ध किसान, छोटे काश्तकारों तथा कृषि मजदूरों के समूह।

**त्रिपाठी (1984)[31]** के अध्ययन *'दि रोल ऑफ बैंकर्स इन अपलिफ्टमेंट ऑफ रूरल पुवर अनक्लीयर'* के अनुसार, समन्वित ग्रामीण विकास कार्यक्रमों में निर्धनों की पहचान की प्रक्रिया स्थानीय शक्ति संरचना से प्रभावित होती है एवम् योजना का लाभ जरूरतमन्द लोगों तक नहीं पहुँच पाता। साथ हीं प्रदत्त ऋण राशि भी लोगों को आवश्यकता के अनुरूप प्राप्त नहीं होती थी।

**गुप्ता (1985)[32]** ने अपने अध्ययन *'दि शिड्यूल्ड कास्ट इन माडर्न इण्डियन पॉलिटिक्स : देयर इमरजेन्स ऐज ए पॉलिटिकल पावर'* में पाया कि आधुनिक राजनीति में अनुसूचित जाति की राजनीति में आरक्षित सीटों से इनकी शक्ति में वृद्धि हुई है और कई राजनीतिक पार्टियाँ अस्तित्व में आयी है जो अनुसूचित जाति के लोगों में नवीन राजनीतिक शक्ति का प्रस्फुटन कर रही हैं।

**चटर्जी (1996)[33]** ने अपने अध्ययन *'दि शिड्यूल्ड कास्ट इन इण्डिया'* में पाया कि भारत में अनुसूचित जाति की स्थिति में सुधार हुआ है। जातीय संरचना में सर्वाधिक अमानवीय, असामाजिक, शोषणपूर्ण एवं दमनकारी नीतियों तथा व्यवहारों को जितना पहले इनको सहना पड़ता था समन्वय की स्थिति ने उसमें सुधार लाया गया है। सार्वजनिक स्थानों में उनकी उपस्थिति सर्वत्र पायी जाती है। उनका मानना है कि उनकी निर्योग्यताओं में कमी आयी है।

**देसाई (1966)[34]** ने अपने अध्ययन *'अनटचेबिलिटि इन रूरल गुजरात'* में अस्पृश्यों की तत्कालीन स्थिति पर अपना अध्ययन प्रस्तुत किया। उन्होंने पाया कि अस्पृश्यों के विकास हेतु कई प्रयास किये गये हैं। उन्होंने पाया कि वैधानिक प्रावधान तो कर दिये गये परन्तु अस्पृश्यों की समस्याओं के लिए अनिवार्य होते हुए भी पर्याप्त नहीं हैं, जब तक सामाजिक-आर्थिक विषमताएँ एवं निर्योग्यताएँ बनी रहती है।

उन्होंने यह तथ्य उजागर किया कि संविधान में लिए गए अस्पृश्यता संबंधी प्रावधानों का समस्त प्रयासों के बाद भी पालन नहीं किया जाता।

**रस्तोगी (1979)**[35] के अध्ययन *'इकोनामिक स्टेट्स एण्ड फर्टिलीटी : ए स्टडी ऑफ द हरिजन इन मीरजापुर'* में पाया गया कि उच्च जातियों की जीवनशैली का अनुसरण करके संस्कृतिकरण की प्रक्रिया द्वारा हरिजन उच्च पद एवम् स्थिति ग्रहण कर रहे हैं। परम्परागत रूप से निम्न अथवा गन्दे व्यवसाय करने वाली जातियों के लोग उन्हें छोड़कर स्वच्छ व्यवसाय अपनाकर अपनी स्थिति में सुधार ला रहे हैं। सरकार द्वारा इन्हें पर्याप्त सहयोग मिल रहा है।

**भारद्वाज (1979)**[36] के अध्ययन *'दि प्राब्लम्स ऑफ शिड्यूल्ड कास्ट्स एण्ड शिडूयूल्ड ट्राइब्स इन इण्डिया'* में अपने अध्ययन में अनुसूचित जाति एवं अनुसूचित जनजाति से जुड़ी निर्योग्यताओं को अपने अध्ययन में उजागर किया है। उनके अनुसार भारत में परम्परागत निर्योग्यताओं ने अनुसूचित जाति एवं अनुसूचित जनजाति की जीवन शैली को वर्तमान में भी प्रभावित किया हुआ है।

**डीसूजा (1980)**[37] के अध्ययन *"एजूकेशनल इनइक्वलीटिज एमंग शिड्यूल्ड कास्ट्स: ए केस स्टडी इन पंजाब'* में अध्ययनकर्ता ने शिक्षा के द्वारा राष्ट्रीय नेताओं एवं समाजसुधारकों द्वारा अनुसूचित जातियों में शिक्षा के प्रति जागरूकता बढ़ी है। शिक्षा के क्षेत्र में इनकी साक्षरता दर में वृद्धि हो रही है, जिससे इनके आत्मविश्वास व जागरूकता में वृद्धि हो रही है।

**सिंह (1980)**[38] के अध्ययन *'रूरल मार्डनाइजेशन : ए स्टडी ऑफ कन्ट्राडिक्शन एण्ड चेंज इन टू विलेजेज ऑफ ईस्टर्न उतर प्रदेश'* में पाया कि सम्प्रभु उच्च व मध्यम जातियों की माली हालत में जहाँ सुधार हुआ है वहीं अनुसूचित जातियाँ पहले की अपेक्षा अधिक गरीब हुई हैं।

**घोष (1980)**[39] ने अपने *'प्रोटेक्शन ऑफ माइनाटिरीज एण्ड शिड्यूल्ड कास्ट्स'* में राजनीतिक स्थिति में परिवर्तन पाया है। आज उनमें अपनी गिरी हुई आर्थिक एवं सामाजिक दशा के प्रति निरन्तर जागरूकता में वृद्धि हो रही है। अस्पृश्यता की स्थिति में परिवर्तन अभी अपेक्षित है।

**राम (1980)**[40] ने *'कास्ट चैलेन्ज इन इण्डिया'* में व्यक्त किया कि समस्त शासकीय प्रयासों के बावजूद छुआछूत के व्यवहार में कमी तो आयी है किन्तु अस्पृश्यता समाप्त नहीं हुई है।

**सिंह (1980)**[41] ने *'अस्पृश्यता और परिवर्तनशील सामाजिक समीकरण'* में पाया कि अनेक दलितों ने जाति आधारित परम्परागत पेशों को त्याग दिया है लेकिन अभी भी काफ़ी संख्या में वे गन्दे पेशों में लगे हुए हैं एवम् अस्पृश्यता की स्थिति में कोई परिवर्तन नहीं आया है।

**सिकलीगर (1997)**[42] ने अपने अध्ययन *'अनुसूचित जाति के लिये छात्रावास की केन्द्रीकृत प्रायोजित योजना का मूल्यांकन'* को आन्ध्र प्रदेश के मेढ़क एवम् नल गोण्डा जिले के छात्रावास में रहने वाले अनुसूचित जाति के छात्रों पर सम्पन्न किया। उन्होंने पाया कि चार छात्रावासों में उपलब्ध कमरों की संख्या छात्रों के अनुरूप नहीं है। छात्रों के उपयोग के लिए छात्रावासों में उपलब्ध बाथरूम एवम् शौचालय की स्थिति शोचनीय है। छात्रावास के छात्रों को अन्य सुविधाएँ, जैसे– इनडोर गेम्स, आउटडोर गेम्स, पुस्तकालय, पुस्तकें, औषधालय, सोलर लाइट, अन्य प्रावधानों की आपूर्ति जैसे प्रसाधन वस्तुएँ, नोट बुक एवं पुस्तकें, प्लेट्स आदि सुविधाओं का अभाव है। छात्रावास में छात्रों के लिए साधारण औषधि भी उपलब्ध नहीं है।

**राजकुमार (1997)**[43] ने अपने अध्ययन *'अनुसूचित जाति/अनुसचित जनजाति को प्राप्त होने वाले लाभ के सन्दर्भ में स्वरोजगार और मज़दूरी रोजगार'* को महाराष्ट्र के पुणे और कर्नाटक के गुलबर्गा जिले में सम्पन्न किया। उनके अध्ययन का उद्देश्य अनुसूचित जाति और अनुसूचित जनजाति के सदस्यों को प्राप्त होने वाले लाभों का परीक्षण करना था। उन्होंने अपने अध्ययन में पाया कि आई. आर.डी.पी. के अन्तर्गत स्वरोजगार योजना में बैलों की जोड़ी, बैलगाड़ी उपलब्ध कराने से लाभार्थियों की आय में वृद्धि हुई है। सिंचाई कुओं की योजना जिसके तहत पम्पसेट और डीजल इंजन उपलब्ध कराये जाते हैं, उससे एक स्तर तक कृषि को वाणिज्य कृषि में रूपान्तरित होने का अवसर मिला है। दुधारू पशुओं को उपलब्ध कराने की योजना सफल नहीं रही। मजदूर दिवस के सृजन से मज़दूरी रोजगार में आशातीत सफलता तो मिली परन्तु इसमें अनुसूचित जाति/अनुसूचित जनजाति की सहभागिता सी.आर.वाई./ई.ए.एस. कार्यों में सीमित रहा। इसका कारण समय पर कार्य को प्रारम्भ करना और मज़दूरी दर में अन्तर हो सकता है।

**रेड्डी एवम् त्रिपाठी (1985)**[44] का अध्ययन *'एम्प्लायमेंट एण्ड इनकम जनरेशन थ्रू '* उडीसा राज्य के गाँव ब्लॉक के 125 लाभार्थियों पर आधारित है। उन्होंने अपने अध्ययन के दौरान यह पाया कि समन्वित ग्रामीण कार्यक्रमों के अध ीन दुधारू पशुओं का कार्यक्रम गांव ब्लॉक में अत्यधिक लोकप्रिय है, किन्तु सिलाई से सम्बंधित सुविधाओं को केवल उच्च आय वर्ग के सदस्यों को ही उपलब्ध कराया गया है।

**मित्रा एवम् चतुर्वेदी (1982)**[45] ने *'सिटीजन पार्टीसिपेशन इन रूरल डवलपमेंट'* के अन्तर्गत पाया कि ग्रामीण लोग विकास प्रक्रियाओं में सक्रिय सहभागिता की ओर पर्याप्त रूप से उत्प्रेरित नहीं थे। उनका दृष्टिकोण यह था कि सुविधाओं का न्यायोचित रूप से वितरण नहीं होता। उनके द्वारा यह भी व्यक्त किया गया कि स्वयं से किया गया विकास उचित संतुष्टि नहीं प्रदान कर सकता। अध्ययन के अनुसार विकास के साथ लोगों की संतुष्टि उनकी सहभागिता के स्तर से सम्बंधित होती है।

**नायडू एवं सान्थामन (1983)**[46] *'इम्प्रूविंग डिलेवरी सिस्टम फार रूरल डेवलपमेंट'* के अन्तर्गत यह पाया कि ज्यादातर ग्रामीण निवासी आज भी परम्परागत आधारों पर विश्वास करते हैं। किन्तु वे अपनी आर्थिक स्थिति के प्रति चिंतित भी अवश्य हैं। उन्होंने आर्थिक प्रगति के सन्दर्भ में कुछ विचार भी दिये हैं। उनका मानना है कि अधिसंरचना का विकास जो कि उन्नत वितरण व्यवस्था का अंग है, को समन्वित ग्रामीण विकास उपागम के एक सम्पूर्ण भाग के रूप में विश्लेषित करना चाहिए।

**मैथ्यू (1986)**[47] ने *'आईडियोलाजी' प्रोटेस्ट एण्ड सोशल मोबिलिटी : ए केस स्टडी ऑफ महारास एण्ड पुल्यास'* में पाया कि महारास व पुल्यास जाति के लोक शिक्षित, संगठित, संघर्षशील एवम् आत्मनिर्भर होने के प्रति स्वतंत्रता तथा आत्मवलम्बन, आत्मसम्मान की भावना जागृत करने के प्रति सतत सचेष्ट हुए हैं। वे नये मानव नये समाज के निर्माण के लिए उत्कृष्ट रूप से लालायित हैं। सामाजिक दासता के विरूद्ध विद्रोही भावना उनमें हैं।

**सिंह (1985)**[48] *'एप्रोचेस टू रूरल डवलपमेंट एवम् इवेल्यूएटिव सर्वे'* के अन्तर्गत ग्रामीण समाज, भारतीय ग्रामीण विकास तथा विकास संबंधी बाधाओं एवं सुझावों पर प्रकाश डाला है। उनके अनुसार अनुसूचित जातियों के विकास में कुछ बाधक तत्व निम्नलिखित हैं, यथा विस्तृत जनसंख्या की कृषि पर निर्भरता, किसानों की निम्न क्रय क्षमता, राज्य, नौकरशाही द्वारा ग्रामीण समस्याओं पर कठोर नियंत्रण तथा ग्रामीणों में शक्तिशाली आर्थिक संगठन का अभाव इत्यादि। उनके अनुसार इन बाधक तत्वों के रहते ग्रामीण विकास अपनी गति को नहीं प्राप्त कर सकता है।

**सिंह (1986)**[49] ने *'गरीबी की गत्यात्मकता'* के अन्तर्गत बलिया जिले के बारेबोझ गांव के आठ सम्पन्न तथा आठ निर्धन परिवारों का चयन कर गरीबी की गत्यात्मकता का अध्ययन किया है। उन्होंने अपने अध्ययन में स्पष्ट किया कि ग्रामीण

विकास तथा ग़रीबी उन्मूलन हेतु किये जा रहे सरकारी प्रयासों का क्रियान्वयन सही ढंग से नहीं हो पाया है। अध्ययन के दौरान उन्होंने पाया कि विकास केन्द्र से प्रदत्त सुविधाओं का लाभ अधिकांश उच्च वर्ग अथवा सम्पन्न परिवारों को ही प्राप्त है तथा निम्न वर्ग को केवल नाममात्र का ही लाभ मिल सका है। यहाँ तक कि गरीब वर्ग के अनुसूचित जाति के परिवारों की छूट पर मिलने वाली खाद को उनके नाम पर सम्पन्न वर्ग ने लिया है। उनके अनुसार उच्च वर्ग में सामाजिक-आर्थिक विकास की गति तीव्र है, जबकि निम्न वर्गों में यह गति भी निम्न है।

**सिंह (1987)**[50] का अध्ययन *'ग्रामीण निर्धनता एवं समन्वित ग्रामीण विकास कार्यक्रम'* बिहार राज्य के रोहतास जिले के कुदरा ब्लॉक के 300 परिवारों पर आधारित है। उन्होंने अपने अध्ययन में पाया कि अनुसूचित जातियों में गरीबों की पहचान की प्रक्रिया विकासात्मक अफ़सरशाही, विवेकहीन कर्मचारियों और स्वार्थी, दलालों का शिकार है। लाभार्थी इन तत्वों के साथ अपना लाभ ले सकते हैं। छूट की राशि इन तत्वों के हाथ ही लगती है। आधे से अधिक उत्तरदाताओं ने बताया कि बड़े व सक्षम कृषकों को इससे अधिक लाभ हुआ है। श्रम के एवज में मिलने वाले सामान की क्वालिटी पर भी उत्तरदाताओं ने असन्तुष्टि व्यक्त की।

**सिंह (1988)**[51] ने अपने अध्ययन *'ग्रामीण विकास में सरकारी अभिकरणों की भूमिका एवं प्रभावकता'* में पाया कि ग्रामीण विकास में सरकारी अभिकरणों की संचेष्टता संलग्नता के परिणामस्वरूप संज्ञानता एवम् जागरूकता में वृद्धि हुई है और गांवों में उत्तरोतर समृद्धि बढ़ी है। अनुसूचित जाति की अपेक्षा सवर्ण कृषक ज्यादा लाभान्वित हुए हैं। इन दोनों वर्गों की आय की विषमता का अन्तराल ज्यों का त्यों बना हुआ है।

**गुप्ता (1990)**[52] ने अपने अध्ययन *'कुमायूं पर्वतीय क्षेत्र में ग्रामीण विकास के सन्दर्भ में सामाजिक परिर्वतन'* में पाया कि निर्धन, ऋणग्रस्त अनुसूचित जाति के सामाजिक-आर्थिक जीवन में परिष्कार और सुधार आया है।

**श्रीवास्तव (1991)**[53] ने अपने अध्ययन *'इम्पैक्ट ऑफ डिसेन्ट्रलाज़ेशन ऑफ रूरल पुवर'* में मध्य प्रदेश में राज्य, जिला तथा ब्लॉक स्तर पर ग्रामीण गरीबों पर विकेन्द्रीकरण के प्रभावों को दर्शाया है। उन्होंने अपने अध्ययन में पाया कि अधिकारी यह कोशिश करते रहते हैं कि अनुसूचित जातियों को अधिक से अधिक लाभ मिल सके, यद्यपि विकेन्द्रीकरण की नीति ग्रामीण निर्धनों के जीवन स्तर में गुणात्मक परिवर्तन लाने में सहयोगी है किन्तु लघु एवम् वृहद स्तर की नीतियों में विसंगतियाँ हैं।

**सिंह (1992)**[54] का अध्ययन *'ग्रामीण सामाजिक संरचना और विकास कार्यक्रम'* उत्तरप्रदेश के आजमगढ़ जनपद के 300 परिवारों पर आधारित है जिन्होंने विकास कार्यक्रमों के तहत ऋण लिया है। उन्होंने पाया कि इन लाभान्वित परिवारों में संयुक्त परिवार की अपेक्षा एकांकी परिवारों में इन ऋणों से समृद्धि में विकास अधिक हुआ है। अधिकांश लोगों का मानना है कि धनी किसानों को इससे अधिक लाभ हुआ है। 70.67 प्रतिशत उत्तरदाताओं का मानना है कि ग्रामीण कुटीर उद्योगों के विकास से ग्रामों का विकास सम्भव है।

**द्विवेदी (1993)**[55] का अध्ययन *'ग्रामीण निर्धनता एवं विकास कार्यक्रम'* उत्तर प्रदेश के मिर्जापुर जनपद के ग्रामीण क्षेत्र के 400 परिवारों पर आधारित है। इन्होंने अपने अध्ययन में पाया कि ग्रामीण विकास में विकास कार्यक्रम अपनी महत्वपूर्ण भूमिका अदा करने में सक्षम हैं परन्तु इनकी सरकारी कार्यप्रणाली संतोषजनक नहीं है। इसकी असफलता के लिये इसमें व्याप्त भ्रष्टाचार को मूल कारण माना है।

**मल (1995)**[56] ने अपने अध्ययन *'एक प्रगतिशील गाँव के आर्थिक विकास के कारकों की खोज'* में पाया कि अधिकांश ग्रामीणों को विकास कार्यक्रमों की पूर्ण जानकारी उपलब्ध नहीं है। छोटे उद्योगों को प्रोत्साहित कर ही गाँवों का विकास संभव है।

**पद्मनाभ (1997)**[57] ने *'ग्रामीण विकास'* के अन्तर्गत सामुदायिक विकास तथा समन्वित ग्रामीण विकास कार्यक्रमों का विश्लेषण प्रस्तुत किया है, जिसमें अनुसूचित जाति पर इनके प्रभावों को भी विशेष रूप से इंगित किया गया है। उनके अनुसार विभिन्न ग्रामीण विकास कार्यक्रमों का उद्देश्य गरीबी दूर करना है। इसके लिए कोष को अधिक से अधिक बढ़ाना ही पर्याप्त नहीं है। बेहतर परिणामों के लिए बुनियादी स्तर पर कुछ परिवर्तन लाना आवश्यक है। इस पूरी प्रक्रिया में सर्वाधिक महत्वपूर्ण है उन लोगों की पहचान करना जिन्हें इन कार्यक्रमों से लाभ पहुँचाया जाना है। अनुसूचित जाति के लोगों को अपेक्षित लाभ नहीं प्राप्त हो रहे हैं।

**सोनकर (2000)**[58] का अध्ययन *'अनुसूचित जाति एवं ग्रामीण विकास'* उत्तर प्रदेश के वाराणसी जनपद के काशी विद्यापीठ प्रखण्ड के 300 परिवारों पर आधारित है। उन्होंने अपने अध्ययन में पाया कि अनुसूचित जातियों को ग्रामीण विकास कार्यक्रमों का लाभ मिल रहा है। 31.37 प्रतिशत उत्तरदाताओं के साथ सरकारी अधिकारियों का व्यवहार उपेक्षापूर्ण पाया गया। 31.70 प्रतिशत उत्तरदाताओं में शिक्षा एवं जागरूकता का अभाव पाया गया। अधिकांश उत्तरदाता ग्रामीण विकास कार्यक्रमों

की जानकारी से अनभिज्ञ पाये गये। अधिकांश उत्तरदाताओं को आरक्षण संबंधी सुविधाएँ प्राप्त थी।

**आर.डी. गडगर (2001)**[59] ने अपने अध्ययन इन्दौर शहर के सफ़ाई कामगारों में मानव संसाधन विकास के स्तर (शिक्षा, प्रशिक्षण, रोजगार एवं परामर्श आदि) का पता लगाया है। इन्होंने अपने अध्ययन में स्पष्ट किया है कि 1961–1991 की तुलना में साक्षरता में 20.74 प्रतिशत वृद्धि दर्ज की गई है। सर्वेक्षण में सफाई कामगार परिवारों की कुल संख्या 2047 पायी गयी है जो इन्दौर शहर की कुल जनसंख्या का 7.33 प्रतिशत है तथा शहर में अनुसूचित जाति के पुरूषों में साक्षरता 65 प्रतिशत महिलाओं में साक्षरता 36 प्रतिशत है। सफ़ाई कामगारों में पुरूषों एवं महिलाओं में क्रमशः 92 एवं 73 प्रतिशत है। अध्ययन में सम्मिलित उत्तरदाताओं में 50 प्रतिशत से अधिक ने प्राइमरी स्तर तक की शिक्षा प्राप्त की है। अधिकांश 50 प्रतिशत परिवार अविकसित क्षेत्रों में रहते हैं, 23 प्रतिशत परिवार विकसित क्षेत्रों में रहते हैं। शिक्षा के प्रति सफ़ाई कामगारों का दृष्टिकोण सकारात्मक है। अधिकांश अपने बच्चों को प्रारम्भिक स्तर पर पढ़ाना पसन्द करते हैं। माता-पिता के समय की तुलना में अब सरकारी स्कूलों की बजाय बच्चे प्राइवेट स्कूलों में जाने लगे हैं। कोई बच्चा पब्लिक स्कूल में नहीं पढ़ता है। सफाई कामगारों में निम्नस्तरीय मानव संसाधन विकास के कारण सृजनात्मकता तथा रचनाशीलता का अभाव पाया जाता है। फलस्वरूप अन्य रोज़गार या नौकरी के लिये सार्थक प्रयत्न नहीं कर पाये हैं। यह भी ध्यान देने योग्य तथ्य है कि सूचना, ज्ञान और मनोरंजन के साधन जैसे टी. वी. रेडियो, फिल्म, पत्र-पत्रिकाएँ आदि उपलब्ध न होने पर भी सफ़ाई कामगार सबसे ज्यादा समय मनोरंजन के कार्यक्रमों एवम् अन्य साधनों पर व्यय करते हैं। तकनीकी शिक्षा, सामान्य शिक्षा तथा सम्मान सहित कमाने के उपायों को खोजने के लिए उन्हें कोई परामर्श देने वाला नहीं है। इसका परिणाम यह हुआ कि उनका विकास, ज्ञान और कौशल अपरिवर्तित या स्थिर रहा है। जीवन के प्रति कोई सकारात्मक सोच न होने के कारण उनमें प्रतियोगितात्मक प्रवृत्ति और संकल्प का अभाव है।

**सेंटर फार डेवलपमेंट इकोनामिक्स तथा सेंटर फॉर एक्टिविटीज स्टडी (2002)**[60] ने अन्त्योदय अन्न योजना की उपादेयता के बारे में पाँच राज्यों आन्ध्र प्रदेश, छतीसगढ़, झारखण्ड, राजस्थान तथा उतर प्रदेश में सर्वेक्षण किया। सर्वेक्षण के दौरान उसने पाया कि समृद्ध गाँव में भी अनुसूचित जाति के परिवार गरीबी और भुखमरी के शिकार हैं। यह योजना वर्ष 2001 में आरम्भ की गयी थी इसका उद्देश्य गरीब लोगों की मदद करना था। सर्वेक्षण के अनुसार सार्वजनिक

वितरण प्रणाली के अन्य अंगों के मुक़ाबले यह कार्यक्रम अच्छी तरह चल रहा है। अन्त्योदय कार्यक्रम ज़रूरतमंदों को समय से अनाज मिल पाने के मामले में सफल पाया गया है। सरकारी मूल्य से अधिक मूल्य वसूली के मामले 13 प्रतिशत ही पाये गये। ग्रामीण आबादी में मात्र पाँच प्रतिशत लोगों को इसका फ़ायदा मिल पा रहा है। अनाजों के लिए अंत्योदय जैसा सामाजिक सुरक्षा कार्यक्रम यदि 10 प्रतिशत ग्रामीण आबादी पर लागू किया जाए और उसके अन्तर्गत प्रत्येक व्यक्ति को 10 किलोग्राम मासिक अनाज दिया जाए तो इसके लिए सालाना 80 लाख टन अनाज की आवश्यकता होगी। ग्रामीण आबादी को घोर गरीबी से मुक्ति दिलाने की ज़रा सी कीमत है।

**श्री निवास (2002)**[61] का मत है कि ग्रामीण शक्ति संरचना को समझने के लिए प्रभुत्वशाली जाति की अवधारणा अब भी महत्वपूर्ण है। जो जाति संख्या में अधिक होती है, जिनके पास आर्थिक एवम् राजनीतिक शक्ति है, सांस्कारिक प्रतिष्ठा है, पश्चिमी शिक्षा प्राप्त है और नये व्यवसायों में लगे हुए हैं। उसका गाँव में निर्णायक प्रभुत्व पाया जाता है। श्रीनिवास परम्परागत नेताओं को वोट बैंक की संज्ञा देते हैं, जिनका प्रयोग चुनाव में अभिजात वर्ग द्वारा किया जाता है।

**राजन मिश्रा (2004)**[62] ने अपने अध्ययन में आगरा जनपद के बिचपुरी विकासखण्ड के 640 ग्रामीण नेताओं का चयन करके उनके सामाजिक उद्‌भव एवं शक्ति संरचना के उभरते हुए प्रतिमानों का पता लगाया है। उन्होंने अपने अध्ययन में पाया कि ज़्यादातर नेतृत्व कम आयु से है। गाँवों में यह धारणा बदल रही है कि अधिक आयु का व्यक्ति सामाजिक, राजनैतिक क्षेत्र में नेतृत्व कर सकता है। जाति के आधार पर यह निष्कर्ष प्राप्त है कि ज्यादातर नेतृत्व उच्च जाति से प्राप्त होता है (62.34 प्रतिशत), अनुसूचित जातियाँ (20.32 प्रतिशत) समान अधिकार पाने के लिए प्रयत्नशील हैं। अधिकांश उतरदाताओं ने यह स्वीकार किया है कि ग्रामीण नेतृत्व में जाति की महत्वपूर्ण भूमिका रही है।

**धर्मेन्द्र सिंह यादव (2006)**[63] *"पंचायती राज एवम् ग्रामीण विकास"* में अपने आनुभविक अध्ययन के आधार पर मध्य प्रदेश के उज्जैन जिले के ग्राम पंचायतों का विश्लेषण ग्रामीण विकास के सन्दर्भ में प्रस्तुत किया है, उन्होंने यह निष्कर्ष प्रस्तुत किया कि विकेन्द्रीकृत नियोजन ही ग्रामीण क्षेत्रों में आर्थिक प्रगति को सही राह दिखा सकता है, क्योंकि जब तक सरकार के आर्थिक कार्यक्रम एवं नीतियों का संचालन व नियमण ग्रामीण क्षेत्रों की स्थानीय संस्थाएं स्वयं नहीं करती, तब तक ग्रामीण क्षेत्रों में आय व रोजगार में वृद्धि नहीं हो सकती।

**आई. शेखर (2006)**[64] *'रूरल पॉवर इलिट इन पंचायती राज'* इस अध्ययन के अन्तर्गत ग्रामीण शक्ति अभिजन एवं पंचायती राज की संरचना वैचारिकी तथा परिवर्तन की व्याख्या ग्रामीणों की संबंधात्मक संरचना के संदर्भ में प्रस्तुत की गई है। लेखक ने पारम्परिक स्तरीकरण के स्थान पर अपने अध्ययन में राजनैतिक वैचारिकी को प्रमुख स्थान दिया है तथा शक्ति संरचना अभिजन की व्याख्या (इण्टर, इन्टरा-कास्ट-क्लास) के चेतनात्मक एवम् संघर्षवादी परिप्रेक्ष्य में की है।

**आर. हुजा एवम् एम. हुजा (2007)**[65] द्वारा *'डेमोक्रेटिक डीसेन्ट्रालाइजेशन एण्ड प्लानिंग'* पुस्तक में पंचायती राज की प्रासंगिकता का विवरण विभिन्न पक्षों में विवेचित किया गया है, जिसके अन्तर्गत पंचायती राज की ऐतिहासिकता, पंचायती राज एवम् शक्ति के विकेन्द्रीकरण के मुद्दों पर प्रकाश डाला गया है। इन्होंने विकेन्द्रीकरण की प्रक्रिया को प्रजातंत्र के संबंध में सफल होने हेतु पंचायती राज के तीनों स्तरों पर लोगों की सहभागिता को निर्णय लेने की शक्ति एवं विकास कार्यों में अति आवश्यक बताया है।

**देसाई एवं ढक्कर (2009)**[66] ने अपनी विरचित रचना *'भारतीय समाज में महिलाएं'* के अन्तर्गत महिलाओं की परिस्थिति का ऐतिहासिक एवं सामाजिक विश्लेषण करते हुए इनकी प्रस्थिति के बारे में विमर्श प्रस्तुत किया है। लेखिकाओं द्वारा महिलाओं के अधिकारों एवं शक्तियों पर विवरण प्रस्तुत किया गया है। ऐतिहासिक दृष्टि से महिलाओं को इन्होंने हासिये पर बताते हुए वर्तमान समय तक का चित्रण प्रस्तुत किया है। महिलाओं के अधिकारों के संदर्भ में जागरूकता हेतु इन्होंने शिक्षा को महत्वपूर्ण माना है तथा इनकी शक्ति प्रस्थिति को ऊँचा करने हेतु राजनीतिक सहभागिता को अपरिहार्य माना है। इस राजनीतिक सहभागिता लाने के लिए इन्होंने मीडिया, प्रचार-प्रसार एवं जागरूकता को प्रमुख हथियार माना है। इन्होंने अपनी पुस्तक के अन्तर्गत एक तथ्य यह भी प्रस्तुत किया है कि भारतीय समाज में पश्चिमी समाजों की भांति आंदोलनों का अभाव रहा है, तथा प्रगतिशील कानूनों के बावजूद भी, वैयक्तिक कानूनों के पितृसत्तात्मक प्रकृति के कारण महिलाओं को आज भी असमानता का अनुभव होता है।

**जार्ज मैथ्यू एवं बी.एस. बाविस्कर (2009)**[67] *'इन्क्लूशन एंड एसक्लूजन इन लोकल गवर्नमेंट : फील्ड स्टडीज फ्राम रूरल इण्डिया'* इस पुस्तक के अन्तर्गत भारत के 12 राज्यों के 42 पंचायतों पर किए गए आनुभाविक अध्ययन का विवरण प्रस्तुत किया गया है, जिसके अंतर्गत अनुसूचित जाति, जनजाति एवं महिलाओं के समावेशन में पंचायती राज के कार्यों का विश्लेषण किया गया है तथा इन्होंने निष्कर्ष

दिया कि 73वें संविधान संशोधन के पश्चात् कमजोर वर्गों का सशक्तिकरण के माध्यम से समाज की मुख्य धारा में समावेश हुआ है।

**जोया हसन, (2009)**[68] *'पॉलिटिक्स आफ इनक्लूजन : कास्ट, माइनॉरिटीज एंड अफरमेटिव एक्शन'*, द्वारा भारत में समावेशन की राजनीति के संबंध में व्याख्या जाति अल्पसंख्यक एवं सकारात्मक भेदभाव के सन्दर्भ में प्रस्तुत की है तथा भारत को विश्व का विस्तृत प्रजातांत्रिक देश बताते हुए भी समतावादी समाज की कल्पना नहीं की है। इन्होंने सरकार द्वारा प्रस्तुत की गई नीतियों की आलोचना इसलिए की है क्योंकि अल्पसंख्यक व कमजोर वर्ग आज भी बुरी स्थिति में है एवम् इन्होंने प्रश्न उठाया है कि समावेशन की राजनीति दलित एवं पिछड़ा वर्ग विमर्श से बाहर क्यों नहीं आती तथा मुस्लिमों को राजनीति में भागीदारी का मौका विशुद्ध रूप से क्यों नहीं मिलता?

**के.एल. शर्मा (2011)**[69] *'सामाजिक स्तरीकरण'* ने शक्ति संरचना एवं प्रस्थिति की व्याख्या सामाजिक स्तरीकरण के संदर्भ में की है, जिसके अन्तर्गत शक्ति संरचना से संबंधित सैद्धान्तिक विवेचन का विवरण मार्क्स, वेबर इत्यादि के सन्दर्भ में प्रस्तुत किया है तथा भारतीय संदर्भ में स्तरीकरण की व्याख्या जाति एवं वर्ग दोनों के संदर्भ में की है, वर्ग विश्लेषण में वेबरवादी एवं मार्क्सवादी दृष्टिकोण को इन्होंने बताया है तथा प्रभुत्व एवं शक्ति को लम्बोदर क्षैतिज एवं विभेदीय रूप में प्रस्तुत किया है, जिसमें इन्होंने क्षमता के विमर्श को प्रस्तुत करते हुए श्रीनिवास की आलोचना भी की है तथा शक्ति संरचना के बदलते प्रतिमान में इन्होंने बिहार की राजनीतिक ध्रुवीकरण में पिछड़े वर्गों का सत्ता पर आसीन होना बतलाया है।

यद्यपि उपर्युक्त अध्ययन भारत के विशाल ग्रामीण क्षेत्र की तुलना में कम ही है, फिर भी यह अध्ययन गाँव में शक्ति संरचना की अलख प्रस्तुत करते हैं। प्राचीन भारत में गाँव में शक्ति एवं प्रभुत्व जमींदारी, ग्राम पंचायत एवं जाति पंचायत पर आधारित था। जो लोग आर्थिक दृष्टि से संपन्न थे, राजनीतिक शक्ति भी उन्हीं के हाथों में थी, ब्रिटिश काल में तथा आज़ादी प्राप्त होने के बाद गाँव की अर्थव्यवस्था में परिवर्तन आया। उसके साथ-साथ शक्ति संरचना भी परिवर्तित हुई। गाँव में नवीन परिवर्तन लाने एवम् परम्परात्मक शक्ति संरचना को बदलने के लिए अनेक कारक उतरदायी रहे हैं, जैसे- भूमि सुधार कानून, पंचायती राज की स्थापना, सहकारी आंदोलन, भूदान आंदोलन, सामुदायिक विकास योजना, वयस्क मताधिकार, लोकतन्त्रीकरण एवं राजनीतिकरण की प्रक्रिया, औद्योगीकरण, नगरीकरण, संस्कृतिकरण, शिक्षा का प्रसार, यातायात एवम् संचार वाहन के नवीन साधनों का प्रयोग आदि। इन सभी कारकों में से भारत के विभिन्न भागों में अलग-अलग कारक क्रियाशील

रहे हैं। कहीं जमीदारी के उन्मूलन ने जमींदारों की शक्ति क्षीण कर दी है, तो कहीं यह अब भी गाँव की प्रमुख जाति के पास है। कहीं पर निम्न जातियाँ संख्या में अधिक होने से चुनावों में पंचायतों के पद पर विजय प्राप्त कर औपचारिक शक्ति ग्रहण किए हुए हैं, तो कहीं अधिक निर्भरता के कारण संख्या में अधिक होने पर भी निम्न जातियां, उच्च जातियों के अधीन ही है। राजनीतिक दलों एवं गाँव से बाहर प्रशासकों से संबंध होने के कारण भी ऐसे लोग शक्ति ग्रहण कर लेते हैं, जो संख्या में तो कम हैं, किन्तु शिक्षित, समृद्ध और लोकप्रिय हैं। संवैधानिक प्रावधानों के माध्यम से निम्न जातियों की शक्ति संरचना में भागीदारी हेतु समाज की शक्ति संरचना में नेतृत्व का प्रमुख स्थान है। नेता ही राजनैतिक संगठनों और शक्ति संरचना को जीवन, दिशा तथा प्रवाह प्रदान करते हैं। इसलिए समाज वैज्ञानिकों ने अपना ध्यान नेता और अभिजात वर्ग के अध्ययन की ओर लगाया है। नेता की योग्यता एवं क्षमता पर शक्ति का सदुपयोग तथा दुरूपयोग निर्भर करता है। चूंकि प्रत्येक समाज की शक्ति संरचना में कुछ ऐसे व्यक्ति होते हैं, जो लोगों को प्रोत्साहित करते हैं, प्रेरणा देते हैं, मार्गदर्शन करते हैं अथवा लोगों को क्रिया करने के लिए प्रभावित करते हैं। ऐसी क्रिया को हम नेतृत्व और ऐसे व्यक्तियों को हम नेता शक्ति धारण करने वाला, शक्तिमानव, शक्ति केन्द्र तथा शक्ति अभिजात कह सकते हैं। ऐसे व्यक्ति समूह के अन्य लोगों से अपनी भूमिका, प्रभाव एवम् सामाजिक शक्ति के कारण भिन्न होते हैं। नेतृत्व एक सार्वभौमिक एवं विश्वव्यापी घटना है, जहाँ भी जीवन है, वहाँ समाज है, और जहाँ भी समाज है वहां नेतृत्व है। व्यक्ति की प्रतिभा व सामाजिक परिस्थितियाँ मानव में नेतृत्व के भाव जागृत करती हैं। प्रभाव तथा प्रभुत्व ने भी नेतृत्व को जन्म दिया है।

## विश्लेषणात्मक अवधारणाएँ

**पंचायती राज–** पंचायत प्रणाली स्थानीय सरकार का एक स्वरूप है। भारतीय स्वाधीनता प्रणेता महात्मा गांधी द्वारा "पंचायत" शब्द में भारतीय सांस्कृतिक जीवन पद्धति का दर्शन करते हुए, उसका शाब्दिक अर्थ "गाँव के लोगों द्वारा चुने हुये पाँच व्यक्तियों की सभा" बताया। अतः पंचायत का वास्तविक अर्थ गाँव के कल्याण की देखभाल करने के लिए गाँव के चुने हुए पाँच वयोवृद्धों की एक संस्था से है। अतीत में इसकी चाहे कुछ भी आशाएं रही हों, किन्तु इसकी संख्या संबंधी प्रतिबद्धता नहीं रही है। वर्तमान पंचायत का आकार गाँव की जनसंख्या पर आधारित होने से भूतकाल की अपेक्षा अधिक बड़ा हो गया। पंचायत के मुखिया को "सरपंच" और इसके सदस्यों को "पंच" कहा जाता है। राष्ट्रपिता महात्मा गांधी भारतीय गांवों का पुर्नरुद्धार भारतीय ढंग से करना चाहते थे। भारतीय व्यवस्था के अनुरूप ही

भारतीय गांव आत्म निर्भर, स्वशासित एवं स्वावलम्बी गणतंत्र के रूप में विकसित होते देखना चाहते थे, जिसमें उसकी आवश्यकता की चीजों का उत्पादन एवं सर्वांगीण विकास के लिए समुचित अवसर तथा मनोरंजन की सुविधाओं से लेकर दैनिक जीवन से संबंधित सभी समस्याओं का समाधान गांवों में भी सुलभ हो, यही उनका सच्चे अर्थों में "स्वराज्य" था।

इस प्रकार हम कह सकते हैं कि गांधी जी पंचायत प्रणाली को एक ऐसे अचूक साधन के रूप में मानते थे जिसके द्वारा ग्राम समाज का प्रत्येक व्यक्ति अपने अनोखे रूपरंग और रस के साथ विकसित होकर पल्लवित और पुष्पित होने का समान अवसर उपलब्ध कराता हो। गांधी जी द्वारा अपनी वैचारिक पृष्ठभूमि का केन्द्र व्यक्ति को माना गया है।

**ग्रामीण विकास–** ग्रामीण विकास का अर्थ केवल आर्थिक विकास ही नहीं, वरन् समस्त सामाजिक-सांस्कृतिक परिवेश का विकास है। ग्रामीण विकास का मूल स्रोत शासन द्वारा संचालित विकास कार्यक्रम तथा जनता की सहभागिता है। ग्रामीण विकास के कार्यक्रम शासन द्वारा ग्रामीण जनता के आर्थिक, सामाजिक एवं राजनीतिक विकास के लिए नियोजित किये जाते हैं, इनके लक्ष्य निर्धारित हैं, जिसे निश्चित समय में पूरा करने का संकल्प रहता है तथा जिसकी पूर्ति के लिए आवश्यक आंतरिक तथा बाह्य साधनों का उपयोग किया जाता है। यह भी अपेक्षा की जाती है कि जनसाधारण इन कार्यक्रमों में सहभागी होगा और अपनी सामाजिक-सांस्कृतिक तथा आर्थिक दशा का सुधार कर सकेगा।

**ग्रामीण नेतृत्व–** नेतृत्व लोगों को प्रभावित करने की एक प्रक्रिया है, जिसमें एक सामान्य उद्देश्य के लिए लोगों का सहयोग होता है। इसके द्वारा वे अपने इच्छित लक्ष्य को प्राप्त करते हैं। इसी प्रकार ग्रामीण नेता गाँव का एक प्रभावशाली व्यक्ति होता है, वह उनका संरक्षक होता है तथा गाँव के लोग उसकी आज्ञा का पालन करने वाले होते हैं।

**शक्ति–** शक्ति से आशय उस क्षमता से है जिसके द्वारा दूसरों की क्रियाओं, प्रभावों एवं व्यवहारों पर नियंत्रण किया जाता है।

**लोकतांत्रिक विकेन्द्रीकरण–** विकेन्द्रीकृत प्रशासन में जनप्रतिनिधियों का महत्व सरकारी कर्मचारियों की अपेक्षा अधिक अधिकार जनता द्वारा चुने हुए प्रतिनिधियों के हाथों में होता है। परन्तु इसका तात्पर्य यह नहीं है कि सरकारी कर्मचारी उनसे दूर रहें। सरकारी कर्मचारियों का सहयोग लिया जा सकता है, परन्तु इसे नवीन प्रशासन व्यवस्था में उन्हें जनप्रतिनिधियों पर अपना रौब नहीं जमाना

चाहिए। इसमें यदि सरकार ने हस्तक्षेप किया तो लोकतांत्रिक विकेन्द्रीकरण का प्रयोग सफल नहीं माना जायेगा।

## सैद्धान्तिक विश्लेषणात्मक प्रारूप

सामुदायिक नेतृत्व प्रतिमान के सन्दर्भ में भारतवर्ष एवं भारत से बाहर स्थानों पर इस विषय पर बहुतेरे अध्ययन हुए। इन अध्ययनों को पद्धतिशास्त्री परिप्रेक्ष्य में चार प्रमुख भागों में विभक्त करके दर्शाया गया है–

**1. पदमूलक प्रारूप–** सामुदायिक नेतृत्व प्रतिमान को अन्वेषण करने हेतु यह सर्वाधिक सरल एवं पुरातन प्रारूप है। इस उपागम की प्रमुख अभिस्थापना है कि स्वैच्छिक संगठनों, राजनीतिक, सामाजिक, आर्थिक संस्थाओं इत्यादि पर औपचारिक प्रस्थिति हो। **मिल्स**[70] ने इस प्रमुख स्थिति को 'The strategic command post' कहा है। इस उपागम की आलोचना करने वाले प्रमुख सिद्धांतविद् **हंटर,**[71] **डहल,**[72] **पालिसवी**[73] है, जिन्होंने इस प्रारूप की वैधता के ऊपर प्रश्नचिह्न लगाया है। इन समाजविदों का तर्क है कि यह आवश्यक नहीं है कि औपचारिक पद द्वारा वास्तविक शक्ति का संचालन हो।

'समूह सम्बद्धता धारीयता' अवधारणा पर मिल्स[74] ने यह विवेचित किया है कि जिनके पास वृहत मात्रा में संसाधनों पर स्वामित्व होता है, वे इसी स्वामित्व संबंध के आधार पर आदेशात्मक शक्ति का उपभोग करते हैं, बहुलतावादी विचारक जैसे, डहल, पालिसवी एवं उनके सहयोगी वोल्फिंगर आदि ने मिल्स के इस आधार पर प्रश्नचिन्ह लगाते हुए कहा है कि समाज में विभिन्न प्रकार का संसाधन विभिन्न पदों से भी संबद्ध होता है जो कि विवेकशीलता एवं तर्क के आधार पर समायोजन की प्रक्रिया से उन विभिन्न पदों को भी दर्शाती है जो अनौपचारिक होने के बावजूद शक्ति का उपभोग करते हैं।

मिल्स की सामुदायिक हित की धारणा को इस आधार पर भी समालोचित किया जाता है कि हितों के बिखराव की वज्ह से सामुदायिक हित नहीं रह जाते तथा विभिन्न संसाधनों के विकल्प होने की वज्ह से सामुदायिक हित भी वैयक्तिक हित में संग्रहीत हो जाते हैं।

इसके बावुजूद सी. एम. बोनजीन, डी.एम. ओल्सेन ने पदमूलक उपागम के बारे में बताया है कि यह उपागम सबसे सरल तथा प्राचीन उपागम है, जिसकी सार्थकता नेतृत्व की पहचान करने में लघु समुदायों में सर्वाधिक प्रासंगिक है, क्योंकि लघु समुदायों में शक्ति के संसाधन प्रमुख रूप से सीमित एवं संकेन्द्रित होते हैं।[75]

**2. प्रतिष्ठामूलक प्रारूप-** प्रतिष्ठामूलक प्रारूप प्रमुख रूप से मैक्सवेबर व अन्य चिह्नित एच.डी. लाशवेल के सैद्धांतिक निरूपण का परिणाम है। हंटर ने नेतृत्व प्रतिमान को करने हेतु या सामुदायिक शक्ति संरचना का अन्वेषण करने के लिए अटलांटा सिटी पर अध्ययन किया।[76] इस प्रारूप की प्रमुख मान्यता यह है कि वास्तविक रूप से नेता वही है, जिसके पास प्रसिद्धि या प्रतिष्ठा या ख्याति के फलस्वरूप शक्ति आती है, पाश्चात्य समाजों में नेतृत्व संबंधी इस प्रारूप का प्रयोग आर.सी. एंजील, ए.टी. आरनेस्ट, बी. अबूलबान, डी.सी. मिलर, आर.जी. सूज एवम् एल.पी. पीजेट ने किया है। भारतीय समाज में शक्ति संरचना एवं नेतृत्व को चिह्नित करने हेतु इस उपागम का प्रयोग ढिल्लन, लेविस एवं एस.के. लाल ने किया। यद्यपि यह प्रारूप नेतृत्व का मानक नहीं तय करता, बल्कि नेतृत्व की ख्याति के बारे में इंगित करता है। इस प्रारूप के द्वारा नेतृत्व प्रतिमानों को ज्ञात करने हेतु सूचनाओं की सहायता ली जाती है जिसका प्रमुख आधार सामाजिक, आर्थिक, राजनीतिक रहा है। इस उपागम की सबसे बड़ी विशेषता है कि इसके द्वारा पारदर्शिता एवम् इसका संचालन आसान हो जाता है। यद्यपि यह प्रारूप भी आलोचनाओं से मुक्त नहीं है, आर. वोल्फिंगर ने बताया है कि जब हम इस प्रारूप द्वारा नेतृत्व का पता लगाते हैं तो कुछ सामान्य विशिष्टताएँ छूट जाती हैं।[77]

**3. निर्णयवादी प्रारूप—** इस प्रारूप को घटनात्मक विश्लेषण एवं सहभागी अवलोकन के नाम से भी जाना जाता है। विषयक सहभागी प्रारूप येल विश्वविद्यालय के राबर्ट डहल[78] एवम् उनके सहयोगियों द्वारा इस प्रारूप का उपयोग किया गया। इस उपागम की प्रमुख मान्यता है कि निर्णय लेने की प्रक्रिया में क्रियात्मक सहभागिता की प्रक्रिया के द्वारा ही वास्तविक शक्ति के उपभोगकर्ताओं का पता चलता है जो कि नेतृत्व के प्रतिमानों पर अप्रत्यक्ष रूप से भागीदारी को महत्वपूर्ण मानते हैं।[79]

इस उपागम को प्रभावशील इसलिए माना जाता है क्योंकि इसके माध्यम से सामुदायिक निर्णय लेने की प्रक्रिया के दौरान महत्वपूर्ण पक्षों पर अन्वेषण किया जा सकता है, इस प्रारूप को आनुभाविकता के माध्यम से जाना जा सकता है जो कि शक्ति को मापन एवम् संदर्भीकृत करने के लिए विश्वसनीय परिणाम दर्शाता है। यह प्रारूप तीन प्रमुख आधारों पर समालोचित किया गया। प्रथम—अन्वेषणकर्ता द्वारा पूर्वाग्रह आनुभाविक अध्ययन को प्रभावित कर सकता है। द्वितीय—इस प्रारूप के प्रयोग में समयावधि अधिक लगती है जिसमें कभी-कभी निर्णय लेने की प्रक्रिया के अध्ययन में कुछ तथ्य छूट जाते हैं। निर्णयवादी प्रारूप का तीसरा प्रमुख दोष यह

है कि यह उन मुद्दों की अनदेखी कर देता है जो कि अप्रकट होते हैं एवम् विरोधाभासी मुद्दों से संबंधित होते हैं।[80]

इन सभी कमियों के बावजूद यह प्रारूप नेतृत्व कर अपनी महत्वपूर्ण भूमिका निभाता है। इसके द्वारा कभी-कभी कुछ ऐसे विषय भी उभरकर सामने आते हैं जो कि अन्य आगमों द्वारा संभव नहीं हैं।

**4. समन्वयवादी प्रारूप–** इस प्रारूप का प्रयोग ग्रामीण क्षेत्रों के परिपूर्ण परिप्रेक्ष्य में नेतृत्व संबंधी प्रतिमानों को ज्ञात करने में अत्यधिक सहायक है। समन्वयवादी प्रारूप के अतिरिक्त शेष तीन प्रारूपों का प्रयोग वैयक्तिक स्तरों पर किया जाता था, लेकिन समन्वयवादी प्रारूपों का प्रयोग सामुदायिक स्तर पर किया जाता है, जिसके अंतर्गत उपरोक्त तीनों प्रारूपों का प्रयोग द्वारा नेतृत्व संबंधी प्रतिमानों के तुलनात्मक विश्लेषण के आधार पर वास्तविक नेतृत्व को पहचाना जाता है। उस विधि में वास्तविक नेतृत्व प्रवृत्ति वाला व्यक्ति उसे माना जाता है, जिसको कि तीनों प्रारूपों में कम से कम दो प्रारूपों का समर्थन प्राप्त हो। जिसके पश्चात् नेतृत्व की पहचान की जा सकती है। फ्रीमैन एवम् उनके सहयोगियों ने शक्ति-संरचना का अध्ययन करने हेतु तीनों प्रारूपों का प्रयोग तुलनात्मक रूप से साइरकस में किया।

भारत में डिडिगुल जिले में अक्टूबर 1996 में पंचायती राज चुनाव के दौरान इस प्रविधि द्वारा ग्रामीण नेतृत्व पहचाना गया, जिसमें शोधकर्ताओं द्वारा पदमूलक, प्रतिष्ठामूलक एवम् निर्णयवादी मूलक उपागमों का प्रयोग समन्वित रूप से किया गया।

**5. गांधीवादी विकास प्रारूप–** गांधी के विचार भारतीय परम्पराओं एवं समस्याओं पर आधारित हैं। उनका विचार एक ऐसी अर्थव्यवस्था का निर्माण करना था, जिसका आधार सहभागिता, सहकारिता एवं शोषणविहीन समाज हो। गांधी जी को विश्वास था कि देश की गरीबी व बेकारी का समाधान तीव्र औद्योगीकरण से नहीं, बल्कि ग्रामीण अर्थव्यवस्था के पुनरूद्धार व खादी ग्रामोद्योगों के विकास से संभव है। उनके विचार में ग्रामीण क्षेत्रों की निष्क्रियता और गरीबों की घोर गरीबी के लिए ग्रामोद्योगों का ह्रास ही मुख्यतः जिम्मेदार है।

गांधी के विचार न केवल गरीबी व रोजगार, बल्कि उत्पादन व वितरण के संबंध में भी यथावत् हैं। उन्होंने जब उत्पादन के बजाए जनता के लिए उत्पादन पर जोड़ दिया, जिससे कि मुद्रास्फीति व असमान वितरण से बचा जा सकेगा।

आज यद्यपि बड़े जोर-जोर से गांधीवादी विचारधारा पर वाद-विवाद हो रहा है पर इससे पूर्व इसे अव्यवहारिक एवं कल्पना प्रधान, पुरातन व पीछे देखने वाली अर्थव्यवस्था कहा गया। स्वयं पण्डित जवाहरलाल नेहरू ने इसे गरीबी के बटवारे का अर्थशास्त्र कहा, परन्तु मुख्य बात यह है कि गांधी के रामराज्य की कल्पना आधे पेट ज़िंदा रहना नहीं, अपितु समृद्धि की चरम सीमा थी।

**6. मर्टन का संरचनात्मक-प्रकार्यात्मक विश्लेषणात्मक प्रारूप–** प्रस्तुत अध्ययन में आर.के. मर्टन (1957) द्वारा संरचनात्मक-प्रकार्यात्मक विश्लेषण पर की गई टिप्पणी एवं समीक्षा का पुनरावलोकन कर शोध के अंतर्गत परीक्षण का प्रयास किया गया है। मर्टन ने अपने पूर्ववर्ती प्रकार्यवादियों, रेडक्लिफ-ब्राइन एवं मैलिनोस्वकी की मान्यताओं का खंडन किया, और अपनी समीक्षा प्रकार्यवाद के संदर्भ में पेश की,। मर्टन के अनुसार, प्रकार्यवाद वह अवलोकित परिणाम है, जो सामाजिक व्यवस्था के अनुकूलन एवं सामंजस्य को बढ़ाते हैं, जबकि दुष्प्रकार्य वह अवलोकित परिणाम है, जो व्यवस्था के अनुकूलन एवं सामंजस्य को कम करता है।

पूर्ववर्ती प्रकार्यवादियों ने किसी सामाजिक व्यवस्था में प्रकार्य की निम्नांकित रूप से व्याख्या की है–

(i) यह कि किसी समाज व्यवस्था में सामाजिक क्रियाएँ या सांस्कृतिक तथ्य सातत्य प्रकार्यात्मक होती हैं।

(ii) यह कि सामाजिक क्रियाएँ व सांस्कृतिक तथ्य सार्वभौमिक रूप से प्रकार्यात्मक होती हैं।

(iii) यह कि सामाजिक क्रियाएँ या सांस्कृतिक तथ्य प्रकार्यात्मक होने के नाते अपरिहार्य हैं।

इस प्रकार, तीन तथ्य सामने आते हैं– (i) प्रकार्यात्मकता (ii) सार्वभौमिक प्रकार्यात्मकता (iiii) अपरिहार्यता, मर्टन ने इन बातों का खण्डन करते हुए कहा है कि (i) प्रकार्यात्मक एकता हर जगह समान नहीं होती है। उदाहरण स्वरूप-ग्रामीण समाजों में यह ज्यादा दिखाई पड़ता है, तथा शहरों व कस्बों में कम (ii) सार्वभौमिक प्रकार्यवाद की धारणा भी ग़लत है, जैसे– अस्पताल में उपचारिका का व्यवसाय अस्पताल के लिए प्रकार्यवादी है, लेकिन परिवार के लिए दुष्प्रकार्यवादी हैं। इसी तरह, इच्छित व अनिच्छित परिणामों की विवेचना को देखें तो सामाजिक क्रियाएँ या सांस्कृतिक गतिविधियाँ इच्छित परिणाम तो प्रस्तुत करती हैं, और साथ ही अनिच्छित परिणाम भी प्रस्तुत करती हैं। उदाहरणार्थ– वर्तमान पंचायती व्यवस्था, ग्राम पंचायतें,

नेतृत्व का स्वरूप व भारत में पंचवर्षीय योजनाएँ आदि। मर्टन ने इन बातों को ध्यान में रखते हुए 11 बिन्दुओं का एक प्रकार्यात्मक विश्लेषण प्रस्तुत किया, मर्टन की व्याख्या से जोड़कर देखा जाए या गांधी की अवधारणा में भी देखा जाए तो ग्राम पंचायत का गठन इस आशय से किया गया है कि गाँव स्वतंत्र राजनीतिक इकाई के रूप में स्वायतशासी हो, और उनमें उभरने वाला नेतृत्व गाँव को एकीकरण एवं सुदृढ़ता प्रदान करे। लेकिन मर्टन की व्याख्या व समीक्षा से उभरकर आने वाले दिशा-निर्देश यह बताने के लिए पर्याप्त हैं कि गाँव पंचायतें प्रकार्यात्मक की बजाए दुष्प्रकार्यात्मक, विघटनात्मक और विखंडनवादी परिणामों को प्रस्तुत करने लगी हैं। गाँव में नेतृत्व व नेता वर्ग का व्यक्तित्व सम्पूर्ण ग्राम पंचायत के सामाजिक, आर्थिक और राजनीतिक विकास के लिए प्रोत्साहनात्मक न होकर स्वजन समूह, जातीय समूह, दबाव समूह और स्वार्थ लिप्साओं से जुड़े क्रियाकलापों में लिप्त हैं, परिणाम यह होता है कि ग्राम पंचायतों की विकास की दिशा कुंठित होती जा रही है। परिणामतः ग्राम पंचायतें व नेतृत्व का मौलिक लक्ष्य अर्थात् गरीबी, बेरोज़गारी, कुपोषण से युक्त हाशिए पर आए लोग विशेषकर कमजोर वर्गों के लोग सामाजिक, आर्थिक एवं सैद्धान्तिक विकास की मुख्य धारा से पूर्णतः लाभान्वित नहीं हो पाते।

संक्षेप में मर्टन की दृष्टि में ग्राम पंचायतें व उभरते नेतृत्व इच्छित व अपेक्षित परिणामों से दूर हैं। ग्रामीण नेतृत्व की संकीर्णतायें इस कदर उभरकर आती हैं कि गाँव के विकास से जुड़ी पंचायतों के अधिकांश, नौकरशाह, स्वयंसेवी संस्थाएँ, बुद्धिजीवी, विचारक और राजकीय विकास अभिकरणों के अभिकर्ता सभी का दृष्टिकोण सामूहिक एकीकृत विकास से हटकर नेतृत्व द्वारा इच्छित एकाकी विकास की तरफ़ मुड़ जाता है।

## पंचायती राज से संबंधित संवैधानिक संशोधन

### 64वां संशोधन विधेयक

पंचायती राज सम्मेलन के माध्यम से प्रधानमंत्री लगभग आठ हजार अनुभवशील व्यक्तियों की चर्चा के उपरांत इस निष्कर्ष पर पहुँचे कि पंचायती राज संस्थाओं में नियमित चुनाव हो, इसके लिए जरूरी हो कि पंचायती राज संस्थाओं को संवैधानिक दर्जा मिले[81]। जिस प्रकार से विधान सभा एवं लोक सभा के चुनाव निर्धारित समय में करने की संवैधानिक अनिवार्यता है, वैसी हीं व्यवस्था पंचायती राज चुनाव के संबंध में भी होनी चाहिए। संविधान संशोधन विधेयक 64वां पंचायती राज संस्थाओं को संवैधानिक दर्जा मिले, इस आशय से अनुच्छेद 243 (घ) में पंचायती राज चुनाव

संस्थाओं के नियमित चुनाव का प्रावधान किया गया। तत्कालीन प्रधानमंत्री श्री राजीव गांधी ने 15 मई, 1989 को लोक सभा में संविधान का 64वां संशोधन विधेयक प्रस्तुत किया। विधेयक का उद्‌देश्य पंचायतों के चुनाव नियमित कराने और पांच वर्ष तक उन्हें भंग न करने देना है। यदि किसी कारणवश पंचायतों को भंग अथवा निलम्बित किया जायेगा तो छह महीने के अंदर उसके चुनाव कराने की व्यवस्था की गयी है। प्रस्तावित विधेयक के अनुसार राज्यों को संविधान संशोधन के एक वर्ष के भीतर पंचायत कानून बनाने होंगे, लेकिन वर्तमान पंचायतों को अपना कार्यकाल पूरा करने दिया जायेगा। प्रस्तावित संविधान संशोधन द्वारा सभी राज्यों में तीन स्तर वाली पंचायत राज व्यवस्था गठित की जायेगी। ग्राम पंचायत उसकी आधारभूत इकाई होगी। उसका चुनाव प्रत्यक्ष आधार पर होगा। बाद में क्षेत्र अथवा विकास समिति अप्रत्यक्ष आधार पर ग्राम पंचायत के प्रतिनिधियों से चुनी जायेगी और जिला परिषदों को गठित किया जायेगा। इन संस्थाओं में लोगों को नामजद करने की परिपाटी नहीं रखी जायेगी लेकिन सहकारी संस्थाओं, नगरपालिका आदि स्थानीय निकायों को स्थानीय बुद्धिजीवियों को "कोआप्टेड" में शामिल करने की व्यवस्था होगी। क्षेत्र अथवा विकास समिति और जिला परिषद में क्षेत्रीय सांसद और विधायकों का भी प्रतिनिधित्व रहेगा।

64वां संविधान संशोधन विधेयक पंचायती राज संस्थाओं के नियमित निर्वाचन के संबंध में राजीव गांधी का कथन है कि "अब हम पंचायतों में लोकतंत्र को वही पवित्रता प्रदान करेंगे जो संसद एवं विधान मंडलों को प्राप्त है, तो हम लोकतांत्रिक संस्थाओं में भाग लेने हेतु करीब 7 लाख चुने हुए प्रतिनिधियों के लिए दरवाजे खुलेंगे। लोकतंत्र में लोगों की भागीदारी करीब 125 गुना बढ जाएगी"।[82] इस व्यवस्था से निःसंदेह भारतीय लोकतंत्र का आधार और अधिक सुदृढ़ होगा और हम लोकतांत्रिक परम्पराओं के और अधिक समीप होंगे।

ग्राम पंचायत का प्रधान अथवा अध्यक्ष गांव के सभी बालिग लोगों के मताधिकार के आधार पर चुना जायेगा। क्षेत्र अथवा विकास समिति और जिला परिषद के अध्यक्ष का चुनाव ग्राम पंचायत संस्थाओं के निर्वाचित सदस्य करेंगे। पंचायती राज संस्थाओं में अनुसूचित जातियों, अनुसूचित जनजातियों और महिलाओं के प्रतिनिधित्व को आरक्षित किया जायेगा।

सामान्य रूप से इन संस्थाओं का कार्यकाल पांच वर्ष का रहेगा। इन संस्थाओं के चुनाव, कार्यकाल और उनकी आर्थिक व्यवस्था के लिये संविधान में संशोधन का प्रस्ताव किया गया है, जिससे उनको अधिक सार्थक सम्पन्न और कार्य-गतिशील बनाया जा सके। राज्य सरकारों को सलाह दी गयी है कि संविधान के अनुच्छेद 280

के अन्तर्गत ऐसा वित्त आयोग गठित करें जो पंचायती राज संस्थाओं के लिये वित्तीय संशोधन उपलब्ध कराने की व्यवस्था करे। प्रस्तावित संशोधन का उद्देश्य है कि ग्राम पंचायतों द्वारा गांव के उपेक्षित, उत्पीड़ित, शोषित लोगों की आर्थिक विपन्नता को समाप्त करके उन्हें 'गरीबी हटाओ'' और आर्थिक सामाजिक विकास की प्रक्रिया में शामिल करने का प्रयास किया जाय। आर्थिक विकास एवम् सामाजिक न्याय के संबंध में राजीव गांधी का कथन है कि "हमें लोक नियोजन की प्रक्रिया का शुभारंभ करना चाहिए। हमारा विधेयक मात्र आर्थिक विकास के लिए नियोजन तक सीमित नहीं है, यह पंचायतों को सामाजिक न्याय के लिए नियोजन की ओर भारी जिम्मेदारी देता है" आगे ग्रामीण जीवन के कठोर एवं कष्टमय जीवन का उल्लेख करते हुए उन्होंने कहा है कि "सत्ता के दलालों को सत्ता के ठिकानों से निकाल बाहर करने और पंचायतों को जनता को वापस सौंपने के लिए हम जन प्रतिनिधियों पर गंभीर दायित्व डालते हैं कि वे सबसे पहले और सबसे ज्यादा ध्यान गरीब, वंचित और अधिक ज़रूरतमंद लोगों पर दें।"[83]

## संविधान का 73वाँ संशोधन– बदलाव की क्रांति का आगाज़

जब तक गांव में लोकतंत्र मजबूत नहीं होगा, तब तक हमारा लोकतंत्र भी मजबूत नहीं हो सकेगा। पिछले वर्षों में दलों की सीमाओं से उपर उठकर एक व्यापक आम सहमति उभरी है तथा यह माना गया कि ग्रामीण इलाकों का वास्तविक विकास केवल विकेन्द्रित नियोजन और क्रियान्वयन के जरिये ही हो सकता है तथा इसके लिए स्थानीय जनता का पूरा-पूरा सहयोग ज़रूरी है। इस उद्देश्य की प्राप्ति के लिए पंचायती राज संस्थाओं को अधिकार प्रदान करने व वित्तीय संसाधन उपलब्ध कराने के लिए नरसिंह राव सरकार ने वचनबद्धता दोहराई, ताकि राष्ट्रीय निर्माण और विकास में लोगों की अधिकतम भागीदारी संभव हो सके।

स्थानीय निकायों का मामला राज्यों के अधिकार क्षेत्र में आता है इसीलिये सरकार ने संविधान संशोधन करते समय अपने को केवल इन निकायों के थोड़े से, परन्तु बुनियादी पहलुओं तक ही सीमित रखा। राज्यों को प्रदान किये गये अधिकारों में दखलंदाजी करने का उसका कोई इरादा नहीं था। "हमने तो इस दिशा में एक शुरूआत भर की है, प्रमुख उत्तरदायित्व राज्य सरकारों का ही है। उन्हें ही निर्णय करना होगा कि ग्राम पंचायतों तथा अन्य स्थानीय प्राधिकरणों को और क्या अधिकार प्रदान किये जाएं विभिन्नताओं वाले इस देश में कोई कड़ी या समान पद्धति थोपना नहीं चाहते।"[84] निश्चित ही, संशोधन द्वारा कुछ प्राथमिक नियम तय किये गये जो स्थानीय शासन का आधारभूत ढांचा या केन्द्रीय विशेषताएं बने। इन नियमों में एक स्पष्ट अवधि, लम्बी अवधि तक बर्खास्तगी के रूप में बाहरी हस्तक्षेप से सुरक्षा,

नियमित चुनावों का प्रावधान, समाज के कमजोर वर्गों व महिलाओं के उचित और सार्थक प्रतिनिधित्व तथा अधिकार, शक्तियों व पर्याप्त वित्तीय साधन प्रदान करने को शामिल किया गया। बाकी काम पूरी तरह राज्यों पर छोड़ दिया गया। इस प्रकार 73वें संविधान संशोधन के अंतर्गत निम्नलिखित विशेषताएं हैं।

**(क) सर्वांगीण विकास पर बल–** देश के नेता अब तक नगरपालिका एवं नगर निगमों के माध्यम से शहरी विकास पर अधिक ध्यान देते रहे हैं, वे सामाजिक, आर्थिक एवं बौद्धिक दृष्टि से ऊँचे माने जाने वाले समाज के लिए अधिकांशतः शहरी क्षेत्रों में जल, बिजली, सड़क, सफ़ाई, आवास, शिक्षा व स्वास्थ्य आदि की ओर अधिक चिंतित पाये गए। दूसरे शब्दों में, उन्होंने देश की अधिकांशतः (प्रायः 68.81 प्रतिशत) ग्रामीण जनता (जो खेतिहर, ग़रीबी, निरक्षर, आधारभूत, सार्वजनिक सुख-सुविधाओं से विहीन तथा सामाजिक स्तर में प्रायः नीचे हैं) की ओर अपेक्षाकृत बहुत कम ध्यान दिया।

स्वतंत्रता के बाद देश में पंचवर्षीय योजना के तहत ग्रामीण जीवन में परिवर्तन लाना चाहा गया, परंतु ये कार्यक्रम जनता के कार्यक्रम न होकर वास्तव में नौकरशाही सरकारी अफसरों के कार्यक्रम ही रह गए।

चूंकि पहले से ही भारतीय संविधान के नीति-निर्देशक सिद्धांतों के तहत प्रत्येक राज्य को ग्राम पंचायतों के संगठन के लिए आवश्यक कदम उठाने का प्रावधान था, तथापि पंचायतों की काफ़ी उपेक्षा रही। सरकार ने अनुसूचित 243 में घ भाग जोड़कर पंचायती राज को त्रिस्तरीय ढांचे का रूप दिया, तथा 1992 में 73वाँ संशोधन पारित कर पंचायतों के संगठन, स्वरूप व विकास कार्यों में आरक्षण द्वारा सबकी भागीदारी सुनिश्चित कर दी है।

**(ख) संवैधानिक संशोधन के मूल आधार–**

(अ) केन्द्र व राज्य सरकार द्वारा सत्ता का विकेन्द्रीकरण तथा उसे निचले स्तर पर पंचायतों का हस्तान्तरण करना।

(आ) मतदाता सूची में पंजीकृत सभी वयस्क ग्रामवासियों की ग्राम सभा में भागीदारी तथा पंचायतों में प्रतिनिधित्व होना।

(इ) जनसंख्या के आधार पर त्रिस्तरीय पंचायत व्यवस्था व तीनों स्तरों पर निर्वाचित निकाय बनाना।

(ई) जनसंख्या के अनुपात में अनुसूचित जाति, जनजाति तथा पिछड़े वर्गों के लिए सीटों (अध्यक्ष की सीटों के सहित) का आरक्षण किया जाना।

(उ) जनसंख्या के आधार पर सभी श्रेणियों में एक तिहाई महिलाओं को सीधे आरक्षण देना।

(ऊ) देश के कुछ क्षेत्रों (जैसे- नागालैण्ड, मिजोरम, मेघालय व मणिपुर तथा अन्य कुछ पर्वतीय) में पंचायत व्यवस्था को लागू न किया जाना।

(ए) राज्य में निर्वाचन प्रक्रिया की निगरानी, मार्गदर्शन, नियंत्रण और मतदाता सूची तैयार करने के लिए एक स्वतंत्र राज्य निर्वाचन आयोग की स्थापना होगी।

(ऐ) हर राज्य में एक वर्ष के भीतर और बाद में हर पाँच वर्षों के बाद एक राज्य वित्त आयोग की स्थापना की जायेगी, जो उन सिद्धांतों को तय करेगा, जिनके आधार पर पंचायतों को यथेष्ठ वित्तीय साधन उपलब्ध कराये जायेंगे। राज्य सरकार कुछ करों का राजस्व पंचायतों को सौंपेगी। कुछ मामलों में पंचायतों को कर वसूलने तथा जमा राजस्व को अपने पास रखने की अनुमति दी जायेगी।

(ओ) ग्यारहवीं अनुसूची में उल्लेखित विषयों से संबंधित आर्थिक विकास और सामाजिक न्याय की योजनायें तैयार करने तथा अन्य विकास योजनाओं को लागू करने का विशेष दायित्व पंचायतों को सौंपा जाएगा।

(औ) वर्तमान पंचायतें अपनी कार्यावधि पूरी होने तक काम करती रहेंगी। कानून में संशोधन करके उन्हें भंग नहीं किया जाएगा।

**(ग) बहुमुखी बदलाव की अभूतपूर्व लहर–** 73वें संशोधन ने पंचायत के संरचनात्मक परिवर्तन व सत्ता के हस्तान्तरण द्वारा गाँवों में बहुमुखी बदलाव की एक अभूतपूर्व लहर फैला दी है। इससे ग्रामीण जनता में अपने विकास कार्यों के प्रति चेतना जागृत होने लगी है। वे अपनी सुख सुविधा व कल्याणकारी कार्यक्रमों के प्रति सजग होने लगे हैं। पंचायत संस्थाओं में सदस्यता तथा पद के आरक्षण से उनमें स्वशासन करने तथा विकास कार्यों में सक्रिय रूप से आदि से अंत तक भागीदारी के अधिकार ने उनमें आत्मविश्वास व आत्मनिर्भरता का एहसास कराया है। इससे ग्रामीण क्षेत्रों में सभी को यथोचित नियमानुसार पंचायती निकायों का नेतृत्व करने का अवसर प्राप्त हो रहा है। उनको अपनी महत्ता का अनुभव होगा, जिसके आधार पर वे आगे चलकर देश तथा राज्यस्तर पर देश-प्रदेश के नेता उभर कर आएंगे।

**(घ) समता की भावना का विकास–** समाज के विशेष वर्गों के लिए आरक्षण के अधिकार ने समता की भावना उकसा दी है। विशेष वर्गों के लिए आरक्षण

के प्रावधान ने समाज में ऊँच-नीच, छोटे-बड़े, गरीब-अमीर व जातपात का भेदभाव मिटाने का प्रयास किया है। इससे समाज में कमजोर एवम् पिछड़े समझे जाने वाले लोगों में हीनता, अलगाव व अवहेलना की मानसिकता धीरे-धीरे मिट जाएगी।

**(ड़) सामाजिक सोच को नया मोड़–** संविधान के 73वें संशोधन ने उच्च कहे या माने जाने वाले कतिपय व्यक्तियों को यह सोचने पर मजबूर कर दिया है कि पिछड़े व कमजोर समझे गए व्यक्ति भी उनकी ही तरह वे सब कार्य कर सकते हैं, जिनके लिए वे अब तक अयोग्य व असमर्थ समझे जाते रहे हैं। इसके लिए उन्हें सभी अधिकार दिये जाएंगे।

**(च) सावधानी की आवश्यकता–** पंचायतों के सफल संचालन व कार्यान्वयन के लिए हम सभी को यह साबित करना होगा कि भिन्न-भिन्न जाति, धर्म व पार्टी के लोग पारस्परिक सहयोग व भाई-चारे की भावना से संगठित रह सकते हैं, वर्ना ग्रामीण क्षेत्र में रचनात्मक विकास कार्यों को करना मुश्किल हो जाएगा, सबको सच्चा न्याय नहीं मिल सकेगा। अंत में, संघर्ष होगा।

**पंचायतों में महिलाओं की भूमिका–** भारत की ग्रामीण महिलाओं को विकास की मुख्य धारा में लाना है, उनके नेतृत्व को प्रभावी बनाने के लिए उन्हें प्रशिक्षण द्वारा उकसाना और आगे ले जाना है, ताकि वे पुरूषों की तरह अपने अधिकारों व शक्तियों का उपयोग कर सकें। आवश्यक निर्णय ले सकें तथा पंचायतों के स्वशासन में पुरूषों के समान भाग ले सकें।

73वें संवैधानिक परिवर्तन ने नवीन पंचायत व्यवस्था में महिलाओं के लिए सभी स्थानों एवम् पदों में एक-तिहाई आरक्षण को सुनिश्चित कर उनकी भूमिका को सक्रिय एवम् महत्वपूर्ण कर दिया है। इससे उपेक्षित ग्रामीण महिलाओं को पंचायत में साझेदारी का नया अवसर मिला है। एक नागरिक होने के नाते उन्हें अपनी स्थानीय समस्याओं को सुलझाने व आम जनता के जीवनस्तर को ऊपर उठाने का मौका मिला है। मोटे तौर पर इसका अर्थ यह है कि पंचायत स्तर पर आठ लाख महिलायें पंचों के रूप में चुनी जाऐंगी और वे गांवों-कस्बों की गतिविधियों में निर्णायक भूमिका निभायेंगी। ग्राम पंचायतों के तीनों स्तरों के पदों पर अध्यक्षों के एक तिहाई पदों के आरक्षण का अर्थ होगा कि अस्सी हजार महिलायें जिला, प्रखंड एवं ग्राम पंचायतों की अध्यक्ष होंगी। स्वाभाविक है कि निर्णय लेने, अपने क्षेत्र की गतिविधियों तथा विकास कार्यों में इनकी भूमिका होगी। इस कार्य के लिए कम से कम बीस लाख महिलायें चुनाव लड़ेंगी और इससे न केवल उनमें राजनीतिक जागृति आयेगी, बल्कि अपने अधिकारों के प्रति चेतना पैदा होगी। वे अपने क्षेत्र के

जिले के और देश के कल्याणकारी कार्यों में भागीदारी करेंगी।[85] यह पंचायतों के माध्यम से महिला सशक्तिकरण का उल्लेखनीय योगदान है। यह एक क्रांतिकारी पहल है कि 2006 में इस दिशा में बिहार ने अब अपने नये पंचायती राज अधिनियम 2006 में पंचायत के तीनों स्तर के सदस्यों और अध्यक्षों हेतु महिलाओं के लिए आधा स्थान आरक्षित कर दिया है और इस आधार पर बिहार में दस चरण में 11 जून 2006 को चुनाव सम्पन्न हो गया। सामाजिक बदलाव की दिशा में बिहार पहला राज्य है। जिसमें त्रृणमूल स्तर पर लोकतंत्र में महिलाओं को पुरूषों के बराबर स्थान दिया है।

**समुचित भागीदारी में बाधाएँ–** महिलाओं की प्रगति में फिलहाल कई रूकावटे हैं, जैसे सामाजिक, रूढ़िवादी वातावरण, निरक्षरता व अज्ञानता, जागरूकता का अभाव, आर्थिक कठिनाईयां, प्रशिक्षण की सुविधा में कमी इत्यादि इन बाधाओं को दूर करके महिलाओं की भागेदारी सफलतापूर्वक सुनिश्चित हो सकती है।

**महिला कल्याण की विभिन्न योजनाएँ एवं कार्यक्रम–** केन्द्र तथा राज्य सरकार ने महिला कल्याण हेतु अनेक योजनाएं एवं कार्यक्रमों को लागू किया है, जिससे महिलाओं के कार्यक्षेत्र तथा दायित्व पहले से अधिक बढ़ गये हैं। राष्ट्रहित तथा समस्त ग्रामीण महिला समाज के कल्याण के लिए आवश्यक है कि महिलाएं शीघ्र से शीघ्र देश की स्थानीय स्वशासी पंचायतों में अपनी सही-सही भूमिका अदा करें। साथ-साथ महिलाओं के प्रचलित कार्यक्रमों व योजनाओं का सफल संचालन करें तथा समाज को लाभान्वित करें।

प्रमुख योजनाएँ एवं कार्यक्रम–

(क) ग्रामीण महिला एवं विकास कार्यक्रम

(ख) ग्रामीण युवक-युवतियों के लिए स्वरोज़गार हेतु प्रशिक्षण

(ग) समेकित ग्रामीण बाल विकास योजना

(घ) महिला समृद्धि योजना (ऋण बचत खाते में सरकार द्वारा अतिरिक्त ब्याज का मिलना)

(ङ) राष्ट्रीय महिला कोष (कर्ज पाने की सुविधा)

(च) महिला रोजगार योजना

(छ) छात्रवृत्ति योजना

(ज) बाल भवन (बाल संप्रेक्षण गृह) योजना

(झ) अन्तर्जातीय विवाह प्रोत्साहन योजना

(ञ) सेन्ट्रल रूरल सिटीजन प्रोग्राम के तहत महिलाओं के लिए सुलभ शौचालय, स्नानागृह तथा धुलाई स्थल का निर्माण।

**महिलाओं की भागेदारी को सुदृढ़ करने के उपाय–**

(क) प्रशिक्षण– प्रभावकारी नेतृत्व का महिलाओं को प्रशिक्षण

(ख) मनोवृत्ति में बदलाव– पुरूष एवं स्त्री, दोनों की मानसिकता में बदलाव लाना अनिवार्य।

(ग) आय– वृद्धि के साधनों को उन्नत करना क्योंकि पुरूष पर आर्थिक निर्भरता ने महिलाओं को उनके विश्वास तथा बल को कमजोर कर दिया।

(घ) गाँवों से बाहर व्यक्तियों से संपर्क– सामूहिक भेंटवार्ता द्वारा ग्रामीण महिलाएं शहरी व्यक्तियों से राजनैतिक व्यवस्था तथा प्रक्रिया के विषय में अधिक सजग व जागरूक हो सकती हैं।

अतः यदि महिलाओं को साक्षर बनाया जाए, उन्हें पंचायत व्यवस्था संबंधी जागरूकता एवम् आवश्यक प्रशिक्षण दिया जाए तो अवश्य ही अपनी सही-सही भूमिका अदा कर सकेंगी और पुरूषों के साथ कंधे से कंधा मिलाकर पंचायती राज को सफल बनाने में सहायक होंगी।

## पंचायतों में अनुसूचित जाति एवं जनजाति तथा पिछड़े वर्गों की भूमिका

अब अनुसूचित जातियों, जनजातियों और पिछड़े वर्गों को जनसंख्या के अनुपात में स्थानों और पदों का आरक्षण सुनिश्चित कर दिया है। यानी पंचायतों के कार्यकलापों में सदस्य व पदाधिकारी की हैसियत से उनकी भागीदारी अपरिहार्य कर दी गई है। इनमें वे अपनी स्वयं की समस्याएं तथा आवश्यकताएं भी प्रजातांत्रिक ढंग से गांव, प्रखंड तथा जिला तीनों स्तरों पर प्रस्तुत कर सकते हैं। यदि जरूरी होता है तो वे राज्य तथा केन्द्र सरकार के उच्च पदाधिकारियों को भी आवश्यक कार्यवाही के लिए निवेदन कर सकते हैं।

### अनुसूचित जाति एवं जनजातियों के लिए विकास योजनाएं एवं कार्यक्रम

(क) केन्द्रीय ग्रामीण स्वच्छता कार्यक्रम के अन्तर्गत सुलभ शौचालय निर्माण हेतु 80 प्रतिशत व्यय का सरकार द्वारा वहन किया जाना।

(ख) इन्दिरा आवास योजना के अन्तर्गत अनुसूचित जाति तथा जनजाति के अतिरिक्त मुक्त किये गए बँधुआ मजदूरों को (जो गरीबी रेखा के नीचे हैं ) आवास का निःशुल्क आबंटन।

(ग) "त्वरित ग्रामीण जलापूर्ति कार्यक्रम" के अंतर्गत कुल व्यय का कम से कम 25 प्रतिशत भाग अनुसूचित जाति को पेयजल उपभाग के लिए तथा 10 प्रतिशत अनुसूचित जनजाति के लिए।

(घ) "दस लाख कुआँ योजना" के अंतर्गत निःशुल्क खुली सिंचाई वाले कुएं उपलब्ध कराना।

(ङ) बँधुआ मज़दूर उन्मूलन योजना के अंतर्गत कानूनी कार्यवाही द्वारा बँधुआ मजदूर को मुक्त कराना तथा बाढ़ में प्रखंड तथा अनुमंडल स्तर तक उसके पुनर्वास की व्यवस्था तथा आर्थिक सहायता के लिए 12,500 रू. धनराशि की सहायता।

(च) अनुमंडल तथा प्रखंड स्तर पर भूमिहीन अनुसूचित जाति एवं जनजाति को गैरमजरूआ जमीन या अधिवशेष भूमि का वितरण किया जाना।

(छ) अत्याचार राहत के अन्तर्गत अनुसूचित जाति एवं जनजाति के लोगों की हत्या, अपंग, बलात्कार व सम्पत्ति की क्षति होने पर जिला स्तर से तात्कालिक सहायता के तौर पर 1000 से 10,000 तक की धनराशि की राहत।

(ज) समेकित ग्रामीण बाल विकास योजना के अंतर्गत विशेषकर अनुसूचित जाति एवं जनजाति के क्षेत्रों में छः वर्ष से नीचे के बालक-बालिकाओं के लिए बालवाड़ी खोलना, जहां उनके शिक्षण, स्वास्थ्य एवं पूरक आहार की व्यवस्था की जाएं।

(झ) आत्मनिर्भर एवं सक्षम होने के लिए सुझाव– अनुसूचित जाति, जनजाति तथा पिछड़े वर्गों का नेतृत्व तभी सफल हो सकता है, जब इनके प्रति साक्षरता अभियान चलाया जाए। ग्रामीण विकास कार्यों के प्रति यह जागरूक हो, कल्याणकारी कार्यक्रमों को प्रभावी ढंग से क्रियान्वित करने की क्षमता हो आदि।

उपरोक्त सभी प्रयासों के बावजूद, इन कमजोर वर्गो को आत्मनिर्भर बनने तथा सामाजिक आर्थिक दृष्टि से ऊपर उठने के लिए स्वयं संगठित होकर भरपूर चेष्टा करनी होगी तथा प्रत्येक सुअवसर से लाभ उठाना होगा।

## पंचायती राज : वर्तमान स्थिति का मूल्यांकन

स्वतंत्र भारत में पंचायती राज व्यवस्था छह दशक पश्चात् किस हद तक सफल हुई और किस हद तक विफल यह एक महत्वपूर्ण प्रश्न हमारे समक्ष है। क्योंकि भारत की आर्थिक और सामाजिक संरचना में विकास के सन्दर्भ में न्याय की जिस अवधारणा को हमने इस व्यवस्था का उद्देश्य निर्धारित किया था। उसके हम कितने पास और कितने दूर खड़े हैं, इसका मूल्यांकन ही पंचायती राज व्यवस्था की सार्थकता को प्रस्तुत करता है।

भारत में पंचायती राज की अवधारणा नई नहीं है किंतु वर्तमान परिस्थितियों में उसके उद्देश्य ज्यादा नवीन एवं महत्वपूर्ण हो गए हैं। सामाजिक, आर्थिक न्याय की अवधारणा को वास्तविक स्वरूप प्रदान करने के लिए पंचायती राज व्यवस्था जिन उद्देश्यों को लेकर आगे बढ़ी, उनमें एकता और विकास दो अहम् बिंदु थे। ग्रामीण समाज की जिस एकता, सांप्रदायिक, सौहार्द्र, सहभागिता, लोकतांत्रिक मूल्यों, सत्ता में भागीदारी, आत्मनिर्भरता, पारदर्शिता और उत्तरदायित्व की भावना को लाने का प्रयास किया गया, उसमें पंचायती राज भी सुविधा है तथा वह किसी सहायक को भी बच्चों की देखभाल के लिए साथ ला सकती है। इस योजना के कई फायदे सामने आये। एक तो ग्रामीण क्षेत्र के लोगों का शहरों की ओर पलायन रुक गया। क्योंकि ये व्यक्ति शहरों में मजदूरी के लिए आते थे लेकिन अमानवीय परिस्थितियों और घटिया जीवन शैली के शिकार हो जाते थे। महिलाओं को उनके पास-पड़ोस में काम मिलने से वे आर्थिक रूप से आत्मनिर्भर बन गई जिससे घर तथा पंचायतों, लगभग हर स्थान पर अपना मत देने लगी।

आज भारत वर्ष में पंचायती राज के माध्यम से बहुत से विकास के ऐसे-ऐसे काम हो रहे हैं जिससे देश प्रगति की सीढ़ियों पर लगातार चलता जा रहा है। लेकिन इन सबके बावजूद भारतीय समाज में सैंकड़ों वर्षों से चली आ रही बुराईयों ने पंचायतों के काम-काज में बिघ्न भी डाला है। मिसाल के तौर पर महिला और दलित जन प्रतिनिधियों द्वारा अधिकारों का प्रयोग बंदिशों से ग्रस्त है। पुरूष सत्तावादी सोच वाले समाज में महिला प्रतिनिधियों के पति, पुत्र, पिता और ससुर उनके निर्णय में पूरा हस्तक्षेप करते हैं। वहीं बाहुबली लोग स्वयं पर आश्रित लोगों को चुनाव में विजय दिलाते हैं। इस प्रकार जीतकर आए जन-प्रतिनिधि रबर स्टाम्प भर बनकर रह जाते हैं। जाहिर है कि कुछ स्थानों पर पंचायतों के बड़े-बड़े पदों पर विराजमान लोगों की स्थिति ऐसी है जो सामान्य जनता के अधिकारों का अनुमान सहज ही लगाया जा सकता है। वैसे भी आज की बहुत सी पंचायतों में पैसा, ताकत, जातिवाद, साम्प्रदायिकता राज व्यवस्था एक सीमा तक सफल हुई है। वित्तीय

आत्मनिर्भरता के कारण आज लोकतांत्रिक विकेन्द्रीकरण की यह पद्धति स्थानीय आवश्यकताओं को पूरा करने में भरपूर योगदान दे रही है। इस पद्धति के माध्यम से पंचायतों को दिये गए अधिकारों के प्रयोग से धरातलीय विकास का स्वरूप लगातार बदल रहा है, किंतु इसकी गति अभी भी मानकों से दूर है।

73वें संवैधानिक संशोधन अधिनियम (1992) द्वारा 11वीं अनुसूची में पंचायतों को संवैधानिक दर्जा प्रदान करते हुए बुनियादी विकास के जिन 29 विषयों जैसे- कृषि, भूमि विकास, लघु सिंचाई, पशुपालन, मत्स्य उद्योग, सामाजिक वानिकी, लघु बनोपज, लघु उद्योग, खादी, ग्रामीण आवास, पेयजल, ईंधन और चारा, सड़कें, ग्रामीण विद्युतीकरण, गैर पारम्परिक उर्जा स्त्रोत, गरीबी उन्मूलन, शिक्षा, तकनीकी प्रशिक्षण, प्रौढ़ शिक्षा, पुस्तकालय, सांस्कृतिक क्रिया-कलाप, बाजार और मेले, स्वास्थ्य, परिवार कल्याण, महिला एवं बाल विकास, सामाजिक कल्याण, दुर्बल वर्गों का कल्याण, सार्वजनिक वितरण प्रणाली और सामुदायिक संपत्ति के अनुरक्षण का दायित्व सौंपा गया है। इन दायित्वों के निर्वहन में पंचायतों में कमजोर तबके एवम् महिलाओं की छुपी उर्जा द्वारा उद्‌देश्यों को प्राप्त करने की कोशिश की गयी। जहाँ पंचायतों द्वारा प्रभावी ढंग से कार्य संचालन कर विभिन्न आकांक्षाओं को पूरा किया गया, वहीं समाज को जागरूक, जुझारू एवं मेहनतशील बनाने का प्रयास किया गया। पंचायतों का सबसे महत्वपूर्ण पहलू अनुसूचित जाति, अनुसूचित जनजाति, पिछड़ा वर्ग एवं सामान्य वर्ग की महिलाओं को सत्ता में भागीदार बनाकर इन तबकों में महिला सशक्तिकरण का प्रयास किया गया। आज ग्रामीण महिलाओं का दखल चूल्हे-चौके तक सीमित न रहकर राजनैतिक एवं सामाजिक क्षेत्रों के नीति निर्माण में अहम बनता जा रहा है। देश की आबादी का 50 प्रतिशत हिस्सा महिलाएँ यद्यपि 1/3 भाग ही पंचायती राज प्रावधानों के अनुसार विकास के आर्थिक-सामाजिक क्षेत्र में सहभागी बन पा रही हैं, तब भी इसको बेहतरीन शुरूआत कहा जा सकता है।

## प्रत्यक्ष प्रजातंत्र की ओर कदम

लगभग 50 वर्षों की चुनावी राजनीति और प्रतिनिध्यात्मक लोकतंत्र के अनुभव ने यह स्पष्ट कर दिया कि जहाँ एक ओर भारतीय राजनैतिक व्यवस्था का आधार क्षेत्र पहले की तुलना में अधिक व्यापक हुआ है, वहीं दूसरी ओर यह भी देखने को मिला है कि इस लोकतंत्र में 'लोक' केवल उस समय सक्रिय होता है, जब उसे मत देने का अवसर मिलता था। चुनाव के पश्चात् आम नागरिक की व्यवस्था में सहभागिता लाभार्थी के रूप में थी लेकिन साझीदार के रूप में नहीं। 73वें संशोधन के पीछे प्रमुख मंशा थी कि ग्रामीण स्तर पर जन-जन को और विशेष रूप से विभिन्न वंचित समुदायों को साझीदार के रूप में व्यवस्था से जोड़ा जाय। इसी भावना के

अनुरूप 1993 में सर्वप्रथम ग्राम सभा के महत्व को वैधानिक तौर पर स्वीकार किया गया और हर गाँव में ग्राम सभा की स्थापना को अनिवार्य बनाया गया, परन्तु इस संशोधन ने भी ग्राम सभा की शक्तियों और कार्यों को स्पष्ट रूप से रेखांकित नहीं किया। इस बारे में केवल इतना ही कहा गया कि ग्राम सभा को वे अधिकार होंगे तथा वे कार्य निष्पादित कर सकेंगी जो राज्य की विधायिका उसे सौंपे। आशा तो यह थी कि विभिन्न राज्यों द्वारा ग्राम सभा के सबलीकरण पर विशेष ध्यान दिया जाएगा पर व्यवहार में ऐसा नहीं हुआ और इस क्षेत्र में भी अगली पहल केन्द्रीय स्तर पर बनाये एक अधिनियम से 1996 में हुई, लेकिन महत्व की बात यह है कि ग्राम सभा जो कि गांधीवादी चिंतन का अभिन्न अंग रही है, उसे सर्वप्रथम वैधानिक दर्जा प्रदान किया गया।

यहाँ यह उल्लेख करना आवश्यक है कि जनजाति/आदिवासी क्षेत्रों को 73वें संविधान संशोधन की परिधि से बाहर रखा गया और संविधान के अनुच्छेद 243-एम के अनुसार इन क्षेत्रों में उचित उपायों और संशोधनों के साथ पंचायती राज की व्यवस्था करने का निर्णय लिया गया। भारत सरकार के अनुसूचित जातियों व जनजातियों के आयुक्त रह चुके डॉ. ब्रह्मदेव शर्मा ने अनुसूचित क्षेत्रों के बारे में अपनी विशेष समझ के अधार पर यह माँग की थी कि इन इलाकों के लिए विशेष व्यवस्था की जाए और इस हेतु वर्ष 1994-96 के दौरान अनेक आन्दोलन नामक गतिविधियाँ भी चली। परिणामस्वरूप 24 दिसम्बर 1996 को पंचायत प्रावधान (अनुसूचित क्षेत्रों में विस्तार) अधिनियम को भारत सरकार द्वारा पारित किया गया।

इस अधिनियम की पाँचवीं अनुसूची में वर्णित क्षेत्रों में स्थित ग्राम सभाओं को व्यापक अधिकार देने का प्रावधान किया गया। इन अधिकारों में न केवल विकास की योजना बनाने, उन्हें लागू करने और उसकी जाँच करने जैसे कार्य शामिल थे, बल्कि प्राकृतिक संसाधनों के प्रबंध और परंपराओं तथा रीति-रिवाजों के अनुरूप न्याय की व्यवस्था के अधिकार भी पंचायतों को सौंपे गए। आदिवासियों की जमीन छिनने से रोकने के लिए शराब और नशाबन्दी पर नियंत्रण करने के लिए तथा गाँव के विकास पर होने वाले खर्च के दुरूपयोग को रोकने के भी अधिकार प्राप्त हुए। इस नये कानून की अनेक सार्थक संभावनाओं को देखते हुए यह माँग भी उठने लगी कि उन्हें केवल अनुसूचित क्षेत्र तक ही क्यों सीमित रखा जाए? यानी पूरे देश में इन्हें आवश्यक फेरबदल के साथ लागू कर दिया गया।

बिहार विधानसभा ने इसी तर्ज पर अप्रैल 2000 में "पंचायती राज (संशोधन) विधेयक 2000" पारित कर दिया। इस विधेयक के द्वारा बिहार में प्रत्यक्ष प्रजातंत्र की ओर एक महत्वपूर्ण कदम उठाया गया। इसके द्वारा वार्ड सभा के रूप में एक

नई वैधानिक संरचना को जन्म दिया गया, जो कि भारत में शासन की लघुत्तम इकाई है, जिसकी सदस्य संख्या कुछ सौ सदस्यों की होगी जो ग्राम पंचायत के पंच का निर्वाचन करते हैं। वार्ड सभा और ग्राम सभा की बैठकों में वंचित समूहों के कोरम को उनकी जनसंख्या के अनुपात में तय कर दिया गया। वार्ड सभाको अपने क्षेत्र में सामाजिक अंकेक्षण का महत्वपूर्ण अधिकार भी प्रदान किया गया। साथ ही, निर्माण कार्यों की उपयोगिता और पूर्णता-पत्र देने की जिम्मेदारी भी दी गई।

इस विधेयक के पीछे निश्चय ही उस महत्वपूर्ण जन-आंदोलन का योगदान है जो पिछले कुछ वर्षों में ''मजदूर किसान शक्ति संगठन'' के नेतृत्व में'' ''सामाजिक लेखा परीक्षण'' और ''सूचना के अधिकार'' के लिए बिहार में फैल रहा है। इस आंदोलन का ही यह परिणाम था कि 01 मई 2000 को बिहार उन चंद राज्यों की सूची में जुड़ गया जहाँ नागरिकों को ''सूचना का अधिकार'' प्रदान कर दिया गया है।

## पंचायती राज व्यवस्था में सुधार के प्रयास

पंचायती राज व्यवस्था में प्रत्यक्ष प्रजातंत्र की ओर क़द्म के आकलन के बाद उन प्रमुख निर्णयों पर भी दृष्टि डाल ली जाए जो 73वें संविधान संशोधन के पश्चात् बिहार सरकार द्वारा इसके विकास के लिए उठाये गए हैं। यहाँ उनका उल्लेख करना इसलिए भी आवश्यक हो जाता है क्योंकि अगले अध्यायों में महिला जनप्रतिनिधियों की इन सुधारों के प्रति जानकारी का आकलन किया जाएगा। ये सुधार निम्न हैं :

- ग्राम सभा वर्ष में चार बार होंगी।
- प्रत्येक गाँव का पार्श्व चित्र तैयार किया जा रहा है, जिसके आधार पर उसका विकास कार्यक्रम तय होगा।
- राजीव गांधी पाठशाला के माध्यम से ग्रामीण बेरोज़गारों को रोज़गार दिया गया है। साथ ही साथ शिक्षकों को लोगों में पंचायत व्यवस्था के प्रति जागरूकता बढ़ाने का काम भी सौंपा है।
- वार्ड सभा द्वारा अब अलग-अलग वार्डों के विकास की अलग से रूपरेखा तैयार की जाएगी।
- 50,000 रुपये के कार्यों के लिए ग्राम सभा को तकनीकी प्रमाण की आवश्यकता नहीं होगी।

- पंचायत व्यवस्था में अधिक पारदर्शिता और जवाबदेही को विकसित करने का प्रयास किया जा रहा है।
- जिला प्रमुख को ग्रामीण विकास अभिकरण का प्रमुख कार्यपालिका अधिकारी बना दिया गया है।
- प्रत्येक विकास कार्य की वीडियो फिल्म तैयार की जाएगी, इससे भ्रष्टाचार और गबन को नियंत्रित किया जाएगा।
- भारतीय और राज्य प्रशासनिक सेवा के प्रत्येक अधिकारी को ग्रामीण विकास के साथ सेवा के प्रारंभिक काल में कम से कम दो वर्षों के लिए जोड़ा जाएगा।
- पंचायत सरपंचों को पंचायत समिति तथा प्रधानों को जिला परिषद् का सदस्य बनाकर तीनों स्तरों में एकता स्थापित की गई है।
- जनजाति क्षेत्रों में पंचायती राज संस्थाओं को विशेष अधिकार सम्पन्न बनाया गया है। साथ ही यह प्रयास भी किया गया है कि जनजाति संस्कृति और समाज की परंपराओं को भी अक्षुण्ण रखा जा सके। राजस्व ग्राम सभा को शक्तियाँ प्रदान की गई है।
- आरक्षित वर्ग सरपंच के खिलाफ अविश्वास प्रस्ताव पारित होने पर उसी वार्ड के पंच को कार्यभार सौंपा जाएगा।
- पंचायत संस्थाओं में गबन की राशि जनप्रतिनिधियों के साथ संबंधित सरकारी अधिकारियों से भी वसूली जाएगी। जो जनप्रतिनिधि पैसा जमा नहीं कराते हैं, उन्हें चुनाव लड़ने के लिए अयोग्य माना जाएगा।
- नये प्रावधान के अनुसार दो या इससे अधिक बच्चे होने पर पंच, सरपंच आदि जनप्रतिनिधियों को नोटिस देकर उन्हें अयोग्य ठहरा दिया जायेगा।
- प्राथमिक स्वास्थ्य केन्द्र एवं उपकेन्द्र पंचायती राज के अधीन कर इनका प्रशासनिक नियंत्रण जिला परिषदों को सौंपने का निर्णय किया गया है।
- पंचायती राज संस्थाओं की ग्रामीण विकास से जुड़ी 16 प्रमुख गतिविधियों को हस्तान्तरित कर दिया गया है। प्रमुखतः जन स्वास्थ्य व परिवार कल्याण, आयुर्वेदिक औषधालय, परंपरागत उर्जा गतिविधियाँ, हैण्डपम्प संधारण, पशु-चिकित्सा केन्द्र, राशन की दुकानों का आबंटन आदि।

- कोई भी व्यक्ति पंचायत चुनाव में एक से अधिक स्थान और पद के लिए चुनाव नहीं लड़ सकता है।
- ऐसे व्यक्तियों को चुनाव के लिए अयोग्य करार दे दिया गया है, जिनके विरूद्ध किसी सक्षम न्यायालय में ऐसा कोई मामला विधाराधीन है, जिसमें पाँच वर्ष या इससे अधिक अवधि के कारावास के दण्ड का प्रावधान है और जिसमें आरोप विरचित कर दिया गया है।
- विश्वविद्यालय या सरकारी नियंत्रण वाले निगम, निकाय, उपक्रम या सहकारी समितियों के कर्मचारी पंचायती राज संस्थाओं के लिए चुनाव नहीं लड़ सकेंगे।
- चुनाव से पूर्व और पश्चात किसी भी प्रकार के सामाजिक भोज जो चुनाव को प्रभावित करता हो, उस पर पूरी तरह से रोक होनी चाहिए।
- पंचायतों के निर्वाचन में भाग लेने वाले उम्मीदवारों की संपत्ति का ब्यौरा निर्वाचित होने के तुरंत पश्चात् लिया जाना चाहिए और 5 वर्ष के उनके कार्यकाल के पश्चात् तुलनात्मक अध्ययन कर समीक्षा की जानी चाहिए। यह कार्य आयकर विभाग के विशेष सेल के माध्यम से किया जाना चाहिए।
- निर्वाचित सदस्यों को अगले पाँच वर्ष तक आजीविका के लिए सम्मानजनक वेतन और भत्ते दिये जाएं जिससे वे अनैतिक साधनों से विमुख हों।

सरकार द्वारा पंचायती राज व्यवस्था में अनेक महत्वपूर्ण संशोधन किए गए हैं। यह तो आने वाला समय ही सिद्ध करेगा कि ये परिवर्तन सम्पूर्ण व्यवस्था को कितना प्रभावशाली व उपयोगी बनाते हैं। ऐसा नहीं है कि अन्य संशोधन करना, जनता को वापस बुलाने का अधिकार देना (Right of Recall), न्याय पंचायतों की पुनर्स्थापना, तीनों स्तरों पर शक्तियों, कार्य क्षेत्रों और वित्त का स्पष्ट व तार्किक विभाजन, सामाजिक अंकेक्षण की प्रक्रिया को व्यावहारिक बनाना, प्रशिक्षण की समुचित व्यवस्था करना इत्यादि लेकिन यह अवश्य कहा जा सकता है कि पंचायती राज व्यवस्था को ठोस आधार प्रदान करने से आने वाले समय में ये संस्थाएँ जनसहभागिता और लोकतांत्रिक विकेन्द्रीकरण का एक नया आदर्श प्रस्तुत करेंगी।

### पंचायती राज प्रणाली की समस्याएँ

वर्ष 1959 के पश्चात् पंचायती राज अपने क्रमिक विकास को प्राप्त करता आ रहा है, यद्यपि आरंभ से ही इसके स्वरूप एवं क्षेत्र को लेकर नीति निर्माताओं के मन

में असामंजस्य की भावना बनी रही। पंचायती राज की सफलता पर उठी शंका का निदान सरकारी प्रयासों के अथक परिश्रम के पश्चात् 34 वर्षों बाद 73वें संवैधानिक संशोधन (1992) से हुआ जिसने भारत के ग्रामीण समाज में राजनीतिक सहभागिता को सामाजिक-आर्थिक विकास की दहलीज तक पहुँचाने का कार्य किया। पंचायती राज ढाँचे में स्थायित्व लाने और विकास का प्रतिमान बनाने की दिशा में जहाँ यह मील का पत्थर साबित हो रहा है, वहीं इसके संचालन से कुछ समस्याएँ भी उभरी है। सामाजिक एकता के स्वरूप की संकल्पना जो गांधीजी ने देखी थी, वह आज पंचायतों में दलीय राजनीति के कारण कसौटी पर खरी नहीं उतर रही है। राजनीति जिस विकास का एक सशक्त हथियार माना जाता है, वहीं दलगत राजनीति को बढ़ावा देकर वैमनस्य की भावना उत्पन्न कर रहा है। आज ग्रामीण क्षेत्रों में पंचायतों में आने वाले प्रतिनिधि बहुमत के आधार पर निर्वाचित तो हो जाते हैं किंतु वे सम्पूर्ण गाँव का प्रतिनिधित्व नहीं कर पाते। ग्राम प्रधान उन्हीं लोगों के विकास को प्राथमिकता देता है जिन्होंने उसके पक्ष में मत प्रकट किया है। ऐसे में राजनैतिक सहभागिता एवम् ग्रामीण विकास का एकमात्र स्रोत ग्राम प्रधान की मनोवृत्ति पर आधारित हो जाता है।

जातिगत समाज होने के कारण चुनाव जीतना ग्रामीण पृष्ठभूमि का अहम् मुद्दा बन जाता है। जिसके कारण गाँव की राजनीति जातीय प्रतिद्वन्द्विता में सिमट जाती है। विकास के मुद्दे प्रायः गौण हो जाते हैं। ऐसे में यदि दलित-पिछड़े लोगों के उत्थान की बात की जाय तो यह बेईमानी है। महिलाओं की स्थिति में पंचायती राज से जिस सुधार की अपेक्षा की गई थी, उससे उन्हें सत्ता में आने का मौका तो मिला लेकिन निर्णय का अधिकार नहीं मिल पाया। शोध में पाया गया कि पुरूष प्रधान मानसिकता की स्पष्ट छाप पंचायती राज की धरातलीय सच्चाई पर देखने को मिलती है। आज हमने विभिन्न वर्गों की महिलाओं को ग्राम प्रधान, अध्यक्ष क्षेत्र पंचायत (प्रमुख), अध्यक्ष जिला पंचायत जैसे महत्वपूर्ण ओहदों पर बैठा तो दिया परन्तु हमने ऐसे पद पंचायती राज व्यवस्था में बना लिये हैं जो महिलाओं को अपनी क्षमताओं के अनुसार कार्य एवम् निर्णय लेने से दूर रखे हुए हैं जैसे- प्रधानपति, प्रमुखपति, जिला पंचायत, अध्यक्षपति आदि। यह भी संज्ञान में आया है कि शिक्षा और जागरूकता नियमों का पालन करती हैं जिसके कारण वे अपने अधिकारों का प्रयोग स्वयं न करके पति, पड़ोसी या रिश्तेदारों के माध्यम से करते हैं।

आये दिन पंचायती राज संस्थाओं में काम करने वाले लोगों के विरूद्ध शासन और प्रशासन को शिकायती पत्र प्राप्त होते रहते हैं। तहसील दिवसों या जनता दरबार में प्राप्त होने वाली शिकायतों का लगभग 70 प्रतिशत विभिन्न मामलों में

पंचायतों से संबंधित होता है। कतिपय मामलों को छोड़कर ऐसा कोई प्रधान या प्रमुख या अध्यक्ष नहीं होता जिसका अपने कार्यकाल के दौरान या समाप्ति पर गंभीर अनियमितताओं का सामना न करना पड़ता हो।

राजनीति भी आज भ्रष्टाचार एवम् पक्षपातपूर्ण रवैये का गढ़ बनती जा रही है। ऐसा महसूस होता है कि लोग केवल 5 वर्षों को अपनी आय के साधन के रूप में देखते हैं। ऐसे मामले भी संज्ञान में आये हैं जिनमें इंदिरा आवास (पूर्ण एवं अपग्रेडेशन), शौचालय निर्माण, ऋण-अनुदान, जाति-प्रमाण पत्र, अधिवास, छात्र वृत्ति, नाली खड़ंजा निर्माण आदि योजनाओं में ग्राम प्रधानों एवं ग्राम विकास अधिकारी द्वारा मनमाने ढंग से रिश्वत की माँग की जा रही है। गरीब और असहाय लोग इन ज्यादतियों को मौखिक एवं गुप-चुप रूप से स्वीकार करते हैं किंतु कोई लिखित शिकायत नहीं करते जिससे लगभग 50 प्रतिशत मामले संज्ञान में ही नहीं आ पाते।

73वें संविधान संशोधन के अनुरूप बिहार राज्य में पंचायती राज अधिनियम 1994 और उसमें हुए विभिन्न संशोधनों के अनुसार कार्य करते हुए पंचायती राज व्यवस्था के लिए एक बार चुनाव भी सफलतापूर्वक संचालित किये जा चुके हैं। राज्य प्रशासनिक सुधार आयोग ने इस व्यवस्था को कुशल और प्रभावी बनाने के लिए ठोस सुझाव दिये हैं। साथ ही एक वित्त आयोग ने भी वित्तीय व्यवस्था में सुधार लाने के लिए समीचीन सुझाव दिये हैं। यह कहना भी गलत नहीं होगा कि राज्य के शीर्ष राजनैतिक नेतृत्व में पंचायतों को मजबूत बनाने के लिए इच्छा शक्ति की कमी नहीं है, लेकिन इतना सब होते हुए भी ऐसा प्रतीत होता है कि "गांधीजी के ग्रामीण गणराज्य का स्वप्न अभी भी अधूरा है।" कुछ वर्षों का अनुभव, व्यवस्था में ढाँचागत और व्यावहारिक समस्याओं को इंगित करता है। यदि पंचायती राज के ढाँचे की ओर ध्यान दिया जाये तो यह देखने को मिलता है कि पंचायत कार्यों, वित्त और अभिकर्त्ताओं की दृष्टि से कमजोर है। कार्यों का हस्तान्तरण आधा-अधूरा हुआ है। वित्तीय रूप से पंचायतें अभी भी आश्रित निकाय हैं और अभिकर्त्ताओं के ऊपर उनका नियंत्रण नहीं के बराबर है। परिणामस्वरूप पूरी व्यवस्था शासन के तीसरे स्तंभ के रूप में (केन्द्र और राज्य सरकार के बाद) विकसित नहीं हो पाई। आज भी पंचायतें केन्द्र और राज्य सरकारों द्वारा दी गई सहायता और अनुदान पर निर्भर हैं।

व्यावहारिक स्तर पर देखा जाय तो कई समस्याएँ पंचायती राज के सामने हैं। सबसे पहले तो यह देखने को मिलता है कि नौकरशाही और स्थानीय राजनैतिक नेतृत्व का रवैया पंचायतों के प्रति सम्मान और सहयोग का नहीं रहा है। दोनों ही वर्ग पंचायतों को अपने कार्य और प्रभाव के क्षेत्र में अनावश्यक हस्तक्षेप मानते हैं।

दूसरा, यह भी देखने को मिलता है कि पंचायतें और चुने हुए प्रतिनिधि भ्रष्टाचार के शिकंजों में फँस गए हैं। यतीन्द्र सिंह ने लिखा है कि "ग्राम सभा को ज्यादा शक्ति देने के बाद इसके महत्व की ओर ध्यान देना चाहिए जिससे विकेन्द्रीकरण का वांछित परिणाम प्राप्त हो सके, इसके लिए इस बात की आवश्यकता चिह्नित की गयी है कि इसके प्रति आम लोगों में जागरूकता पैदा की जाए। नहीं तो ये संस्थाएँ कुछ लोगों का हथकंडा बनकर रह जायेंगी।" इसलिए यह स्वर उभरने लगा है कि यदि किसी चीज का विकेन्द्रीकरण हुआ है तो वह है भ्रष्टाचार का। तीसरा, पंचायतों की कार्यवाही में और ग्राम, सभा वार्ड सभा जैसी संस्थाओं में आम ग्रामवासी की उदासीनता खत्म नहीं हो रही है। पंचायतों में व्याप्त संभावनाओं को अभी तक समझा नहीं गया है। जनचेतना, जागरूकता और कर्मठता के अभाव में पंचायतों के माध्यम से गाँवों में पारम्परिक रूप से प्रभुत्वशाली जातियाँ और भी मजबूत हो गई हैं। इसका परिणाम यह है कि सामाजिक, आर्थिक, राजनैतिक, सांस्कृतिक और शैक्षणिक रूप से वंचित समुदाय जैसे महिलाएँ, अनुसूचित जाति, जनजाति इत्यादि आज भी हाशिए पर ही खड़े हैं। अतः आवश्यकता इस बात की है कि पंचायती राज व्यवस्था में उपरोक्त ढाँचागत और व्यावहारिक कठिनाईयों को समय रहते दूर करके इसे सामाजिक आर्थिक न्याय और प्रभावशाली इकाई के रूप में विकसित किया जाये। उदारीकरण (Liberalisation) और भूमण्डलीकरण (Globilisation) के दौर में जबकि बाजारी व्यवस्था तेजी से अपना प्रभाव बढ़ा रही है। ऐसी स्थिति में पंचायतों के माध्यम से ही शोषित समुदायों को न्याय दिलाने का प्रयास किया जा सकता है।

## बिहार में पंचायती राज में महिलाओं की भागीदारी : एक अध्ययन

बिहार सरकार ने एक अध्यादेश जारी कर पंचायतों के तीनों स्तरों पर महिलाओं के लिए 50 प्रतिशत आरक्षण का प्रावधान कर एक क्रांतिकारी कदम उठाया है। संविधान में यह प्रावधान है कि पंचायतों की सभी सीटों की कम से कम एक-तिहाई सीटों को महिलाओं के लिए आरक्षित किया जाएगा। बिहार देश का पहला ऐसा राज्य है, जिसने आरक्षण की सीमा को 33 प्रतिशत से बढ़ा कर 50 प्रतिशत कर दिया है।

वैसे समय-समय पर स्थानीय सरकारों में 50 : 50 की माँग होती रही है। इंस्टीट्यूट ऑफ सोशल साइंसेज, नई दिल्ली द्वारा आयोजित महिला सशक्तीकरण दिवस समारोह के दौरान 25 अप्रैल 2004 को 1500 से अधिक निर्वाचित महिला प्रतिनिधियों द्वारा गृहीत 20-सूत्री माँग पत्र में एक प्रमुख माँग यह थी कि 'पंचायतों में महिलाओं के लिए आरक्षण को बढ़ाकर 50 प्रतिशत किया जाए और संसद तथा राज्य विधान सभाओं में महिलाओं को आरक्षण दिया जाए।'

ध्यान देने योग्य बात यह है कि बिहार के साथ-साथ आजकल सभी राज्यों में पंचायतों में महिलाओं का प्रतिनिधित्व बढ़ रहा है। वर्ष 2004 में कम-से-कम नौ ऐसे राज्य थे, जहाँ पंचायतों में महिलाओं का प्रतिनिधित्व 33 प्रतिशत से अधिक था : आन्ध्र प्रदेश में 33.4 प्रतिशत, असम में 50.38 प्रतिशत, छत्तीसगढ़ में 33.75 प्रतिशत, गुजरात में 49.30 प्रतिशत, केरल में 57.24, कर्नाटक में 43.6 प्रतिशत, तमिलनाडु में 36.73 प्रतिशत, उत्तर प्रदेश में 37.85 प्रतिशत और पश्चिम बंगाल में 35.15 प्रतिशत। बिहार में महिलाओं के लिए 50 प्रतिशत आरक्षण होने के बाद यह उम्मीद की जा रही है कि मई में होने वाले चुनावों के बाद महिलाओं का प्रतिनिधित्व 50 प्रतिशत की सीमा पार कर जाएगा, क्योंकि सभी राज्यों में बहुत सी महिलाएँ अनारक्षित सीटों से चुनाव लड़ती हैं और विजयी भी होती है।

बिहार में पिछले 32 सालों में तीसरी बार पंचायतों के चुनाव हुए हैं। यह चुनाव राज्य में 2011 में 10 चरणों में सम्पन्न हुआ। राज्य की 9,000 पंचायतों के 2 लाख 60 हजार पदों के लिए 5 लाख 61 हजार उम्मीदवार चुनाव मैदान में थे। राज्य में इस बार हुए पंचायत चुनावों से देश की राजनीति में एक बहुत बड़ा बदलाव आया है। केन्द्र सरकार जिस प्रावधान को राष्ट्रीय स्तर पर लागू नहीं कर सकी, उसे बिहार की सरकार ने अपने राज्य में लागू किया। बिहार सरकार ने इन पंचायत चुनावों में महिलाओं को 50 प्रतिशत पदों पर आरक्षण दिया। इस पिछड़े माने जाने वाले राज्य ने त्रिस्तरीय व्यवस्था में महिलाओं को 50 प्रतिशत आरक्षण देकर जमीनी स्तर पर बहुत बड़े बदलाव की नींव रख दी है।

बिहार सरकार के इस ऐतिहासिक कदम ने महिलाओं को और अधिक सशक्त कर दिया है। अब महिलाओं को 50 प्रतिशत आरक्षण मिलने के कारण वे पंचायत में बराबरी की हिस्सेदार हो गई हैं। इस नए प्रावधान से राज्य में सवा लाख से अधिक महिलाएँ पंचायतों में चुनकर आई हैं। पंचायतों में महिलाओं की इतनी बड़ी संख्या बिहार जैसे राज्य के लिए काफी उत्साहजनक है। इतनी बड़ी संख्या में पहली बार किसी राज्य में महिलाएँ नेता बन कर आई हैं। ये महिलाएँ मुखिया, ग्राम पंचायत सदस्य, ग्राम कचहरी पंच, पंचायत समिति सदस्य और जिला परिषद के लिए चुनी गईं। इससे बिहार की ही नहीं, अन्य राज्यों की महिलाओं का भी मनोबल बढ़ेगा।

इस एक क़दम ने बिहार की जमीनी राजनीति को अन्य राज्यों की तुलना में काफ़ी अलग कर दिया है। इस बार हुए चुनावों में महिलाओं ने चुनाव में नामांकन

भरने से लेकर चुनाव प्रचार तक के सभी काम स्वयं किए। महिलाओं ने चुनावों की घोषणा होने के बाद से ही गाँवों में घूम-घूम कर चुनाव प्रचार किया। इन चुनावों में महिलाओं में एक नया उत्साह था। वे स्वयं को आत्मनिर्भर बनाना और साबित करना चाहती थीं। शायद इसलिए उन्होंने चुनाव से संबंधित सभी कामों की बागडोर अपने ही हाथों में रखी। जहाँ एक ओर पुरुषों ने प्रचार के नए तरीके अपनाए और कुछ ने तो खुद को चुनाव में प्रचार करने के लिए महिलाओं की वेशभूषा में सजा कर प्रचार किया, ताकि वे लोगों का ध्यान आकर्षित कर सकें, वहीं, दूसरी ओर महिलाओं ने घर की चारदीवारी को लाँघकर और घूँघट को हटा कर अपने लिए चुनाव प्रचार किया। स्पष्ट है कि चुनावी बिगुल ने उनके भीतर एक नए साहस का संचार कर दिया है।

पंचायत चुनाव में निर्वाचित अधिकांश महिलाएँ अब पुरुषों पर निर्भर नहीं रहना चाहती हैं। वे अपने काम से और अपनी जिम्मेदारियों से कोई समझौता नहीं करना चाहती हैं। वे अपने सभी काम अपने बलबूते पूरा करना चाहती हैं। इसके लिए प्रशिक्षण लेने के साथ-साथ अन्य प्रकार की तकनीकी जानकारी के लिए उत्सुक हैं। वे चाहती हैं कि सभी कामों का संचालन वे स्वयं करें। काम सही प्रकार से हुए हैं या नहीं, इसकी जानकारी प्राप्त करना भी वे ज़रूरी समझती हैं। इस संदर्भ में दीघा पश्चिम पंचायत की मुखिया वाहिदा खातून ने कहा कि पिछली बार राज्य सरकार ने महिलाओं को आरक्षण तो दिया, लेकिन उन्हें आर्थिक अधिकार से हमेशा वंचित रखा, जिससे महिलाएँ अपना काम कारगर तरीक़े से नहीं कर सकीं। उनका कहना है कि जब तक महिलाएँ आर्थिक मामलों का निर्णय लेने व धन का प्रयोग कहाँ, कितना और कब होना है, इसका फैसला करने के लिए स्वतंत्र नहीं होंगी, वे अपने क्षेत्र का पूर्ण विकास नहीं कर सकतीं। उन्हें प्रत्येक बिल को पास करवाने के लिए विभिन्न सरकारी कार्यालयों के चक्कर काटने पड़ते हैं। उन्हें कोई भी निर्णय लेते वक़्त कार्यालयों में बैठे पुरुषों और पंचायत में पुरुष साथियों की ओर देखना पड़ता हैं लेकिन इस बार उम्मीद है कि राज्य की केंद्र सरकार पंचायतों को आर्थिक अधिकार शीघ्र प्रदान करेंगी, जिससे विकास तेज़ गति से होगा। पंचायतों में हर स्तर पर महिलाओं के निर्वाचित हो जाने से सभी स्तरों पर कार्यों के निष्पादन में तेजी आएगी। मानापुर पंचायत की नव निर्वाचित मुखिया ने बताया कि बिहार पंचायत अधिनियम के तहत पंचायतों को गाँव के विकास के लिए सिंचाई, घरेलू उद्योग, स्वास्थ्य, ग्रामीण गृह निर्माण, सामाजिक कल्याण, गरीबी उन्मूलन कार्यक्रम, खेती, पशुपालन, ग्रामीण उद्योग, पीने का पानी और सड़क निर्माण के साथ-साथ 50 से

अधिक काम करने हैं। इसके लिए वे पूरी तरह से तैयार हैं और किसी भी चुनौती का सामना करने के लिए कृतसंकल्प हैं। फुलवारी शरीफ की मैनपुरअदा पंचायत की मुखिया अमरावती देवी ने कहा कि वह पिछले छह महीने से इन कच्ची सड़कों की धूल खा रही हैं। ऐसे में लोग उन्हें अबला कहें, यह उन्हें गवारा नहीं है। उन्होंने कहा कि जब उन्होंने चुनाव में प्रचार की भीड़ का स्वयं किया है, तो वे पंचायत से संबंधित प्रत्येक काम भी बिना किसी की मदद के करना चाहती हैं। इसका मतलब यह नहीं कि उन्हें दूसरों का खासकर पुरुषों का-सहयोग नहीं चाहिए। उनका नारा है- सहयोग सभी का, निर्भरता किसी पर नहीं।

इस बार बिहार चुनाव में जहाँ एक ओर यह नई पहल थी, वहीं दूसरी ओर चुनाव के इतिहास में एक अभूतपूर्व घटना यह हुई कि पहले चरण के चुनाव के दौरान महिलाओं ने एक मतदान केन्द्र पर कब्जा कर लिया। उन्होंने सरकारी अधिकारियों को भी मतदान केन्द्र से बाहर निकाल दिया। इस घटना ने सबको चौंका दिया और यह साबित कर दिया कि अब महिलाएँ भी चुनाव जीतने के लिए किसी हद तक जा सकती हैं। जाहिर है, महिलाओं को बूथ पर कब्जा करने का यह रास्ता पुरुषों ने ही सिखाया है।

प्रत्येक चुनाव की तरह इन चुनावों में भी धन की काफ़ी अहम भूमिका रही। जिला पंचायत पद के लिए चुनाव लड़ने की कीमत में दस लाख का आँकड़ा हुआ, तो मुखिया पद के मामले में यह कीमत तीन लाख तक पहुँच गई। चुनाव प्रचार के दौरान मतदाताओं को लुभाने के प्रयासों ने चुनाव में धन के महत्व को काफ़ी बढ़ा दिया है। चुनाव आयोग द्वारा समय-समय पर हिदायत देने के बावजूद लोगों ने धन का उपयोग चुनाव के दौरान खुल कर किया। इस प्रकार चुनावों में धन के प्रयोग द्वारा उम्मीदवारों ने चुनाव आयोग के निर्देशों की अवमानना तो की ही है, साथ ही मतदाताओं को बहकाने की भी कोशिश की है। ऐसा भी नहीं है कि धन के अभाव में चुनाव लड़ना या जीतना संभव नहीं है। कटिहार जिले के बलरामपुर ब्लॉक में कीरोरा पंचायत में एक भिखारिन हलीमा खातून, जो कुछ दिन पहले तक भीख माँग कर अपनी गुज़र-बसर करती थीं, अब मुखिया निर्वाचित हो गई हैं। खातून ने, सीमिया देवी को, जो इस पद के लिए एक प्रबल दावेदार थीं और आर्थिक रूप से संपन्न परिवार से थी, दो मतों से हराया। दो मतों का अंतर कोई बड़ा अंतर नहीं है, लेकिन एक निर्धन व्यक्ति का इस प्रकार चुनाव में जीतना एक बड़ी बात है। इसी प्रकार चाय का ठेला लगाने वाली महिला शांति देवी भी इन चुनावों में पूर्णिया के निकट के एक गाँव से पंचायत समिति की सदस्य चुनी गई हैं। यह उदाहरण

उन लोगों को आईना दिखाता है जो चुनाव में जीतने का एक मात्र साधन धन को मानते हैं न कि काम को।

चुनावी हिंसा और धन के प्रयोग ने चुनावों की मूल भावना को काफ़ी हद तक धूमिल कर दिया है। वैसे राज्य चुनाव आयोग का कहना है कि पिछले पंचायत चुनाव के मुकाबले इस बार चुनावों के दौरान हिंसा की घटनाएँ कम हुई। इसका एक कारण यह हो सकता है कि इस बार महिला उम्मीदवारों की संख्या पिछले चुनावों की तुलना में काफ़ी अधिक थी। महिलाओं के लिए हिंसक रास्ता अपनाना एक अपवाद ही होता है। इसमें संदेह नहीं कि इन चुनावों ने महिलाओं के बीच अपार ऊर्जा का संचार कर दिया है, अब इंतजार इस बात का है कि इस ऊर्जा का रचनात्मक प्रयोग कितना हो पाता है? रास्ते में जो बाधाएँ और कठिनाइयाँ हैं, उन्हें कम करके नहीं आँकना चाहिए। अब पंचायत चुनाव में खड़ा होना लोगों की सेवा करने का माध्यम नहीं, बल्कि गाँव में चौधराहट जमाने और मुख्य राजनीति में घुसने का एक रास्ता बन गया है। कुछ लोगों के लिए यह धन कमाने का भी रास्ता है। इन सब कारणों ने राजनीति को और चुनावों को एक दलदल बना दिया है। बिहार में 50 प्रतिशत आरक्षण से क्या यह स्थिति बदलेगी? बेशक सरकार की इस पहल ने ग्रामीण राजनीति में एक नई चेतना का संचार कर दिया है। उसने जहाँ महिलाओं के प्रतिनिधित्व को बढ़ाया है, वहीं पुरुषों के समक्ष एक नई कसौटी भी रखी है। महिलाओं ने सवा लाख से ज्यादा पदों पर कब्जा कर आधी जंग तो जीत ली है, लेकिन अपने क्षेत्र में कार्य कर और अपने पद पर पूरे कार्यकाल तक रह कर, अपने सभी वादों को पूरा कर बाक़ी बची आधी जंग जीतना अभी बाक़ी है।

## एन. आर. एच. एम. में पंचायतों की महत्वपूर्ण भूमिका : एक समीक्षा

तिहत्तरहवें संविधान संशोधन में पंचायती राज संस्थाओं को गांव, प्रखंड एवं जिला स्तरों पर अधिकार-संपन्न बनाने पर जोर दिया गया है। साथ ही, उन्हें स्वास्थ्य के क्षेत्र में महत्वपूर्ण भूमिका प्रदान की गई है। यदि इस संविधान संशोधन की भावना के अनुरुप जमीनी स्तर पर ठोस एवं व्यावहारिक कदम उठाए जाते तो आज स्वास्थ्य-पटल पर ग्रामीण भारत की तस्वीर कुछ और ही होती। केन्द्र एवं राज्य सरकारों ने अनेक स्वास्थ्य योजनाएं चलाई, लेकिन अपेक्षित नतीजे हासिल नहीं हुए। वर्ष 2005 में राष्ट्रीय ग्रामीण स्वास्थ्य मिशन (एन.आर.एच.एम.) की स्थापना की गई। यह भारत सरकार का सिरमौर कार्यक्रम है, जिसका मुख्य उद्देश्य विकेन्द्रित ढंग से पहुंच बनाने लायक,

सस्ती, जवाबदेह और गुणवत्तामूलक स्वास्थ्य सेवाएं प्रदान करना है। पर, इस लक्ष्य की प्राप्ति अभी कोसों दूर है।

एन.आर.एच.एम. पंचायती राज संस्थाओं की निम्नलिखित भूमिकाओं पर जोर देता है : (1) फंड, पदाधिकारियों एवं कार्यक्रमों के हस्तांतरण के जरिए विकास की वचनबद्धताएं, (2) जिला स्वास्थ्य मिशन (डीएचएम) का नेतृत्व जिला परिषद के हाथों में होना चाहिए। डी.एच.एम. जिले की सभी जन-स्वास्थ्य संस्थाओं, सामुदायिक स्वास्थ्य केन्द्रों (सी.एच.सी.), प्राथमिक स्वास्थ्य केन्द्रों (पी.एच.सी.) एवं उप-केद्रों पर नियंत्रण रखेगा, उनका मार्गदर्शन करेगा और प्रबंधन करेगा, (3) आशा कार्यकर्ता पंचायतों द्वारा चुनी जाएंगी और उनके प्रति जवाबदेह होंगी, (4) ग्रामीण स्वास्थ्य एवं स्वच्छता समिति (वी.एच.एस.सी.) गांव की स्वास्थ्य योजना तैयार करेगी और अंतर-सेक्टोरल कन्वर्जेंस को बढ़ावा देगी, (5) प्रत्येक उप-केन्द्र के पास सालाना 10,000 रू0 का एक बंधनरहित फंड होगा। इस फंड की राशि ए.एन.एम. और सरपंच के संयुक्त बैंक खाते में जमा होगी और वी.एच.एस.सी. की सलाह से ए. एन.एम द्वारा उसे परिचालित किया जाएगा, और (6) अस्पताल के सुप्रबंधन के लिए रोगी कल्याण समिति में पंचायती राज संस्थाओं की भागीदारी।

देखा जाए तो पंचायती राज संस्थाओं की उपरोक्त भूमिकाएं ग्रामीणों के स्वास्थ्य में भारी सुधार का मार्ग प्रशस्त कर सकती हैं, लेकिन अनेक वजहों से पंचायतें अपनी भूमिका समुचित ढंग से नहीं निभा पा रही हैं। अनेक मामलों में पंचायतों को आवश्यक फंड, पदाधिकारी एवम् अधिकार नहीं मिले हैं, फिर उनसे कैसे अपेक्षा की जा सकती है कि वे अपनी भूमिका प्रभावशाली ढंग से निभाएं? दूसरी बात, विकेन्द्रित स्वास्थ्य व्यवस्था में वंचित समुदायों पर विशेष ध्यान देने की बात कही गई है। एन.आर.एच.एम में जिला कार्ययोजना बनाने पर जोर दिया गया है, लेकिन दुर्भाग्य यह है कि अनेक स्थानों पर निजी एजेंसियों और विकास मामलों के सलाहकारों को यह योजना बनाने का काम सौंपा गया। इसके चलते विकेन्द्रित नियोजन प्रक्रिया में पंचायतों की भूमिका कमजोर पड़ जाती है और जन-भागीदारी को आवश्यक महत्व नहीं दिया जाता है। तीसरी बात, अनेक राज्यों में एन.आर.एच. एम. से संबंधित धन के दुरुपयोग और हेराफेरी के गंभीर मामले सामने आए हैं। जाहिर है कि इस मिशन के लाभ लक्षित ग्रामीणों और ग्रामीण समुदायों तक अपेक्षित रूप से नहीं पहुंच रहे हैं। यदि भ्रष्टाचार एवं धन के दुरुपयोग का यह सिलसिला जारी रहा तो स्वयं एन.आर.एच.एम. की साख खतरे में पड़ जाएगी और पंचायतें कुछ नहीं कर पाएंगी।

**सारणी संख्या -1.1**

**73वें संविधान संशोधन की अनुरूपता में पारित राज्यों के पंचायती राज अधिनियम**

| क्र. सं. | राज्य एवं केन्द्रशासित प्रदेशों के नाम | नया अधिनियम पारित करने की तिथियां |
|---|---|---|
| 1. | आन्ध्र प्रदेश | 21.04.94 |
| 2. | अरूणाचल प्रदेश | 18.04.94 |
| 3. | असम | 02.04.94 |
| 4. | बिहार | 23.08.94 |
| 5. | गोवा | 09.07.94 |
| 6. | गुजरात | 26.08.93 |
| 7. | हरियाणा | 22.04.94 |
| 8. | हिमांचल प्रदेश | 23.04.94 |
| 9. | जम्मू व कश्मीर | अनुच्छेद 371 के अंतर्गत अभिपुष्ट नहीं |
| 10. | कर्नाटक | 30.04.93 |
| 11. | केरल | 23.04.94 |
| 12. | मध्य प्रदेश | 25.01.94 |
| 13. | महाराष्ट्र | 22.04.94 |
| 14. | मणिपुर | 23.04.94 |
| 15. | मेघालय | संविधान का भाग 9 लागू नहीं होता है। |
| 16. | मिजोरम | संविधान का भाग 9 लागू नहीं होता है। |
| 17. | नागालैंड | संविधान का भाग 9 लागू नहीं होता है। |
| 18. | उड़ीसा | 01.11.93 |
| 19. | पंजाब | 21.04.94 |
| 20. | राजस्थान | 23.04.94 |
| 21. | सिक्किम | 11.10.93 |
| 22. | तामिलनाडु | 24.04.94 |
| 23. | त्रिपुरा | 07.11.93 |
| 24. | उत्तर प्रदेश | 22.04.94 |
| 25. | पश्चिम बंगाल | 22.04.94 |

(स्रोत : पंचायती राज विभाग, भारत सरकार)

**सारणी संख्या - 1.2**

**73वें संविधान संशोधन की अनुरूपता में पारित केन्द्रशासित प्रदेशों के पंचायती राज अधिनियम**

| क्र. सं. | राज्य एवं केन्द्रशासित प्रदेशों के नाम | नया अधिनियम पारित करने की तिथियां |
|---|---|---|
| 1. | अंडमान-निकोबार द्वीपसमूह | 23.04.94 |
| 2. | चंडीगढ | 23.04.94 |
| 3. | दादर व नगरहवेली | 23.04.94 |
| 4. | दिल्ली | 23.04.94 |
| 5. | दमन व दीव | 23.04.94 |
| 6. | लक्षद्वीप | 23.04.94 |
| 7. | पांडिचेरी | 19.04.94 |

(स्रोत : पंचायती राज विभाग, भारत सरकार)

**सारणी संख्या : 1.3**

**पंचायत में आरक्षण के प्रयोजनार्थ पिछड़े वर्गों की सूची**
**बिहार पदों एवं सेवाओं की रिक्तियों में आरक्षण अधिनियम, 1991**

| क्र. सं. | सूची | क्र. सं. | सूची |
|---|---|---|---|
| 1. | कपसिया | 12. | कुमारभाग पहाड़िया |
| 2. | कानू | 13. | खटवा |
| 3. | कवार | 14. | विलोपित |
| 4. | कलन्दर | 15. | खतौरी |
| 5. | कोछ | 16. | खंगर |
| 6. | कुर्मी (महतो) (झारखण्ड स्वशासी क्षेत्र) | 17. | खटिक |
| 7. | केवट (कउट) | 18. | खेलटा |
| 8. | कादर | 19. | खतवे |
| 9. | कोरा | 20. | विलोपित |
| 10. | कोरक | 21. | गोडी (छावी) |
| 11. | कवर्त | 22. | गंगाई (नगेश) |

| क्र. सं. | सूची | क्र. सं. | सूची |
|---|---|---|---|
| 23. | गंगोता | 51. | वारी |
| 24. | गोड़ या गोंड (सारण तथा रोहतास जिले में) | 52. | बेलदार |
| | | 53. | बिन्द |
| 25. | गंधर्व | 54. | विलोपित |
| 26. | गुलगुलिया | 55. | सेखड़ा |
| 27. | गौड़ | 56. | बागदी |
| 28. | चांय | 57. | भुईयार |
| 29. | चपौता | 58. | भार |
| 30. | चन्द्रवंशी (कहार) | 59. | विलोपित |
| 31. | टिकुलहार | 60. | भास्कर |
| 32. | ढेकारू | 61. | माली (मालाकार) |
| 33. | तांती (ततवा) | 62. | मागर |
| 34. | तमरिया | 63. | मदार |
| 35. | तुरहा | 64. | मल्लाह (सुरहिया) |
| 36. | तियर | 65. | मझवार |
| 37. | थारू | 66. | मारकन्डे |
| 38. | धानुक | 67. | मोरियारी |
| 39. | धामिन | 68. | मलार (मालहोर) |
| 40. | धीमर | 69. | मौलिक |
| 41. | धनवार | 70. | राजधोबी |
| 42. | नोनिया | 71. | राजभर |
| 43. | नइया | 72. | रंगवा |
| 44. | नाई | 73. | वनपर |
| 45. | नामशूद्र | 74. | विलोपित |
| 46. | पाण्डी | 75. | सौंटा (सोता) |
| 47. | पाल (भंडिहार गड़ेरी) | 76. | संतराश (केवल नवादा जिले के लिए) |
| 48. | प्रधान | 77. | अगरिया |
| 49. | पिनगनिया | 78. | अघोरी |
| 50. | पहिरा | 79. | अबदल |

| क्र. सं. | सूची | क्र. सं. | सूची |
|---|---|---|---|
| 80. | कसाब (कसाई) (मुस्लिम) | 96. | चुडीहार (मुस्लिम) |
| 81. | चीक (मुस्लिम) | 97. | प्रजापति (कुम्हार) |
| 82. | डफाली (मुस्लिम) | 98. | राईन या कुंजरा (मुस्लिम) |
| 83. | धुनिया (मुस्लिम) | 99. | सोयर |
| 84. | धोबी (मुस्लिम) | 100. | ठकुराई (मुस्लिम) |
| 85. | नट (मुस्लिम) | 101. | नागर |
| 86. | पमरिया (मुस्लिम) | 102. | शेरशाहबादी |
| 87. | भठियारा (मुस्लिम) | 103. | बक्खो (मुस्लिम) |
| 88. | भाट (मुस्लिम) | 104. | अदरखी |
| 89. | मेहतर, लालबेगीया, हलालखोर, भंगी (मुस्लिम) | 105. | छीपी |
| | | 106. | तिली |
| 90. | मिरयासीन (मुस्लिम) | 107. | इदरीसी या दर्जी (मुस्लिम) |
| 91. | मदारी (मुस्लिम) | 108. | सैकलगर (सिकलगर) (मुस्लिम) |
| 92. | मोरशिकार (मुस्लिम) | 109. | रंगरेज |
| 93. | साई (मुस्लिम) | 110. | सिंदुरिया बनिया |
| 94. | मोमिन (मुस्लिम) | 111. | मुकेरी (मुस्लिम) |
| 95. | अमात | | |

(स्रोत : पंचायती राज विभाग, बिहार)

## संदर्भ ग्रंथ

1. Pandey, P.N. : Gramin Vikas Evam Sanrachanatmak Parivartan, Rawat Publication, Jaipur, 2000, pp. 81-100.
2. First Five Year Plan, Planning Commission, Government in India, p. 223.
3. Toyler, C. Carl : Kurshetra, Vol. 5. Publication Division, 1956.
4. Desai, A.R : Reproduced From Sociological Bulletin, Vol. VII, New Delhi, Sept. 1958.
5. Balwant Rai Mehta Committee Report.
6. Nehru, Jawahar Lal : The Discovery of India. Oxford, New Delhi, 1989.

7. Desai, A.R. : Rural Sociology in India. Bombay, Indian Society of Agriculture Economics, 1993.

8. Taking Action in the Community, Adult Education Association of the U.S.A.

9. Mehta, Balwant Rai : Roward A New Democratic Order, pp. 6-7.

10. See Balwant Raj Mehta, Study Teem Report (1958).

11. Quoted From A Digest on Panchayati Raj Ministry of Community Development and Co-operation , Government of India, March 1961, p. 1.

12. Quoted by H.D. Malviya:Village Panchayat in India.

13. Dube, S.C. : Indian Changing Village, Routledge and Kegan., Paul. London, 1958, pp. 7-14.

14. लापियर, आर.टी. एवम् फार्न्सवर्थ , आर. आर., : सोशल साइकोलॉजी, मैकग्राहिल बुक कंम्पनी, न्यूयार्क, 1949, पृ. 257.

15. मुखर्जी, रविन्द्रनाथ एवम् कुलश्रेष्ठ, गिरीशचन्द्र : भारतीय ग्रामीण समाजशास्त्र, प्रकाश बुक डिपो, बरेली, 203 पृ. 212.

16. मुखर्जी, रविन्द्रनाथ एवम् कुलश्रेष्ठ, गिरीशचन्द्र, *Ibid*, , 2000, पृ. 160.

17. सिंह, बी.एन. एवं सिंह, जनमेजय : ग्रामीण समाजशास्त्र, विवेक प्रकाशन, दिल्ली

18. Young, Kimball : Hand book of Social Pshychology, 1979.

19. Coatz and Showk : Social Pscyhology Johns willy and sons inc. Newyork, 1998, pp. 240-250.

20. Brayene, F.L : The remembering Village India, Macmillan Publication, London, (1962), p. 18.

21. Emerson, Rural Psychology, Macmillan Publication, London, 1974, pp. 82-100.

22. Beteille, Andre (ed.) : Social Inequality, Penguin, England, 1969. p. 48.

23. Young Kimball : *Ibid*, p. 273, 1979.

24. Lipit and White : Politics and Social Sciences Wiley East, Private Ltd., New Delhi, 1972.

25. आरेनस्टीन, हेनरी : लीडरशिप कास्ट इन ए बाम्बे विलेज, 1959, पृ. 23.

26. लाशवेल डी. हेराल्ड : पालिटिक्स, 1930, पृ.. 24.

27. Singh, Yogendra : Social Stratification and Change in India, Manohar Publication, New Delhi, 1977.

28. हिचकाक, जे.टी : लीडरशिप इन नार्थ इण्डिया विलेज, इन आर एल पार्क एण्ड ए. आई. टिकर (*Ibid*) लीडरशिप एण्ड पॉलिटिकल इन्स्टीट्यूशन इन इण्डिया, न्यू जरानी पिस्टन, 1959, पृ. 395, 414.

29. Thamer, Danial : Land Reform in A.R. Desai (ed.) Rural Sociology in India.

30. Joshi, P.C : Land Reform in India, Gayndeep Prakashan, New Delhi, 1992, pp. 25-40.

31. त्रिपाठी, सत्येन्द्र : द रोल ऑफ बैंक्स इन अपलिप्टमेन्ट ऑफ रूरल पावर अनक्लीयर. आई.आर.डी.पी., शोध प्रबंध काशी हिन्दू विश्वविद्यालय, 1984.

32. Gupta, S.K : The Scheduled Caste in Modern India Politics, Their emergence as a political Power, Munshi Ram Manohar Lal, 1985.

33. चटर्जी, एस.के. : द शिड्यूल्ड कास्ट इन इण्डिया, ज्ञान पब्लिशिंग हाऊस, नई दिल्ली, 1996.

34. देसाई, आई.पी : अनटचेबिलिटी इन रूरल गुजरात, आई. सी. एस. एस आर., नई दिल्ली, 1973.

35. रस्तोगी, सीता राम : इक्नोमिक स्टेट्स एण्ड फेयरलिटी: एण्ड स्टडी आफ द हरिजन इन मिर्जापुर लखनऊ यूनिवर्सिटी, लखनऊ, 1979.

36. भारद्वाज, ए.एन : द प्राबलम्स आफ शिड्यूल्ड कास्ट्स एण्ड शिड्यूल्स ट्राइब्स इन इण्डिया, लाइट एण्ड लाइक पब्लिकेशन, 1979.

37. डिसूजा : एजूकेशन इन इक्वालिटीज अमंग शिड्यूल्स कास्ट्स: ए केस स्टडी इन पंजाब, पंजाब यूनिवर्सिटी चण्डीगढ़, 1986.

38. सिंह, आर. पी : रूरल माडर्नाइजेशन : ए स्टडी ऑफ कन्ट्राडिक्शन एण्ड चेंज इन टू विलेजेज ऑफ ईस्टर्न उत्तर प्रदेश, शोध प्रबंध, जे.एन.यू., नई दिल्ली, 1980.

39. घोष, एस.के : प्रोटेक्शन ऑफ माइनारिटीज एण्ड शिड्यूल्स कास्ट, आशीष पब्लिशिंग हाऊस, नई दिल्ली, 1980.

40. राम, जगजीवन : कास्ट चैलेन्ज इन इण्डिया, विजन् बुक्स, नई दिल्ली, 1980.

41. सिंह, आर. जी : अस्पृश्यता और परिवर्तनशील सामाजिक समीकरण, सामाजिकी, 1981–82, पृ. 131–143.

42. सिकलीगर, पी.सी : अनुसूचित जाति के लिए छात्रावास की केन्द्रीकृत प्रायोजित योजना का मूल्यांकन, राष्ट्रीय ग्रामीण विकास संस्थान, ग्रामक्षेत्र एवं रोजगार मंत्रालय, भारत सरकार, हैदराबाद, 1997.

43. राजकुमार, ई.सी : अनुसूचित जाति/अनूसूचित जनजाति को प्राप्त होने वाले लाभ के सन्दर्भ में स्वरोजगार एवम् मजदूरी रोजगार, राष्ट्रीय ग्रामीण विकास संस्थान, ग्रामीण क्षेत्र एवम् रोजगार मंत्रालय, भारत सरकार, हैदराबाद, 1997.

44. रेड्डी, डी.सी. एण्ड त्रिपाठी, आर.एन : एम्प्लायमेन्ट एण्ड इनकम जनरेशन थ्रू आई आर डी पी, एन. आर. ई. पी. एण्ड डी.आर. एम., उड़ीसा रूरल एण्ड रूरल डेवलपमेण्ट ए वा, 4, (2) पृ. 258–307.

45. चतुर्वेदी, एच.आर. एण्ड मित्रा, एस. के : सिटीजन पार्टीसिपेशन एन रूरल डेवलपमेण्ट, आक्सफोर्ड एण्ड आई. बी.एच. पब्लिकेशन कम्पनी, नई दिल्ली, 1982.

46. नायडू एण्ड सान्थामन : इम्प्रूविंग डिलीवरी सिस्टम फार रूरल डेवलॅपमेन्ट, जरनल ऑफ रूरल डेवलॅपमेण्ट, हैदराबाद, 1983, पृ. 403–422.

47. मैथ्यू, जे : आईडियोलाजी, प्रोटेस्ट एण्ड सोशल मोबिलिटी ए केस स्टडी आफ महारास एण्ड पुल्यास, इण्टर इण्डिया पब्लिकेशन्स, नई दिल्ली।

48. सिंह, एच : एप्रोचेस टू रूरल डेवलेपमेण्ट एवं इवेल्यूएटिव सर्वे इन रूरल डेवलेपमेण्ट इन इण्डिया, प्रिंटविल पब्लिकेशन, नई दिल्ली, 1985.

49. सिंह, जे.एन : गरीबी की गत्यात्मकता, योजना, वा0 30 (15), 1986, पृ. 12–14.

50. सिंह, लल्लन: ग्रामीण निर्धनता एवं समन्वित ग्रामीण विकास कार्यक्रम शोध प्रबंध, समाजशास्त्र विभाग, काशी हिन्दू विश्वविद्यालय, वाराणसी, 1987.

51. सिंह, पन्नालाल : ग्रामीण विकास में सरकारी अभिकरणों की भूमिका, शोध प्रबंध, समाजशास्त्र विभाग, काशी हिन्दू विश्वविद्यालय, वाराणसी, 1986.

52. गुप्ता, राकेश: कुमायूँ पर्वतीय क्षेत्र में ग्रामीण विकास के सन्दर्भ में सामाजिक परिवर्तन, शोध–प्रबंध, समाजशास्त्र विभाग, काशी हिन्दू विश्वविद्यलय, वाराणसी, 1990.

53. श्रीवास्तव, के.वी : इम्पॅक्ट ऑफ डिसेन्ट्रलाइजेशन ऑफ रूरल पुवर, एन.आई.आर.डी., रिसर्च हाईलाट्स 1991–92, पृ. 3–4.

54. सिंह, महेन्द्र प्रताप: ग्रामीण सामाजिक संरचना और विकास कार्यक्रम, शोध–प्रबंध, समाजशास्त्र विभाग, काशी हिन्दू विश्वविद्यालय, वाराणसी, 1992.

55. द्विवेदी, शशांक शेखर : ग्रामीण निर्धनता व विकास कार्यक्रम, शोध–प्रबंध, समाजशास्त्र विभाग, काशी हिन्दू विश्वविद्यालय, वाराणसी, 1993.

56. मल, पूरण: एक प्रगतिशील गाँव के आर्थिक विकास के कारकों की खोज, शोध–प्रबंध, समाजशास्त्र विभाग, राजस्थान विश्वविद्यालय, जयपुर, 1995.

57. पद्नाभम, बी.एस : ग्रामीण विकास, योजना, जनवरी, 1997, पृ. 46–60.

58. सोनकर, शम्भू: अनुसूचित जाति एवं ग्रामीण विकास, शोध–प्रबंध, समाजशास्त्र विभाग, काशी हिन्दू विश्वविद्यालय, वाराणसी, 2000.

59. गडकर, आर.डी : सफाई कामगारों में मानव संसाधन विभाग के स्तर, शिक्षा, प्रशिक्षण, कैरियर व परामर्श का पता लगाना है, कुरुक्षेत्र, अप्रैल, 2006, वर्ष 46, अंक 6, पृ. 43–46.

60. सेंटर फॉर डेवलॅपमेंट इकोनामिक तथा सेंटर फॉर इक्वीटीज स्टडी: सफल है, अन्त्योदय अन्न योजना, कुरुक्षेत्र, अक्टूबर, 2002, वर्ष 47, अंक 12, पृ. 63.

61. मिश्रा, राजन: ग्रामीण नेताओं के सामाजिक उद्‌भव एवं शक्ति संरचना के उभरते हुए प्रतिमानों का पता लगाना, कुरुक्षेत्र, मई 2004, वर्ष 49, अंके 7ए पृ. 32–33.

62. श्रीनिवास एस.एन : द चैन्जिग पॉजिशन ऑफ इण्डियन वुमेन, हिंदुस्तान पब्लिशिंग, नई दिल्ली, 2002, पृ. 280–290.

63. यादव, धर्मेन्द्र सिंह: पंचायतीराज एवं ग्रामीण विकास, रावत पब्लिकेशन, जयपुर, 2006.

64. शेखर, आई : रूरल पावर इलिट इन पंचायती राज, गगनदीप पब्लिकेशन, नई दिल्ली, 2006.

65. हुजा, आर. एवं हुजा एम : डेमोक्रेटिक, डीसेन्ट्रलाइजेशन एण्ड प्लानिंग, रावत पब्लिकेशन, जयपुर, 2007.

66. देसाई, नीरा एवं ढक्कर, उषा: भारतीय समाज में महिलाएँ, नेशनल बुक ट्रस्ट, नई दिल्ली, 2009.

67. मैथ्यू, जार्ज एवं वाविक्कर : इन्क्लूजन एण्ड एक्सकूलूजन इन लोकल गवर्नमेण्ट: फील्ड स्टडी फ्राम रूरल इण्डिया, सेज पब्लिकेशन, नई दिल्ली, 2009.

68. हसन, जोया : पालिटिक्स ऑफ इन्क्लूजन कास्ट माइनॉरिटीज एण्ड अफरमेटिव एक्शन, आक्सफोर्ड यूनिवर्सिटी प्रेस, नई दिल्ली, 2009.

69. शर्मा, के.एल: सामाजिक स्तरीकरण, रावत पब्लिकेशन, जयपुर, 2011.

70. Mills, C.W. : The power elite, Galaxy Publication Newyork, 1959, p. 4.

71. Hunter, Floyd: Community Power Structure: A study of decision makers, University of North Carolinapress, chaper hills, 1953.

72. Dahl, Robert A : who Governs ? Democracy and Power in an American City, Yale University Press, New Haven : 1961, pp. 84-150.

73. Plosby, N.W : How to study community power : The pluralist Alternative, journal of politics, vol. 22, August, pp. 480-485.

74. Mills, C. W : edited in D. Ricci, Community Power and Democractic Theory, Random House, Newyork, 1971, p. 20.

75. Bonjean, C.M. and Olsen, D.M : Community Leadership : Directions of Research, in M. Aliken on P.E. Mott (ed.) The Structure of Community power, Random House, Newyork, 1970, p. 204.

76. Hunter, Floyd : Community Power Successtion : Atlant's Policy Makers Revisited University of North Corlonia Press, chaper Hill, 1980.

77. Wofinger, Raymond : Reputation and Reality in the study of Community Power, American Sociological review, Vol. 20, October 1960, pp. 630-645.

78. Dahar, Rober, Ibid, pp. 95-105.

79. Aiken, Man and Mort P.E. (eds) This structural Community power Random house, Newyork, 1971, p. 97.

80. Dahl, Robert A : Quoted in D.C. Migdani, Politics and Rural Power Structure, Deep Publication, New Delhi, 1993, p. 167.

81. शर्मा, अरुण कुमार : भारतीय स्थानीय शासन (सत्ता जनता के हाथ), पृ. 184.

82. शर्मा, *वही*, पृ. 184.

83. शर्मा, *वही*, पृ. 189–190.

84. नई दिल्ली में 3 जुलाई 1993 को संविधान के 73वें संशोधन अधिनियम 1992 पर आयोजित राज्यों व केन्द्रशासित प्रदेशों के पंचायतों के प्रभारी मंत्रिगण एवं सचिवों के सम्मेलन में प्रधानमंत्री पी0बी0 नरसिंहराव का भाषण, नवभारत टाइम्स, 4 जुलाई, 1993.

85. शर्मा, *वही*, पृ. 75–105.

# 2 शोध संरचना

समाजशास्त्रीय अध्ययन के लिए वैज्ञानिक अध्ययन पद्धति का अनुसरण अनिवार्य होता है। इसके अन्तर्गत शोधकर्ता को अपने सीमित संसाधनों के द्वारा वांछित उद्देश्यों को प्राप्त करना होता है। उद्देश्य की प्राप्ति के लिये प्रमाणित अध्ययन पद्धतियों की कार्य योजना तैयार करनी आवश्यक होती है। कार्य योजना का स्वरूप जितना अधिक सुपरिभाषित होता है, अध्ययन उद्देश्यों को प्राप्त करने में उतनी ही सुविधा होती है। उपयुक्त शोध प्रारूप एवं समस्या की प्रकृति के अनुरूप पद्धति शास्त्र का होना शोध कार्य को वस्तुनिष्ठता एवं सरलता प्रदान करता है।[1] अतः शोधछात्र ने प्रस्तुत अध्ययन समस्या के लिये उपर्युक्त परिप्रेक्ष्य में अपनी कार्य योजना को निम्नलिखित रूप में सुनिश्चित किया है।

**समस्या का निरूपण**

विकास किसी भी स्तर का हो, उसमें किसी न किसी रूप में पंचायत अपनी भूमिका ज़रूर निभाती है। पंचायत के बिना भारत में विकास की कल्पना ही नहीं की जा सकती है, क्योंकि अभी भी भारत की 68.84 फीसदी से अधिक आबादी गाँवों में रहती है[2] और गाँवों के विकास की पहली सीढ़ी पंचायत है और विकास के किसी भी पहलू पर पंचायत की अनदेखी नहीं की जा सकती है। यही वजह है कि बजट भाषण के दौरान वित्तमंत्री ने खुद यह बात कही कि हर आदमी तक विकास का लाभ पहुँचाने के लिए पंचायतों को सशक्त करने की जरूरत है, यही बात आजादी के समय महात्मा गांधी[3] ने भी कहा था कि असली स्वराज्य तो ग्राम स्वराज्य है, ग्राम स्वराज्य के जरिये राजशक्ति तथा शासनतंत्र को जोड़ा जाना चाहिए लेकिन नीति निर्धारकों ने देर से ही लेकिन इस बात को सही महसूस किया और आज विकास के हर क़दम में पंचायत अपनी भूमिका निभा रही है। लेकिन पंचायतों का असली स्वरूप 73वें संविधान-संशोधन के बाद उजागर हुआ, लोकसभा तथा विधानसभा की तरह प्रजातांत्रिक व्यवस्था को और सुदृढ़ करने के लिए वर्ष 1992 में संविधान के

भाग-9 के अनुच्छेद 243 में पंचायतों को संवैधानिक संस्था घोषित कर देने से ही चहुंमुखी विकास नहीं हो सकता था। इसके लिए पुरूष प्रधान समाज में महिलाओं को भी पुरूषों के समान स्थान दिलाने के लिए एक अभूतपूर्व प्रयत्न किया गया और 73वाँ[4] तथा 74वाँ[5] संविधान संशोधन में महिलाओं को 33 प्रतिशत आरक्षण प्रदान किया गया। यह आरक्षण प्रदान करने से सिर्फ़ महिला सशक्तिकरण का मार्ग प्रशस्त हो रहा है। बल्कि कई महिला प्रतिनिधि पंचायतों के जरिये शानदार विकास कार्यों को अंजाम दे रही हैं, इस आरक्षण के प्रभाव के फलस्वरूप ग्रामीण महिलाएँ भी समस्त कानूनों को जानने लगी हैं। वे अपने अधिकारों के प्रति जागरुक हुई हैं एवम् उनके उपभोग के लिये सदैव प्रयत्नशील हैं। साथ ही वे अपने कर्तव्यों का बख़ूबी निर्वहन कर रही हैं, भारत सरकार ने नारी सशक्तिकरण की दिशा में एक कदम और आगे बढ़ाते हुए 27 अगस्त 2009 को पंचायतों में महिलाओं का आरक्षण 33 प्रतिशत से बढ़ाकर 50 प्रतिशत करने के प्रस्ताव को मंजूरी दे दी[6] और बिहार पहला राज्य है जिसने पंचायती राज व्यवस्था में 50 प्रतिशत आरक्षण 2009 के पहले ही लागू कर दिया था। इसी के मद्देनजर विश्व के पहले गणतंत्र माने जाने वाले बिहार के वैशाली में राज्य की पंचायती राज संस्थाओं में निर्वाचित महिला प्रतिनिधियों का "वैशाली गणतंत्र यात्रा : महिलाओं की भागीदारी" कार्यक्रम 30 और 31 जनवरी 2011 को हुआ जिसमें बिहार विधानसभा अध्यक्ष उदयनारायण चौधरी ने कहा कि राज्य में पंचायती राज संस्थाओं में 50 प्रतिशत आरक्षण की व्यवस्था से महिलाओं में अधिक आत्मविश्वास जागा है, और इससे समाज में क्रांतिकारी बदलाव और सुधार आ रहा है।[7] लेकिन पंचायती राज व्यवस्था में महिलाओं को 50 प्रतिशत आरक्षण देने के बावजूद वे पंचायती राज संस्थाओं पर अपनी मर्जी से शासन नहीं चला पाती हैं। इसके पीछे प्रमुख समस्याएँ शिक्षा का अभाव पुरूषों या पतियों का सत्ता चलाने की लालसा या वे अपने घर की चारदिवारी में ही बंद रहना चाहती है, या समाज की रूढ़ियों, परंपराओं में बंधी रहती है आदि अनेकों कारण हैं, जो महिला नेतृत्व पंचायतों पर नेतृत्व करने में अवरोध पैदा करती है, लेकिन इतने अवरोधों के बावजूद महिलाओं में राजनीतिक भागीदारी शिक्षा के प्रति झुकाव, आदि गाँवों में देखने को मिलता है। दूसरी ओर, अनुसूचित जाति और जनजाति के सदस्यों के लिए भी पंचायतों में आरक्षण की व्यवस्था आने से इस दृष्टिकोण से की गई है कि शासन चलाने का हक सभी को है, खासकर महिला अनुसूचित जाति तथा जनजाति की ग्रामीण महिलाएँ, जो अब तक उपेक्षित रहने को मजबूर थी 50 प्रतिशत आरक्षण देकर उन्हें केवल सदस्य के रूप में हीं नहीं वरन् पंचायत के मुखिया के रूप में चुने जाने का अवसर प्रदान किया है, इस संशोधन के जरिये ग्रामीण समाज की शक्ति एवम् आधारभूत संरचना में परिवर्तन आया है, और धीरे-धीरे पंचायतें ग्रामीण

विकास की महत्वपूर्ण कड़ी बनती जा रही हैं। आज गाँवों में युवा नेतृत्व का बोलबाला है आरक्षण के दायरे से हटकर गाँवों में युवाओं ने पंचायतों के कामकाज में बढ़चढ़ कर हिस्सा लेना शुरू किया। ये युवा पंचायतों के एक तिहाई जनसंख्या का नेतृत्व करते हैं, ये ग्रामीण लोगों को सरकारी योजनाओं की जानकारी, सामूहिक कार्यों में बढ़-चढ़ कर भाग लेना, मुखिया के कार्यों को जनता के सामने रखने तथा उस कार्य पर वाद विवाद करने का कार्य करते हैं, खासकर पंचायतों के चुनाव के समय इनका योगदान सराहनीय होता है, आज पंचायतों की कुछ सीटों पर युवा नेतृत्व आसीन है, चाहे वह सामान्य, अनुसूचित जाति, जनजाति की महिला एवं पुरूष क्यों न हो, पंचायतों के विकास में (चाहे वह शिक्षा का स्तर सरकारी योजनाओं की जानकारी की हो, जातिवाद की बात हो, समानता का अधिकार हो, अपने मत के प्रयोग की बात हो, मनरेगा की बात हो, आदि कार्यों में) सरकारी कर्मचारियों का योगदान भी सराहनीय होता है, लेकिन कुछ अंशों में ग्रामीण जनता के बीच भेदभाव करने से भी नहीं चूकते हैं।

इस तथ्य पर कोई मतभेद नहीं है कि 73वें संशोधन के पश्चात् पंचायतें मजबूती से उभर कर सामने आयी हैं, और अपने कार्यों को बखूबी अंजाम दे रही हैं। इसके बावुजूद पंचायतों की भूमिका को सफल बनाने के लिए इस दिशा में बहुत कुछ किया जाना जरूरी है। महिलाओं तथा अनुसूचित जाति तथा जनजाति के सदस्यों के लिए आरक्षण तो किया गया लेकिन अध्ययनों से ज्ञात होता है कि महिलाओं को अभी भी इस अधिनियम के तहत अपनी शक्तियों का स्पष्ट ज्ञान नहीं हुआ है। वे बैठकों में उपस्थित नहीं होती और कई जगह तो बैठक में लिए गए निर्णय में अंगूठा लगा देती हैं। यही नहीं कई जगह स्थानीय पंचायत के फैसले बेहद अमानवीय और रूढ़िवादी रूप से उभर कर सामने आए हैं। सरकार को चाहिए कि वे इस तरह के फैसलों के प्रति सजग रहे और साथ हीं दोषी लोगों के ख़िलाफ कानूनी कार्यवाही करे। पंचायतों को भ्रष्टाचार से मुक्त करने के लिए प्रभावी क़दम उठाये जाने की आवश्यकता है, चूंकि ग्रामीण विकास पंचायतों के कंधों पर है, इसलिए इनके द्वारा किये गए कार्यों की निगरानी की व्यवस्था होनी चाहिए। पंचायतों का प्रतिनिधित्व कर रहे लोगों की क्षमताओं को बढ़ाया जाना जरूरी है, ताकि वे अपने उत्तरदायित्वों को सही तरीक़े से पालन कर सके। 73वें तथा 74वें संविधान संशोधन और मनरेगा के चलते आज पंचायतें भारतीय लोकतंत्र के एक नये चेहरे का प्रतिनिधित्व कर रही हैं जिनमें साधारण पुरूष तथा महिला प्रतिनिधि असाधारण कार्यों को अंजाम दे रही हैं। कई कठिनाईयों के बावजूद वे भारत के जमीनी स्तर पर लोकतंत्र के समावेशन और सशक्तिकरण की एक आशाजनक तस्वीर पेश कर रहे हैं। अनेक इच्छा रखने वाले ये स्थानीय महिला पुरूष प्रतिनिधि राजनीतिक और

सामाजिक व्यवस्था में सकारात्मक परिवर्तन ला रहे हैं, भले ही इसकी गति धीमी है।

**अध्ययन केन्द्र**– प्रस्तुत अध्ययन में उन उत्तरदाताओं को लिया गया है जो गाँवों में नेतृत्व की भावना रखते हैं या उत्तरदाता गाँव या पंचायत में नेतृत्व कर चुके हैं या कर रहे हैं या पंचायतों के चुनाव में इन पदों पर चुनाव लड़ चुके हैं। (जैसे-वार्ड सदस्य, पंचायत समिति या मुखिया) चाहे वह महिला हो या पुरूष चाहे वह सामान्य, अनुसूचित जाति या जनजाति का हो। इस प्रकार हमने अपने शोध में मुख्य केन्द्र बिंदु ग्रामीण नेताओं को रखा है।

**अध्ययन का विषय**– इस शोध का विषय "पंचायत नेतृत्व का उदीयमान स्वरूप (औरंगाबाद, बिहार के ग्राम पंचायत पर आधारित एक समाजशास्त्रीय अध्ययन)" है। यह क्षेत्र पूर्णरूपेण नक्सल प्रभावित तथा विकास से अनभिज्ञ होने के कारण पिछड़ा है, इस हेतु इसे शोध विषय में रूप में चुना गया है। जिसके अन्तर्गत पंचायतों का सैद्धांतिक एवं ऐतिहासिक विवरण प्रस्तुत किया गया, वे महिलाओं द्वारा नेतृत्व का प्रतिमान 73वें संविधान संशोधन के पश्चात् किस रूप में प्रकट हुआ है एवं सामान्य महिलाओं, अनुसूचित जातियों, जनजातियों व पिछड़े वर्गों ने अपनी सहभागिता एवं जागरुकता को विकास के सन्दर्भ में किस स्तर तक प्रस्तुत किया है।

**अध्ययन का उद्देश्य**

1. पंचायत नेतृत्व के निर्धारित कारकों का अध्ययन करना।
2. ग्रामीण नेतृत्व के स्वरूप में परिवर्तन हो रहे हैं, का अध्ययन करना।
3. ग्रामीण नेताओं का दृष्टिकोण विकास कार्यक्रमों के प्रति-सकारात्मक है, का अध्ययन करना।
4. 73वें संविधान संशोधन, 1993 में दिये गए आरक्षण द्वारा अनुसूचित जाति, जनजाति, पिछड़ा वर्ग तथा महिलाओं द्वारा पंचायत नेतृत्व के स्वरूप में परिवर्तन हुआ, इसका पंचायती राज पर क्या प्रभाव पड़ा, का अध्ययन करना।
5. आज राजनीतिक पार्टियाँ युवा नेतृत्व को बढ़ावा दे रही हैं, उसी पंचायती राज में युवा नेता किस प्रकार के कार्यों में संलग्न हैं, तथा उनमें पंचायत के विकास पर कितना असर पड़ेगा, का अध्ययन करना।

6. ग्रामीण नेता तथा सरकारी कर्मचारी के संबंध का असर ग्रामीण विकास पर पड़ेगा, का अध्ययन करना।

**अध्ययन की परिकल्पनाएँ**– "किसी प्रकार का शोध कार्य समाज द्वारा पूर्ण रूप से तब तक स्वीकृत नहीं हो सकता है, जब तक वह वैज्ञानिक नहीं होता और कोई भी शोध वैज्ञानिक तब तक नहीं होता है, जब तक कि उसमें वैज्ञानिक पद्धति का प्रयोग नहीं किया जाए।"[8]

शोध कार्य हेतु परिकल्पना विशिष्ट होनी चाहिए, क्योंकि अत्यंत सामान्य परिकल्पना की स्थिति में यथार्थ निष्कर्ष प्राप्त नहीं किए जा सकते, अतः यथार्थ ज्ञान की प्राप्ति हेतु यह आवश्यक है कि परिकल्पना अध्ययन विषय के किसी विशेष पहलू से संबंधित हो, साथ ही उसमें विशिष्टता का गुण नहीं हुआ तो उसकी सत्यता की जाँच कठिन है।"[9]

प्रस्तुत शोध प्रबंध के अन्तर्गत कुछ उपकल्पनाओं का निर्माण किया गया है तथा शोध विश्लेषण के माध्यम से इनकी सत्यता को प्रयोगविधि के रूप में दिखलाया गया है–

1. संरचनात्मक दृष्टि से एकाकी परिवार की अपेक्षा संयुक्त परिवार को ग्रामीण नेतृत्व के क्षेत्र में अधिक अवसर प्राप्त हैं।
2. ग्रामीण नेतृत्व जातिगत आधारित नहीं है फिर भी ग्रामीण नेतृत्व पर जाति का सकारात्मक प्रभाव है।
3. जहाँ तक सामाजिक परिवर्तन और विकास की बात है, ग्रामीण पुनर्निर्माण में ग्राम पंचायतों का महत्व सामाजिक कार्यों तथा गाँव की उन्नति, सामाजिक सुधार, कल्याण एवम् आर्थिक दशा में सुधार से संबंधित है।
4. वर्तमान स्थिति में परिवर्तन और नेतृत्व की क्षमता जनतांत्रिक विकेन्द्रीकरण की ओर बढ़ती आ रही है। अर्थात युवा, शिक्षित तथा पिछड़ी जातियों को ग्रामीण नेतृत्व में अधिक अवसर प्राप्त हो रहे हैं।

**अध्ययन क्षेत्र**

प्रस्तुत अध्ययन का क्षेत्र बिहार के औरंगाबाद जिला के औरंगाबाद प्रखंड के कुछ ग्राम पंचायतों पर आधारित है। बिहार राज्य भारत के उन राज्यों से सम्मिलित होता है, जिसको बीमारू राज्यों की श्रेणी में रखा गया है। अर्थात् इस राज्य के अन्तर्गत जनसंख्या की सघनता, निर्धनता, बेरोजगारी जैसी समस्यायें विकास के

मार्ग को अवरुद्ध करती हैं तथा नेतृत्व के लिए चुनौतीपूर्ण परिस्थितियाँ आविर्भूत करती हैं। अतः नेतृत्व के वर्तमान परिप्रेक्ष्य में कौन-कौन से प्रतिमान हो रहे हैं, का विश्लेषण किया गया है।

## औरंगाबाद (बिहार)– एक परिचय

### (क) भौगोलिक संरचना

औरंगाबाद जिला 23 जनवरी 1973 को गया जिले से पृथक होकर वर्तमान स्वरूप में आया। इससे पूर्व यह गया जिले का एक अनुमण्डल था। इसके पूर्व में गया, पश्चिम में रोहतास, दक्षिण में झारखण्ड राज्य पलामू तथा उत्तर में अरवल जिला अवस्थित है। यहां की सभ्यता और संस्कृति मागधी है। इस जिले में दो अनुमण्डल हैं जिसका मुख्यालय औरंगाबाद और दाउदनगर है। सम्पूर्ण जिला 11 प्रखण्डों, 2 नगरपालिकाओं, 3 अधिसूचित क्षेत्रों, 203 पंचायतों और 2,838 वार्डों में विभक्त है। उस जिले का मुख्यालय औरंगाबाद है।

औरंगाबाद जिले का क्षेत्रफल 3305 वर्ग कि.मी. है तथा 2011 की जनगणना के आधार पर यहां की कुल आबादी 25,11,243 है। यहां की साक्षरता दर 72.77 प्रतिशत है। लिंग आधारित साक्षरता की दृष्टि से पुरूषों का प्रतिशत 82.52 प्रतिशत तथा महिलाओं का प्रतिशत 62.05 प्रतिशत है।

यहाँ की मिट्टी, धान तथा गेहूं और गन्ने की खेती के लिए काफ़ी उपयुक्त है। सिंचाई परियोजना से यहाँ की मिट्टी को अधिक उपजाऊ बनाकर खेती के लिए काफ़ी उपयुक्त बना दिया है।

नबीनगर, कुटुम्बा, देव और मदनपुर प्रखण्डों के कुछ क्षेत्र पहाड़ियों से घिरे हुए हैं। फलतः इस क्षेत्र में रोज़गार के अवसरों की पर्याप्त उपलब्धता नहीं है। परिणामतः यहाँ के लोग देश के अन्य भागों में रोजगार के लिए पलायन कर जाते हैं यह प्रखण्ड बेरोज़गारी तथा गरीबी की प्रतिक्रिया में बुरी तरह उग्रवाद से प्रभावित है।

जिले में औसतन वार्षिक वर्षा 102 से.मी. के करीब होती हैं। यहाँ का तापमान 44 डिग्री सेंटीग्रेड से 8 डिग्री सेंटीग्रेड तक विचरण करता है।

### (ख) ऐतिहासिक पृष्ठभूमि

औरंगाबाद जिले की सुदीर्घ ऐतिहासिक सांस्कृतिक परंपरा रही है। कभी प्राचीन मगध साम्राज्य का अंग रहे इस क्षेत्र ने इतिहास के हर मोड़ पर अपनी विशिष्ट पहचान कायम की है।

भारतीय स्वतंत्रता संग्राम में भी औरंगाबाद जिले ने अहम भूमिका निभाई है। चाहे वो सत्य, अहिंसा व सत्याग्रह पर आधारित संघर्ष हो या सशक्त संघर्ष सभी में औरंगाबाद के सपूतों ने आगे बढ़कर योगदान किया। 18वीं शताब्दी के उत्तरार्द्ध से ही विदेशी सत्ता के विरूद्ध प्रारंभ राजा नारायण सिंह (पवई) के संघर्ष की अगली कड़ियों में जगतपति कुमार, बिहार विभूति अनुग्रह नारायण सिन्हा, अब्दुल गफूर, कुंवर बद्री नारायण सिंह, राम नारायण सैनिक, मिथिलेश कुमार आदि जुड़ते चले गए।

मगध के हृदय में अवस्थित, गौतम बुद्ध द्वारा उपदिष्ट, च्यवनाश्रम, भृगु आश्रम, ऋषिश्रृंग, उमगा पहाड़ पर बावन मंदिर, हसपुरा प्रखण्ड में स्थित अमझर शरीफ, नवीनगर का गुरूद्वारा, जैन धर्म के दर्शनीय स्थल चेंव तथा सम्पूर्ण बिहार में एकमात्र भगवान भास्कर का विशाल मंदिर देव में अवस्थित है। यह सूर्य मंदिर कोणार्क और मीनाक्षी की स्मृति दर्शनार्थियों को दिलाता है। देव के सौर तीर्थ का स्थल मगध, पलामू (झारखण्ड), भोजपुर एवं रोहतास की संस्कृति और अध्यात्म का संगम-स्थल है। भगवान भास्कर को निवेदित एवम् अर्पित अर्ध्यगीतों की गूंज हमारी भाषा, संस्कृति और साहित्य की गौरवमयी परंपराओं को जीवन्त बना देती है। यहाँ चैत्र और कार्तिक माह में छठ-पर्व के अवसर पर लाखों की संख्या में विभिन्न क्षेत्रों से श्रद्धालु भक्तगण पधारते हैं और भगवान भास्कर के चरणों में अपनी श्रद्धा तथा भक्ति का समर्पण करते हैं।

### (ग) साहित्य तथा संस्कृति

साहित्य और संस्कृति समाज की आध्यात्मिक अवस्था की रश्मियां है। इन्ही किरणों से अध्यात्म और सामाजिकता जनमानस तक पहुँचकर मानस-पटल को विमल बनाती है। धरती को समृद्ध करने वाली खेती एग्रीकल्चर और बुद्धि को समृद्ध करने वाली संस्कृति कल्चर कहलाती है। संस्कृति स्वतंत्रता में ही विकसित और प्रस्फुटित होकर अपना सुगंध और सौन्दर्य बिखेरती है।

साहित्य और संस्कृति के क्षेत्र में औरंगाबाद का न केवल प्रान्तीय स्तर पर अपितु राष्ट्रीय स्तर पर अपना एक विशिष्ट स्थान रहा है।

प्रीतिकूटध्येय ना नगरम् पीरू भारत प्रसिद्ध कादम्बरी ग्रंथ के रचयिता बाणभट्ट से लेकर राजा जगन्नाथ प्रसाद सिंह किंकर, पं. गंगाधर शास्त्री (ग्वालियर राज घराने के रूप में प्रतिष्ठित), श्री रूद्रष्ट पाठक, पं. दामोदर मिश्र, श्री कमलेश्वर जी, श्री कामता प्रसाद सिंह काम, श्री रामगुलाम राम एवं श्री शंकर दयाल सिंह तक औरंगाबाद को अतिविशिष्ट एवं धनी झुनझुनवां पहाड़, विचित्र प्राकृतिक सम्पदा औरंगाबाद की धरती को प्राप्त है। बिहार में राजा नारायण सिंह के घराने में विचित्र

एवं दुर्लभ अभिलेख हैं जो वास्तव में बंगला, उर्दू, फारसी, संस्कृत, हिंदी और अंग्रेजी के ग्रंथ हैं। संगीतज्ञ एवं चोटी के कलाकार इसराज यहाँ की ही देन है।

छठी शताब्दी में उमगा के राजा भैरवेन्द्र का बावन बीघे का तालाब, रानी घाट पहाड़ पर कुआं, पहाड़ पर बावन मंदिर हमारी शक्ति शौर्य तथा मर्यादा के प्रतीक हैं। इस जिले में मां सत्यचण्डी, सतवाहिनी, सीता, थापा, बटाने नदी पर हड़ियाही डेम, देव का किला कारा नवाब का किला तथा अनेक भवन एवं प्राचीन मंदिरों के अवशेष आज भी विद्यमान है।

### (घ) सामाजिक-आर्थिक अवस्था

औरंगाबाद जिले में सामाजिक-आर्थिक असमानता व्याप्त रहने के कारण समाज का एक हिस्सा उग्रवादी गतिविधियों में लिप्त रहा है। फलतः विकास के कार्य प्रभावित हुए हैं। अन्य जगहों की भांति इस जिले से भी लोग रोजी-रोटी की तलाश में समय-समय पर पूर्वोत्तर राज्यों और पंजाब-हरियाणा के राज्यों में पलायन करते हैं। सिंचाई की व्यवस्था होने से कुछ क्षेत्रों में खुशहाली लौटी है परन्तु आज भी यह खुशी आंशिक है। वास्तव में आर्थिक विषमता और निरक्षरता के अतिरिक्त इस जिले का सम्पूर्ण ग्रामीण विकास रूढ़िवादिता, जातिवाद, धर्मवाद तथा अंधविश्वास जैसी कुसांस्कृतिक परंपराओं का शिकार है।

### (ङ) पुरातात्विक स्थल

**(अ) अमझर शरीफ**–यहाँ कादरी सिलसिला के सूफी-संत सैय्यदना मोहम्मद कादरी 16वीं शताब्दी में बगदाद से आये थे। अमझर शरीफ में सैय्यदना साहब काखानकाह कादरिया स्थित है। ( औरंगाबाद जिला मुख्यालय से 50 कि.मी. की दूरी पर हसपुरा प्रखण्ड अवस्थित है।) गोह स्थित देवकुण्ड तथा अमझर शरीफ संतो के बीच सौहार्द्रपूर्ण एवम् आत्मीय संबंध की परंपरा का आज भी निर्वहन किया जाता है। स्थानीय लोगों तथा देवकुण्ड मठ के प्रभारी के अनुसार, जब भी नये मठाधीश की ताजपोशी देवकुण्ड में होती है, तो इसके लिए चादर अमझर शरीफ से जाता है। चैतनवमी तथ रामनवमी को खानकाह में वृहत मेले का आयोजन किया जाता है। प्रत्येक वर्ष पहली रविउल्ल अब्बल बाबा सैय्यदना साहब का सालाना उर्स खानकाह कादरिया में मनाया जाता है।

खानकाह कादरिया परिसर में पाये जाने वाले अजनाश पौधा के विषय में बताया जाता है कि इसे बाबा सैय्यदना अपने साथ बगदाद से ही लाये थे। इसकी विशेषता यह है कि इसके समीप कोई भी जहरीला सॉप नहीं आता परंतु प्रयास के बाद भी इस पौधे को इस परिसर से बाहर नहीं उगाया जा सकता है। वर्तमान में सैय्यदना साहब के परिवर्तित पीढ़ी के सर्फउद्दीन मो. नैय्यर यहाँ के प्रभारी हैं।[10]

**(आ) देवकुण्ड**– बंगाल लिस्ट एवं पुरातात्विक संदर्भों के अनुसार 7वीं शताब्दी का यह मंदिर बिहार के प्राचीनतम मंदिरों में से एक है। (औरंगाबाद जिला मुख्यालय से 65 कि.मी. की दूरी पर उत्तर में हसपुरा प्रखण्ड अवस्थित सोन नदी की प्राचीन धारा के किनारे अवस्थित है।) मंदिर से सटे एक बृहद स्नानकुंड है, यहाँ प्रत्येक वर्ष फाल्गुन तथा मकर-सक्रांति के अवसर पर मेले का आयोजन किया जाता है। देवकुण्ड स्थित मठ भी अति-प्राचीन है। पौराणिक आख्यानों एवं किवंदंतियों के अनुसार, यहाँ च्यवन ऋषि ने तपस्या की थी, उनके तपस्या स्थल पर प्रज्वलित अग्निकुंड निरंतर आज तक प्रज्वलित है।, जो मठ के अंदर है। यह स्थान विश्वामित्र एवं रामायण के आख्यानों से भी जुड़ा हैं।[11]

**(इ) सिहाड़ी का शिव मंदिर**– पुरातत्ववेत्ता जे.डी. वेगलर ने सन् 1872 ई. में इस क्षेत्र का सर्वेक्षण किया था तथा सर्वेक्षण प्रतिवेदन में इसका स्थान दिया, (औरंगाबाद जिला मुख्यालय से 50 कि.मी. की दूरी पर हसपुर प्रखण्ड में है) यह मंदिर पूर्णरूपेण चुनार पाषाण से बना है। यह पाषाण-कला में विकसित एक दुर्लभ शिल्प का नमूना है, जिसमें सम्पूर्ण मंदिर को कहीं अन्यत्र तैयार किया जाता था।[12]

**(ई) शमशेर खाँ का मकबरा**– यह स्थान पुरातात्विक दृष्टिकोण से महत्वपूर्ण है, यहाँ शमशेर खाँ का मकबरा अवस्थित है, यह वृहत आयताकार संरचना है, जिसके मध्य में मुख्य मकबरा अवस्थित है। समतल भूमि से 4'6'' ऊँचे प्लेटफार्म पर 91.5 वर्ग फीट में बना है, यहाँ शमशेर खाँ तथा उसकी पत्नी की कब्र है। औरंगाबाद जिला मुख्यालय से 42 कि.मी. की दूरी पर उत्तर की ओर दाउदनगर प्रखण्ड में अवस्थित है। शमशेर खॉं का मूल नाम इब्राहीम खाँ था, वह दाउद खॉं के भतीजे थे। शमशेर खाँ ने अपने जीवनकाल में ही इस मकबरे का निर्माण करवाया था।[13]

**(उ) दाउदनगर किला**– डॉ. फ्रांसिस बुकानन ने दाउदनगर शहर का दौरा किया तथा उसे एक उन्नतशील नगर के रूप में देखा था। यहाँ कपड़े तथा अफीम की फैक्ट्रियां थी। औरंगाबाद जिला मुख्यालय से 30 कि.मी. की दूरी पर अवस्थित दाउदनगर सोन नदी के पूर्वी किनारे पर अवस्थित है। जिसे दाउद खाँ ने 17वीं शताब्दी में बसाया था। दाउद खाँ मुगल सम्राट औरंगजेब के शासनकाल में बिहार के गवर्नर थे। दाउद खाँ ने यहाँ किले नुमा सराय बनवायी थी, जिसे आज दाउद खाँ के किले के नाम से जाना जाता है, इसमें दो प्रवेश द्वार थे, 1896 के कुछ वर्ष पूर्व तक यह सराय अच्छी स्थिति में थी।

दाउदनगर किला बिहार सरकार के पुरातत्व निदेशालय द्वारा संरक्षित घोषित किया गया है तथा इसके संरक्षण हेतु आबंटन भी प्राप्त हुआ है।[14]

**(ऊ) बुद्ध मंदिर**– सर्वप्रथम डॉ. फ्रांसिस बुकानन ने मनोरा गाँव के बुद्ध-मंदिर के पुरातात्विक महत्व को उजागर किया (औरंगाबाद जिला मुख्यालय से 35 कि.मी. की दूरी पर तथा दाउदनगर अनुमंडल मुख्यालय से 8 कि.मी. दक्षिण की ओर अवस्थित है) तथा इसका उल्लेख उन्होंने अपने सर्वेक्षण प्रतिवेदन में किया था, चारों ओर अत्यंत चौड़ी दीवारों से यह लगभग 100 वर्ग फीट के क्षेत्रफल में इसका गर्भगृह बना है। यहाँ भूमि स्पर्श मुद्रा में बुद्ध की मूर्ति स्थापित है जो लगभग पाल कालीन मूर्ति कला का यह उत्कृष्ट नमूना है, स्थानीय ग्रामीणों में यह मूर्ति बुद्धरूपा नाम से प्रचलित है। इससे थोड़ी ही दूरी पर एक मंदिर के पुनर्निर्माण हेतु खुदाई के क्रम में उमा महेश्वर की काले पत्थर की मूर्ति मिली है।[15]

**(ए) जैन भगवान पार्श्वनाथ की प्रतिमा**– पचार पहाड़ पर एक गुफानुमा मंदिर में जैन भगवान पार्श्वनाथ की प्रतिमा है। (औरंगाबाद, जिला मुख्यालय से 40 कि.मी. की दूरी पर स्थित चेंव गाँव है। इसके सटे एक छोटी पहाड़ी पचार पहाड़ है।) मंदिर के पाषाण प्रवेश द्वार के साथ एक छोटा मण्डप है, मंदिर के अंदर पद्मासन मुद्रा सप्तफनी में भगवान पार्श्वनाथ की मूर्ति एवं सप्तफनी है। काले-पत्थर से बनी यह मूर्ति पालकालीन मूर्ति का उत्कृष्ट नमूना है। इस मूर्ति के अतिरिक्त भी कुछ खण्डित मूर्तियाँ मंदिर के बाहर हैं। इस मंदिर की दीवार पर उतरवर्ती एक अभिलेख है, जिसमें एक व्यक्ति का उल्लेख करते हुए अंकित किया गया है कि वह पार्श्वनाथ की आराधना करता था। यह जैन आस्था का केन्द्र है।[16]

**(ऐ) औरंगाबाद जिले की ऐतिहासिक पुरातात्विक तथा धार्मिक धरोहर**– देव-औरंगाबाद जिला मुख्यालय से 18 कि.मी. की दूरी पर देव सूर्यधाम मंदिर अवस्थित है, पुरातात्विक दृष्टिकोण से महत्वपूर्ण इस मंदिर का शिखर 100 फिट ऊँचा है, इसका निर्माण चौकोर अलंकृत पाषाण खण्डों को लौह कलैम्प से जोड़ कर किया गया है। पश्चिमाभिमुख यह मंदिर नागर शैली के मंदिर स्थापत्य शिल्प एवं पाषाण शिल्प का अद्भुत नमूना है। मुख्य गर्भगृह के सामने एकाश्म स्तंभों के सहारे एक प्रार्थना मण्डप बना है। यद्यपि ये स्तंभ अलंकृत नहीं है तथापि इनका शीर्ष एवं आधार सुडौल तथा नयनाभिराम है। मण्डप की छत के मध्य में सतदल कमल है। गर्भगृह में त्रिकाल सूर्य भगवान के स्वरूप की तीनो मूर्ति ब्रह्मा, विष्णु एवं महेश स्थापित है।

पुरातात्विक साक्ष्य एवं मेजर किट्टो के विवरण के अनुसार देव से प्राप्त अभिलेख पर संवत 1605 (1548 ई.) है। उन्होंने वहाँ के ब्राह्मणों द्वारा कराये गए अन्य विवरण के अनुसार विक्रम संवत 1293 का (1236 ई.) उल्लेख किया है। मंदिर से ½ कि.मी. की दूरी पर सूर्यकुण्ड अवस्थित है।[17]

## (च) शिक्षा का विकास

सौभाग्य से प्राचीन काल से ही औरंगाबाद को शिक्षा एवं कला संस्कृति का केन्द्र रहने का गौरव प्राप्त है। 'प्रतिकूटध्येय नाम नगरम्' औरंगाबाद जिले का वह पिरू ग्राम ही है, जहाँ कभी विश्वप्रसिद्ध रचना 'कादम्बरी' के प्रणेता कविवर बाणभट् रहा करते थे। चाहे मध्यकालीन गुरूकुल की व्यवस्था हो या मुगल कालीन और ब्रिटिशकालीन शासन व्यवस्था की शिक्षण संस्थायें, इस जिले में उनकी उपस्थिति निरंतर रही है। हम यहाँ आज भी 1914-15 में स्थापित संस्कृत विद्यालय और मदरसा को कार्यरत देख सकते हैं जो एक ही स्थल पर विराजते हुए सांप्रदायिक सद्भाव का अद्भुत उदाहरण प्रस्तुत कर रहे हैं। सन् 1917 में गेट हाई की स्थापना हुई जो उस समय पूरे अनुमण्डल और आज के जिले का इकलौता उच्च विद्यालय था। 30 के दशक में विभिन्न 3-4 थानों के मुख्यालयों में उच्च विद्यालयों की स्थापना हुई। सन् 1944 में स्थापित सच्चिदानन्द सिन्हा मध्य विद्यालय को मगध विश्वविद्यालय का प्रथम महाविद्यालय होने का गौरव प्राप्त है। स्वतंत्रता प्राप्ति के पूर्व से ही इस जिले में अनेक प्राथमिक एवं मध्य विद्यालय शिक्षा प्रदान करने के दायित्व का निर्वहन कर रहे थे। सन् 1955 में प्रारंभ हुए ई.आई.पी. के तहत अनेक प्राथमिक, मध्य और बेसिक स्कूलों की स्थापना इस जिले में की गई। सन् 1917 से 1975 के बीच विभिन्न प्रशासनिक निकायों द्वारा संचालित सभी प्राथमिक और मध्य विद्यालयों का अधिग्रहण तथा राजकीयकरण कर दिया गया।

1986-88 में शिक्षा के गुणात्मक सुधार के उद्देश्य से ऑपरेशन ब्लैक बोर्ड प्रारंभ किया गया, जिसके अन्तर्गत दो चरणों में विद्यालयीय आवश्यकताओं को ध्यान में रखकर उपस्करों, शैक्षिक उपकरणों, श्रव्य-दृश्य साधनों (रेडियो, चार्ट इत्यादि) की आपूर्ति की गयी। अष्टम् वित्त योजना के अन्तर्गत कई विद्यालयों के लिये एक-एक शिक्षिका आवास तथा शौचालय का निर्माण हुआ। सन् 1992 में शिक्षा की सर्वव्यापीकरण योजना के तहत शत प्रतिशत नामांकन के उद्देश्य से 'स्कूल चलो अभियान' चलाया गया जिसमें आशातीत सफलता मिली। सन् 2000 में विद्यालयों की कार्य-प्रणाली में गुणात्मक सुधार लाने और शिक्षण संस्थाओं से अभिभावकों को जोड़ने के उद्देश्य से विद्यालय शिक्षा समिति की स्थापना की गयी। वर्तमान समय में जिले में शिक्षा कार्यों के लिए जिला जनशिक्षा पदाधिकारी भी कार्यरत हैं जो पूर्व में अनौपचारिक शिक्षा प्रणाली के प्रभारी थे। वर्तमान समय में इनकी भूमिका सर्व शिक्षा अभियान में ए.डी.पी.सी. (ई.जी.एस.) के रूप में है।

प्राथमिक विद्यालय स्तर पर विद्यालय के प्रधानाध्यापक के अतिरिक्त विद्यालय शिक्षा समिति भी गठित है जो सर्वव्यापीकरण के क्षेत्र में एक अच्छी उपलब्धि मानी जा सकती है।

## (छ) शिक्षा के क्षेत्र में जुड़ी समस्याएँ

**(अ) लिंग बाधाएँ एवं सामाजिक बाधायें** : जिले के अधिकांश क्षेत्र ग्रामीण परिवेश के अनुरूप है। यहाँ साक्षरता दर निम्नस्तर पर है। ख़ास कर समाज की महिलायें अशिक्षित है। समाज में व्याप्त अशिक्षा के कारण लिंग भेद जिले में प्राथमिक शिक्षा की समस्या बनकर सामने खड़ी है। विद्यालय में महिला शिक्षिकाओं की कमी के कारण ग्रामीण क्षेत्र की महिलाएं खासकर मातायें शिक्षा के महत्व को नहीं समझ पाती हैं। फलतः छात्राओं का नामांकन पर्याप्त संख्या में नहीं हो जाता है।

सामाजिक बाधायें भी 11-14 वर्ष की बालिकाओं को विद्यालय जाने से रोकती है। साथ ही समय पूर्व विवाह भी प्राथमिक शिक्षा के क्षेत्र में समस्या बनकर आता है।

(आ) भौगोलिक बाधायें : जिले के अधिकांश क्षेत्र पहाड़ी जंगल तथा नदियों से आच्छादित हैं। अधिकांश गाँव और टोलों में विद्यालय उपलब्ध नहीं रहने के कारण 6-11 वर्ष के बच्चों तथा 11-14 वर्ष की बालिकाओं को दूरस्थ विद्यालय जाने में परेशानी होती है, जिससे वे विद्यालय नहीं जा पाते हैं। जिले की भौगोलिक बाधायें प्राथमिक शिक्षा की समस्याएँ हैं।

(इ) आधारभूत कमियाँ : जिले के प्राथमिक एवम् उच्च प्राथमिक विद्यालयों में शिक्षकों का अभाव, महिला शिक्षिकाओं की कमी, शिक्षण सामग्री का अभाव, बेंच, डेस्क आदि का अभाव प्राथमिक शिक्षा के क्षेत्र में विशाल समस्या है।

(उ) समय पूर्व शिशुओं का नामांकन : विद्यालय में चल रही विभिन्न योजनाओं जैसे- मध्याह्न, पोषाहार, प्रोत्साहन भत्ता, छात्रवृत्ति, निःशुल्क पाठ्य-पुस्तक आदि प्राप्त करने के उद्देश्य से समय से पूर्व बच्चों का नामांकन सिर्फ़ योजना लाभ के लिए होता है, जिससे समस्या उत्पन्न होती है।

## (ज) साक्षरता दर

सम्पूर्ण साक्षरता के लक्ष्य की प्राप्ति के लिए भी इस जिले में मूल रूप से कार्य किया है। जिले में वयस्क की साक्षरता के लिए वयस्क शिक्षा कार्यक्रम वर्ष 1981-82 में प्रारम्भ किया गया जो वर्ष 1991-92 तक चला। इसी उद्देश्य की प्राप्ति के लिए भारत सरकार ने 1993 में जिले में सम्पूर्ण साक्षरता कार्यक्रम की स्वीकृति प्रदान की। इस कार्यक्रम ने भी साक्षरता दर बढ़ाने में पूरा सहयोग किया है। 2001 की जनगणना के अनुसार औरंगाबाद जिले में साक्षर व्यक्तियों की संख्या 11,52,852 (57. 50 प्रतिशत) हैं जिसमें 7,45,641 (71.00 प्रतिशत) पुरूष तथा 4,07,453 (42.09 प्रतिशत) महिलायें है। सन् 2011 की जनगणना के अनुसार साक्षर पुरूषों की संख्या 82.52 प्रतिशत है जबकि महिलाओं की साक्षरता 62.05 प्रतिशत है।

1981 की जनगणना के बाद सात वर्ष के आयु या उससे ऊपर के व्यक्तियों को ही साक्षरता तथा निरक्षरता की श्रेणी में रखा जाने लगा। 2001 की जनगणना के आधार पर बिहार की कुल आबादी 3,16,75,607 ज्ञात हुई जिसमें 2,09,78,955 पुरूष तथा 1,06,96,652 महिलाओं की तुलना में साक्षरता के योग में जिले का स्थान 5वाँ है। आँकड़ों के आधार पर प्रत्येक दो साक्षर पुरूष पर एक साक्षर महिला का अनुपात देखा गया है। वर्ष 1991 की तुलना में राज्य की साक्षरता दर में करीब 10 प्रतिशत की वृद्धि हुई है जो अखिल भारतीय औसत दर 65.38 प्रतिशत की तुलना में अभी भी कम है। राज्य की औसत साक्षरता दर 47.53 प्रतिशत की तुलना में जिले की साक्षरता दर अधिक है, फिर भी राज्य साक्षरता दर उर्ध्व गति की ओर अग्रसर है।

## अध्ययन का समग्र एवं निदर्शन

बिहार पंचायती राज अधिनियम 2006 के फलस्वरूप पंचायती राज में नेतृत्व के नये स्वरूप का उदय हुआ अर्थात महिला अनुसूचित जाति जनजाति को भी पंचायती राज में आरक्षण देकर इन्हें ग्राम पंचायतों की सत्ता पर आसीन होने का अवसर प्रदान किया गया है। इसी संदर्भ में हम औरंगाबाद प्रखंड के स्तरीकृत दैव निदर्शन प्रणाली द्वारा 14 ग्राम पंचायतों में से 5 ग्राम पंचायतों का चयन किया गया जो क्रमशः है : 1. बेला, 2. इब्राहीमपुर, 3. फेसर, 4. परसडीह और 5. ओरा है। इन समस्त पंचायतों में से हमने उन व्यक्तियों को उत्तरदाता के रूप में चुना है, जो ग्राम पंचायत की चुनाव में हिस्सा ले चुके हों या ग्राम पंचायत के शासन प्रणाली में भागीदारी रखते हों। इसलिए दैव निदर्शन प्रणाली की नियमित अंकित प्रणाली द्वारा प्रत्येक ग्राम पंचायतों से 50 इकाइयों का साक्षात्कार हेतु चयन किया गया है। अतः अध्ययन का प्रभावक न्यायदर्श 250 उत्तरदाताओं पर आधारित है। ये उत्तरदाता सामान्य, महिला, अनुसूचित जाति, अनुसूचित जनजाति तथा पिछडे वर्गों में से हैं। प्रस्तुत शोध विवरणानात्मक अभिकल्प पर आधारित है। विवेचना के माध्यम से ही तथ्यों का विश्लेषण एवं विवरण प्रस्तुत किया गया है।

## अध्ययन विधि एवं तथ्य संकलन के स्रोत

प्रस्तुत शोध वर्णनात्मक शोध अभिकल्प पर आधारित है। वर्तमान अध्ययन से संबंधित तथ्यों के संकलन हेतु मान्य वैज्ञानिक स्रोतों में प्राथमिक एवम् द्वितीयक स्रोतों का प्रयोग किया गया है। प्राथमिक स्रोत के अन्तर्गत साक्षात्कार अनुसूची का प्रयोग किया गया है। इस साक्षात्कार अनुसूची में अध्ययन से संबंधित प्रश्नों को क्रमवार तैयार कर तथ्यों का संकलन, अध्ययन क्षेत्र के चयनित ग्राम पंचायत के उत्तरदाताओं द्वारा प्राप्त किया गया है। द्वितीयक स्रोत के अंतर्गत अध्ययन से संबंधित तथ्यों की जानकारी के लिए शोध पुस्तकों, लेख, पत्रिकाओं, सरकारी तथा

गैर सरकारी प्रपत्रों, प्रकाशित एवम् अप्रकाशित प्रतिवेदनों आदि का उपयोग किया गया है।

## क्षेत्र अवलोकन

व्यवस्थित रूप से तथ्य संकलन को प्रारंभ करने से पूर्व अनुसंधानकर्ता ने अपने अध्ययन क्षेत्र का गहन पायलट सर्वे किया। इस अवलोकन कार्य से अध्ययन समस्या को समझने, आनुभाविक मान्यताओं का निर्माण करने तथा तथ्य संकलन के लिए उपकरण निर्माण करने एवं महिला नेतृत्व, युवा नेतृत्व अनुसूचित जाति एवं अनुसूचित जनजाति नेतृत्व के पृथक स्तरों में विभक्त करने में सहायता मिली एवं तथ्य संकलन की अवधि में भी अनुसंधानकर्ता द्वारा अवलोकन विधि को प्रमुख आधार बनाया गया। नेतृत्व के उभरते स्वरूप के बहुत ऐसे पक्ष हैं, जिन्हें क्षेत्र में रहकर ही अनुभव किया जा सकता है। इस दृष्टि से अनुसंधानकर्ता द्वारा प्रत्येक ग्राम पंचायत क्षेत्र में 45-45 दिन रहकर तथ्य संकलन किया गया। प्राप्त अवलोकित तथ्यों का अग्रिम अध्यायों में विवेचन एवं वर्णन किया गया है।

## साक्षात्कार अनुसूची

उपर्युक्त अनुसंधान कार्य के लिए दो पृथक-पृथक साक्षात्कार अनुसूचियों का निर्माण किया गया। अध्ययन समस्या जटिल एवं नवीन होने के कारण साक्षात्कार अनुसूचियों का दो बार पूर्व परीक्षण किया गया। ये दोनों साक्षात्कार अनुसूचियाँ पूर्व सांकेतिक थी। जिससे तथ्य संकलन, वर्गीकरण, सारणीयन एवं विश्लेषण में बहुत सहायता मिली। इन साक्षात्कार अनुसूचियों में खुले एवं बंद प्रश्नों के साथ-साथ त्रिपक्षीय पैमाने का प्रयोग भी किया गया।

## वर्गीकरण, सारणीयन एवं विश्लेषण

प्रस्तुत शोध-प्रबंध में आँकड़ों को प्रस्तुत करने में समाज वैज्ञानिक रूप से महत्वपूर्ण प्रणालियों, वर्गीकरण, सारणीयन, चित्रमय प्रदर्शन एवं सांख्यकीय विधियों का प्रयोग कर तथ्यों का विश्लेषण गुणात्मक एवं परिमाणात्मक आधार पर सरल एवं जटिल सारणी के माध्यम से किया गया है। सरल सारणियों को प्रतिशत के आधार पर विवेचित एवं विश्लेषित किया गया है। जटिल सारणियों को स्वतंत्र चर (स्थाई परिवर्त्य) आयु, शिक्षा, व्यवसाय एवं जाति से विविध आश्रित चरों से संबंधित किया गया है। प्राप्त निष्कर्षों के आधार पर शोध के समाजशास्त्रीय निहितार्थ को उजागर करने का प्रयास किया गया है।

# औरंगाबाद जिले के पुरातात्विक स्थलों की छायाप्रति

दरगाह (अमझर शरीफ)

बुद्ध मन्दिर (मनोरा)

शिव मन्दिर (सिहाड़ी)

शिव मन्दिर (उमगा)

औरंगाबाद जिले का ऐतिहासिक, पुरातात्विक तथा धर्मिक धरोहर–
देव का सूर्य मन्दिर

शमशेर खाँ का मकबरा

दाउद खाँ का किला

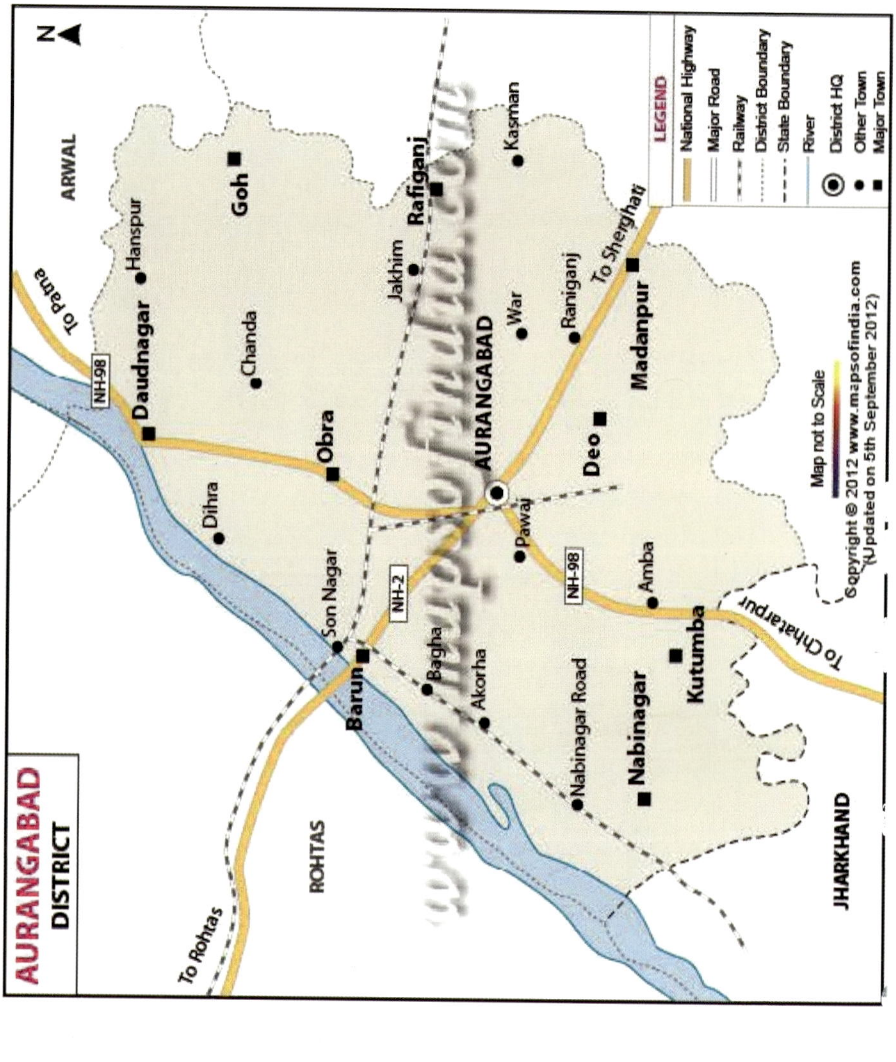
AURANGABAD
DISTRICT
ARWAL
ROHTAS
JHARKHAND
N
To Patna
NH-98
Daudnagar
Hanspur
Goh
Chanda
Obra
Dihra
Jakhim
Rafiganj
Kasman
War
Raniganj
To Sherghati
Madanpur
AURANGABAD
Deo
Pawai
NH-98
Amba
Kutumba
To Chhatarpur
Son Nagar
NH-2
Barun
Bagha
Akorha
Nabinagar Road
Nabinagar
To Rohtas
LEGEND
National Highway
Major Road
Railway
District Boundary
State Boundary
River
District HQ
Other Town
Major Town
Map not to Scale
Copyright © 2012 www.mapsofindia.com
(Updated on 5th September 2012)

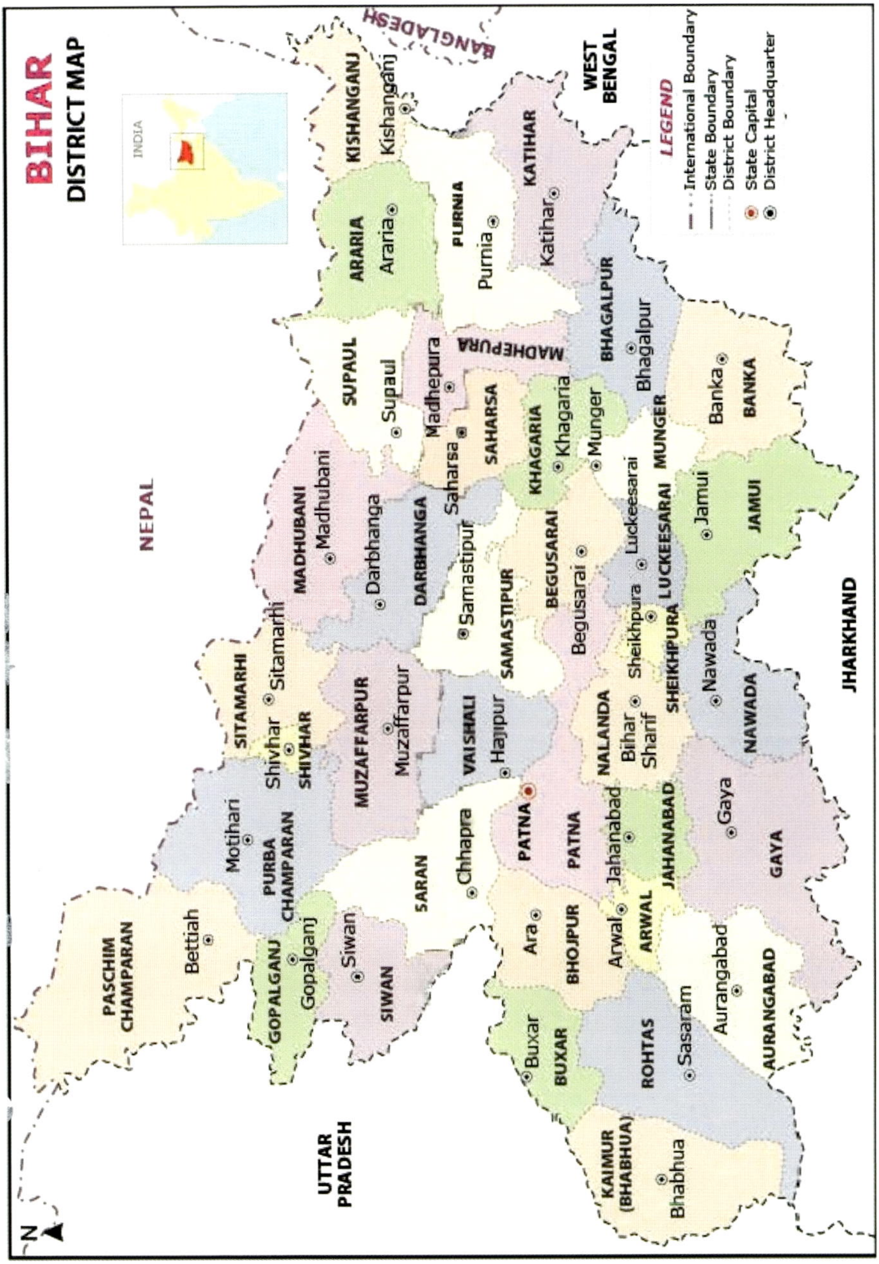
BIHAR
DISTRICT MAP
INDIA
NEPAL
UTTAR PRADESH
JHARKHAND
WEST BENGAL
BANGLADESH
LEGEND
International Boundary
State Boundary
District Boundary
State Capital
District Headquarter
PASCHIM CHAMPARAN
Bettiah
PURBA CHAMPARAN
Motihari
GOPALGANJ
Gopalganj
SIWAN
Siwan
SARAN
Chhapra
SITAMARHI
Sitamarhi
SHIVHAR
Shivhar
MUZAFFARPUR
Muzaffarpur
VAISHALI
Hajipur
MADHUBANI
Madhubani
DARBHANGA
Darbhanga
SAMASTIPUR
Samastipur
SUPAUL
Supaul
MADHEPURA
Madhepura
SAHARSA
Saharsa
ARARIA
Araria
KISHANGANJ
Kishanganj
PURNIA
Purnia
KATIHAR
Katihar
BHAGALPUR
Bhagalpur
KHAGARIA
Khagaria
BEGUSARAI
Begusarai
MUNGER
Munger
LUCKEESARAI
Luckeesarai
SHEIKHPURA
Sheikhpura
BANKA
Banka
JAMUI
Jamui
PATNA
NALANDA
Bihar Sharif
NAWADA
Nawada
JAHANABAD
Jahanabad
GAYA
Gaya
ARWAL
Arwal
BHOJPUR
Ara
BUXAR
Buxar
ROHTAS
Sasaram
AURANGABAD
Aurangabad
KAIMUR (BHABHUA)
Bhabhua

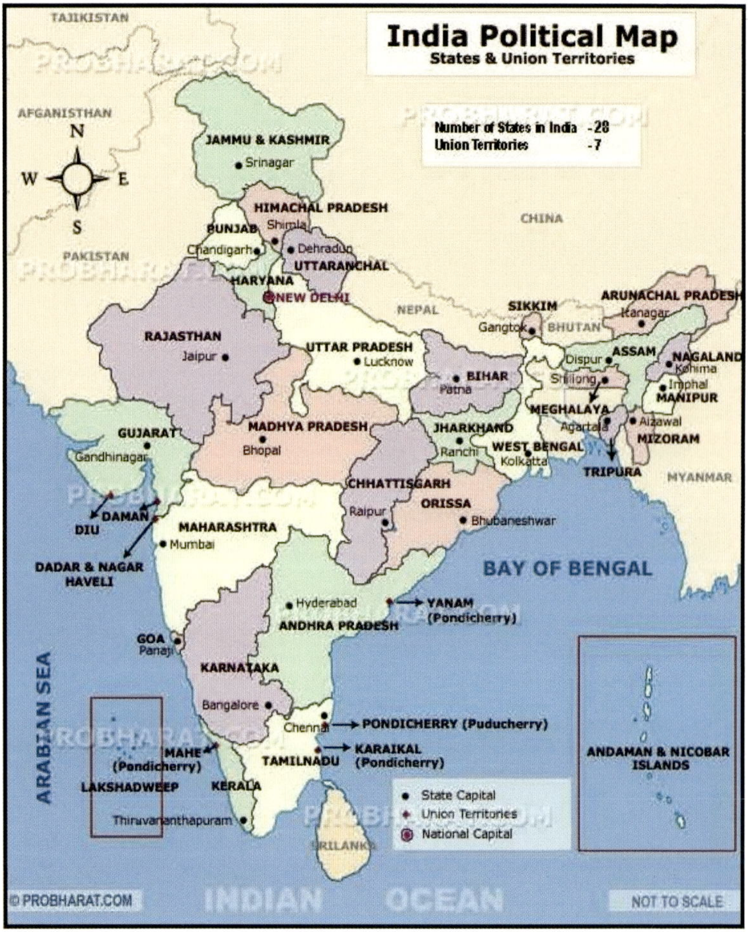
India Political Map
States & Union Territories
Number of States in India -28
Union Territories -7
TAJIKISTAN
AFGANISTHAN
PAKISTAN
CHINA
NEPAL
BHUTAN
MYANMAR
N
W
E
S
JAMMU & KASHMIR
Srinagar
HIMACHAL PRADESH
Shimla
PUNJAB
Chandigarh
Dehradun
UTTARANCHAL
HARYANA
NEW DELHI
RAJASTHAN
Jaipur
UTTAR PRADESH
Lucknow
SIKKIM
Gangtok
ARUNACHAL PRADESH
Itanagar
ASSAM
Dispur
NAGALAND
Kohima
Shillong
Imphal
MANIPUR
BIHAR
Patna
MEGHALAYA
Agartala
Aizawal
MIZORAM
GUJARAT
Gandhinagar
MADHYA PRADESH
Bhopal
JHARKHAND
Ranchi
WEST BENGAL
Kolkatta
TRIPURA
CHHATTISGARH
Raipur
ORISSA
Bhubaneshwar
DAMAN
DIU
MAHARASHTRA
Mumbai
DADAR & NAGAR HAVELI
BAY OF BENGAL
Hyderabad
YANAM (Pondicherry)
ANDHRA PRADESH
GOA
Panaji
ARABIAN SEA
KARNATAKA
Bangalore
Chennai
PONDICHERRY (Puducherry)
MAHE (Pondicherry)
TAMILNADU
KARAIKAL (Pondicherry)
ANDAMAN & NICOBAR ISLANDS
LAKSHADWEEP
KERALA
Thiruvananthapuram
State Capital
Union Territories
National Capital
SRILANKA
© PROBHARAT.COM
INDIAN OCEAN
NOT TO SCALE

सारणी संख्या : 2.1

औरंगाबाद जिले में साक्षरता दर (2001-2011)

| साक्षरता दर | | पुरूष | | महिला | |
|---|---|---|---|---|---|
| 2001 | 2011 | 2001 | 2011 | 2001 | 2011 |
| 57.5 | 72.77 | 71.99 | 82.52 | 42.04 | 62.05 |

(स्रोत : जनगणना 2011, भारत)

सारणी संख्या : 2.2

जिले में प्राथमिक एवम् उच्च प्राथमिक विद्यालयों की स्थिति

| प्रखंड का नाम | प्राथमिक विद्यालयों की संख्या | उच्च प्राथमिक विद्यालयों की संख्या | बुनियादी विद्यालय | संस्कृत एवं मदरसा |
|---|---|---|---|---|
| औरंगाबाद | 98 | 40 | - | 2 |
| बारून | 86 | 40 | - | - |
| देव | 81 | 32 | 2 | |
| दाउदनगर | 76 | 34 | 0 | 2 |
| गोह | 104 | 48 | 1 | 0 |
| हसपुरा | 64 | 26 | 2 | 0 |
| मदनपुर | 97 | 38 | 0 | 0 |
| नबीनगर | 143 | 50 | 0 | 0 |
| रफीगंज | 131 | 52 | 0 | 2 |
| कुटुम्बा | 94 | 48 | 1 | 1 |
| ओबरा | 95 | 44 | 0 | 1 |
| योग | 1069 | 452 | 6 | 8 |

(स्रोत : जिला शिक्षा पदाधिकारी, औरंगाबाद, बिहार, 2012)

सारणी संख्या : 2.3

प्रखंडवार उच्च विद्यालयों की संख्या जहाँ वर्ग 6-8 की पढ़ाई होती है

| प्रखंड का नाम | उच्च विद्यालय जहाँ वर्ग 6–8 की पढ़ाई होती है | उच्च विद्यालय जहाँ वर्ग 7–8 की पढ़ाई होती है | उच्च विद्यालय जहाँ वर्ग 8 की पढ़ाई होती है | प्रोजेक्ट विद्यालय जहाँ वर्ग 8 की पढ़ाई होती है |
|---|---|---|---|---|
| औरंगाबाद | 2 | 1 | 7 | 0 |
| बारून | 2 | 2 | 2 | 1 |
| देव | 0 | 2 | 4 | 0 |
| दाउदनगर | 1 | 6 | 4 | 0 |
| गोह | 3 | 1 | 4 | 1 |
| हसपुरा | 1 | 2 | 3 | 0 |
| मदनपुर | 1 | 0 | 4 | 1 |
| नबीनगर | 2 | 2 | 8 | 0 |
| रफीगंज | 2 | 5 | 2 | 0 |
| कुटुम्बा | 1 | 1 | 4 | 1 |
| ओबरा | 3 | 1 | 5 | 0 |
| योग | 18 | 23 | 47 | 4 |

(स्रोत : जिला शिक्षा पदाधिकारी, औरंगाबाद, बिहार, 2012)

## सारणी संख्या : 2.4

## बिहार पंचायती राज अधिनियम 2006 के अनुसार, ग्राम पंचायत औरंगाबाद (बिहार) की सामान्य और आरक्षित सीटों का वर्गीकरण

### जिला – औरंगाबाद

| क्रम.स. | ग्राम पंचायत का नाम<br>प्रखण्ड : 1 नवीनगर | आरक्षित / अनारक्षित | महिला / अन्य |
|---|---|---|---|
| 1. | महुऑव | अनारक्षित | महिला |
| 2. | अकोढ़ा | पिछड़ा वर्ग | महिला |
| 3. | सोनौरा | पिछड़ा वर्ग | अन्य |
| 4. | राजपुर | अनारक्षित | अन्य |
| 5. | बैरिया | अनुसूचित जाति | महिला |
| 6. | सोरी | अनुसूचित जाति | अन्य |
| 7. | बरियॉवा | पिछड़ा वर्ग | अन्य |
| 8. | सिमरी धमनी | पिछड़ा वर्ग | अन्य |
| 9. | कंकेर | अनारक्षित | अन्य |
| 10. | केरका | अनारक्षित | महिला |
| 11. | मंझिऑवा | अनारक्षित | महिला |
| 12. | बेलाई | अनारक्षित | अन्य |
| 13. | जय हिन्द तेन्दुआ | अनारक्षित | अन्य |
| 14. | रामपुर | पिछड़ा वर्ग | महिला |
| 15. | पीपरा | अनारक्षित | महिला |
| 17. | ठेंगों | अनारक्षित | अन्य |
| 18. | तोल | अनारक्षित | अन्य |
| 19. | चन्द्रगढ़ | अनारक्षित | महिला |
| 20. | बसडीहा | अनारक्षित | महिला |
| 21. | मंगिया | अनुसूचित जाति | महिला |
| 22. | खजूरी पांडू | अनुसूचित जाति | महिला |
| 23. | टण्डवा | अनारक्षित | महिला |
| 24. | रामनगर | अनुसूचित जाति | अन्य |
| 25. | हरिहर उरदाना | अनुसूचित जाति | अन्य |
| | **प्रखंड– 2. मदनपुर** | | |
| 1. | घोडाडिहरी | पिछड़ा वर्ग | अन्य |
| 2. | बार | अनारक्षित | महिला |
| 3. | एयकीकला | अनारक्षित | महिला |
| 4. | पिरवॉ | अनुसुचित जाति | अन्य |
| 5. | पिरथू | अनुसुचित जाति | अन्य |
| 6. | उत्तरी उमगा | अनुसूचित जाति | महिला |
| 7. | खिरियावां | पिछड़ा वर्ग | महिला |
| 8. | बेरी | अनुसुचित जाति | अन्य |
| 9. | चेईनवाढ़ा | अनारक्षित | महिला |
| 10. | नीमाआंजन | अनुसूचित जाति | महिला |
| 11. | सलैया | अनारक्षित | अन्य |
| 12. | मदनपुर | अनारक्षित | अन्य |
| 13. | पिपरौरा | अनारक्षित | महिला |
| 14. | मनिका | अनारक्षित | अन्य |

| | | | |
|---|---|---|---|
| 15. | द. उमगा | अनुसूचित जाति | महिला |
| 16. | घटाईन | अनारक्षित | अन्य |
| 17. | दधपि | अनारक्षित | अन्य |
| 18. | बनिया | पिछड़ा वर्ग | अन्य |
| 19. | महुआया | अनारक्षित | महिला |
| | **प्रखंड – 3. कुटुम्बा** | | |
| 1. | रिसिचय | पिछड़ा वर्ग | अन्य |
| 2. | अम्बा | पिछड़ा वर्ग | महिला |
| 3. | भरौंधा | पिछड़ा वर्ग | अन्य |
| 4. | कर्मावसंतपुर | अनारक्षित | महिला |
| 5. | तेलहारा | पिछड़ा वर्ग | अन्य |
| 6. | बैरांव | अनुसूचित जाति | अन्य |
| 7. | घेउरा | अनारक्षित | अन्य |
| 8. | दघपा | अनारक्षित | अन्य |
| 9. | सुही | अनारक्षित | अन्य |
| 10. | मटपा | अनारक्षित | महिला |
| 11. | जगदीशपुर | अनारक्षित | महिला |
| 12. | महाराजगंज | अनारक्षित | महिला |
| 13. | पीपराबगाही | अनारक्षित | महिला |
| 14. | कुटुम्बा | पिछड़ा वर्ग | महिला |
| 15. | बर्मा | अनुसूचित जाति | महिला |
| 16. | परता | अनारक्षित | अन्य |
| 17. | बलिया | अनारक्षित | अन्य |
| 18. | सन्डा | अनुसूचित जाति | अन्य |
| 19. | डुमरा | अनुसूचित जाति | महिला |
| | **प्रखंड– 4. ओबरा** | | |
| 1. | तेजपुरा | अनुसूचित जाति | महिला |
| 2. | डिहरा | अनुसूचित जाति | अन्य |
| 3. | कंचनपुर | अनारक्षित | अन्य |
| 4. | डिहरी | अनारक्षित | अन्य |
| 5. | उब | अनारक्षित | महिला |
| 6. | भरन्ब | अनुसूचित जाति | अन्य |
| 7. | चन्दा | अनारक्षित | अन्य |
| 8. | गैनी | अनारक्षित | महिला |
| 9. | खुदवाँ | पिछड़ा वर्ग | अन्य |
| 10. | मलवाँ | अनारक्षित | महिला |
| 11. | महुआँव | अनारक्षित | अन्य |
| 12. | रतनपुर | अनुसूचित जाति | महिला |
| 13. | बभनडीहा | अनारक्षित | अन्य |
| 14. | कारा | अनारक्षित | अन्य |
| 15. | अमिलौना | अनारक्षित | महिला |
| 16. | सरसौली | पिछड़ा वर्ग | महिला |
| 17. | ओबरा | पिछड़ा वर्ग | महिला |

| | | | |
|---|---|---|---|
| 18. | सोनहुली | अनारक्षित | महिला |
| 19. | करसॉव | अनारक्षित | महिला |
| 20. | बेल | पिछड़ा वर्ग | अन्य |
| | **प्रखंड – 5. बारूण** | | |
| 1. | पिपरा | अनुसूचित जाति | महिला |
| 2. | धनगाई | अनुसूचित जाति | महिला |
| 3. | गोशौली | अनारक्षित | महिला |
| 4. | कोचाढ़ | अनुसूचित जाति | अन्य |
| 5. | काजीचक | अनारक्षित | अन्य |
| 6. | पौथु | अनारक्षित | अन्य |
| 7. | भेपतपुर | पिछड़ा वर्ग | अन्य |
| 8. | टेंगरा | पिछड़ा वर्ग | अन्य |
| 9. | जनकोप | अनुसूचित जाति | अन्य |
| 10. | बर्डीखूर्द | अनारक्षित | अन्य |
| 11. | बारूण | पिछड़ा वर्ग | महिला |
| 12. | धमनी | अनारक्षित | महिला |
| 13. | मेह | अनारक्षित | अन्य |
| 14. | रिउर | अनारक्षित | महिला |
| 15. | कंचनपुर | अनारक्षित | महिला |
| 16. | खैरा | अनारक्षित | अन्य |
| 17. | दुधार | अनारक्षित | महिला |
| | **प्रखंड– 6. दाउदनगर** | | |
| 1. | शमशेरनगर | पिछड़ा वर्ग | महिला |
| 2. | अरई | अनारक्षित | अन्य |
| 3. | चौरी | अनारक्षित | महिला |
| 4. | कनाप | पिछड़ा वर्ग | अन्य |
| 5. | गोरडिहाँ | अनारक्षित | अन्य |
| 6. | संसा | पिछड़ा वर्ग | अन्य |
| 7. | महावर | अनारक्षित | अन्य |
| 8. | अकोढ़ा | अनारक्षित | अन्य |
| 9. | तरारी | अनारक्षित | महिला |
| 10. | अन्छा | अनुसूचित जाति | अन्य |
| 11. | बेलवॉ | अनुसूचित जाति | महिला |
| 12. | करमा | अनारक्षित | अन्य |
| 13. | तरार | अनारक्षित | महिला |
| 14. | मनार | अनारक्षित | महिला |
| 15. | सिन्दुआर | अनुसूचित जाति | अन्य |
| | **प्रखंड–7. गोह** | | |
| 1. | मीरपुर | अनारक्षित | महिला |
| 2. | मलहद | अनारक्षित | अन्य |
| 3. | बाजार वर्मा | पिछड़ा वर्ग | अन्य |
| 4. | अमारी | अनारक्षित | अन्य |
| 5. | फाग | अनारक्षित | महिला |
| 6. | देवहरा | अनुसूचित जाति | अन्य |

| | | | |
|---|---|---|---|
| 7. | तेयाप | अनारक्षित | महिला |
| 8. | चापुक | अनुसूचित जाति | महिला |
| 9. | गोह | पिछड़ा वर्ग | महिला |
| 10. | इसाम्पुर | अनारक्षित | महिला |
| 11. | उपहारा | अनुसूचित जाति | अन्य |
| 12. | हथियारा | अनारक्षित | अन्य |
| 13. | बनगरा | अनारक्षित | अन्य |
| 14. | दधपी | अनारक्षित | अन्य |
| 15. | डीहुरी | अनारक्षित | महिला |
| 16. | बेरुका | अनुसूचित | महिला |
| 17. | वर्मा खुर्द | अनारक्षित | अन्य |
| 18. | बक्सर | अनारक्षित | महिला |
| 19. | भिकटिया | पिछड़ा वर्ग | महिला |
| 20. | भुरकुण्डा | पिछड़ा वर्ग | अन्य |
| | **प्रखंड– 8. रफीगंज** | | |
| 1. | पौथु | पिछड़ा वर्ग | अन्य |
| 2. | इटार | पिछड़ा वर्ग | महिला |
| 3. | लट्टा | पिछड़ा वर्ग | महिला |
| 4. | बौर | पिछड़ा वर्ग | महिला |
| 5. | भेटनिया | अनारक्षित | अन्य |
| 6. | पोगर | अनारक्षित | महिला |
| 7. | कजपा | अनारक्षित | महिला |
| 8. | कोटवारा | अनारक्षित | महिला |
| 9. | भदवा | अनारक्षित | महिला |
| 10. | बलिगाँव | अनारक्षित | अन्य |
| 11. | भदुकीकला | अनुसूचित जाति | अन्य |
| 12. | दोसिला | अनारक्षित | अन्य |
| 13. | चरकावा | अनुसूचित जाति | महिला |
| 14. | केराप | अनारक्षित | महिला |
| 15. | सिहूली | अनारक्षित | महिला |
| 16. | चौबड़ा | अनारक्षित | महिला |
| 17. | गोरडीहा | अनारक्षित | अन्य |
| 18. | लोहरा | पिछड़ा वर्ग | अन्य |
| 19. | चेंव | अनुसूचित जाति | महिला |
| 20. | बलार | अनारक्षित | महिला |
| 21. | दुगुल | अनुसूचित जाति | अन्य |
| 22. | अरथुआ | अनुसूचित जाति | अन्य |
| 23. | बघैरा | अनारक्षित | अन्य |
| 1. | खैराबिन्द | अनुसूचित जाति | महिला |
| 2. | परसडीह | अनारक्षित | महिला |
| 3. | पडरांवा | अनुसूचित जाति | अन्य |
| 4. | कुरम्हा | अनारक्षित | महिला |
| 5. | ओरा | अनारक्षित | अन्य |

| | | | |
|---|---|---|---|
| 6. | इब्राहीमपुर | अनारक्षित | महिला |
| 7. | पोखराहा | अनारक्षित | अन्य |
| 8. | फेसर | अनुसूचित जाति | अन्य |
| 9. | खैरामिर्जा | अनारक्षित | अन्य |
| 10. | पोईबा | अनारक्षित | महिला |
| 11. | नवगढ़ | अनारक्षित | अन्य |
| 12. | मंझार | अनारक्षित | अन्य |
| 13. | KARMA BHAGWAN | पिछड़ा वर्ग | महिला |
| 14. | BELA | पिछड़ा वर्ग | अन्य |
| | **प्रखंड– 10. देव** | | |
| 1. | बनुआ | अनारक्षित | अन्य |
| 2. | दुलारे | अनुसूचित जाति | महिला |
| 3. | इसरौर | अनारक्षित | महिला |
| 4. | भवानीपुर | अनारक्षित | महिला |
| 5. | पवई | अनारक्षित | महिला |
| 6. | बरंगरायपुर | अनारक्षित | अन्य |
| 7. | बासडीह | अनारक्षित | महिला |
| 8. | बेढ़नी | अनुसूचित जाति | अन्य |
| 9. | बेढ़ना | अनुसूचित जाति | अन्य |
| 10. | एरौरा | अनुसूचित जाति | महिला |
| 11. | सरगावां | अनारक्षित | अन्य |
| 12. | प0 केटाकी | अनारक्षित | अन्य |
| 13. | खरकनी | पिछड़ा वर्ग | अन्य |
| 14. | देव पंचायत | पिछड़ा वर्ग | महिला |
| 15. | पूर्वी केताकी | अनुसूचित जाति | अन्य |
| 16. | हसौली | पिछड़ा वर्ग | अन्य |
| | **प्रखंड– 11. हसपुरा** | | |
| 1. | पीरू | अनारक्षित | महिला |
| 2. | पुरहारा | अनारक्षित | अन्य |
| 3. | अम्झरशरीफ | पिछड़ा वर्ग | अन्य |
| 4. | डिडिर | अनुसूचित जाति | अन्य |
| 5. | मलहारा | अनारक्षित | महिला |
| 6. | डुमरा | अनारक्षित | अन्य |
| 7. | ईटवॉ | अनारक्षित | अन्य |
| 8. | हसपुरा | पिछड़ा वर्ग | महिला |
| 9. | राल | अनुसूचित जाति | अन्य |
| 10. | सोनहथु | अनारक्षित | अन्य |
| 11. | अहियापुर | अनारक्षित | अन्य |
| 12. | जैतपुर | अनारक्षित | महिला |
| 13. | घुसरी | अनुसूचित जाति | महिला |
| 14. | कोईलवॉ | अनारक्षित | अन्य |

स्रोत: जिला पंचायती राज औरंगाबाद, बिहार, 2011.

**सारणी संख्या : 2.5**

**बिहार पंचायत चुनाव 2011**
**जिला औरंगाबाद, प्रखण्ड औरंगाबाद**
**ग्राम पंचायतों के निर्वाचित मुखिया**

| क्र. सं | मुखिया का नाम | आरक्षण मुखिया | वर्ग | लिंग | आयु | वैवाहिक स्थिति | शैक्षणिक योग्यता |
|---|---|---|---|---|---|---|---|
| 1. | अनिल पासवान | अनुसूचित जाति अन्य | अ.जा. | पुरूष | 29 वर्ष | विवाहित | मैट्रिक |
| 2. | पानपति देवी | अनुसूचित जाति महिला | अ.जा. | महिला | 30 वर्ष | विवाहित | साक्षर |
| 3. | माधुरी देवी | पिछड़ा वर्ग महिला | अत्यंत पिछड़ा वर्ग | महिला | 40 वर्ष | विवाहित | मैट्रिक |
| 4. | राजकुमारी देवी | अनारक्षित महिला | अन्य | महिला | 49 वर्ष | विवाहित | साक्षर |
| 5. | गीता देवी | अनारक्षित महिला | पिछड़ा वर्ग | महिला | 21 वर्ष | विवाहित | मैट्रिक |
| 6. | संजय प्रसाद | अनुसूचित जाति अन्य | अ.जा. | पुरूष | 34 वर्ष | विवाहित | आइ.एस.सी. |
| 7. | रामाधार यादव | अनारक्षित अन्य | पिछड़ा वर्ग | पुरूष | 45 वर्ष | विवाहित | साक्षर |
| 8. | उषा देवी | अनारक्षित महिला | अन्य | महिला | 48 वर्ष | विवाहित | सप्तम वर्ग |
| 9. | अलाउदीन खां | अनारक्षित अन्य | अन्य | पुरूष | 28 वर्ष | विवाहित | ननमैट्रिक |
| 10. | धमेन्द्र सिंह | अनारक्षित अन्य | अन्य | पुरूष | 36 वर्ष | विवाहित | स्नातक |
| 11. | रामाधार चन्द्रवंशी | पिछड़ा वर्ग अन्य | अत्यंत पिछड़ा वर्ग | पुरूष | 39 वर्ष | विवाहित | नवम उत्तीर्ण |
| 12. | विद्या देवी | अनारक्षित महिला | अन्य | महिला | 43 वर्ष | विवाहित | साक्षर |
| 13. | अनिल कुमार | अनुसूचित पुरूष | पिछड़ा वर्ग | पुरूष | 28 वर्ष | विवाहित | स्नातक |
| 14. | अमरेन्द्र कुमार सिंह | अनारक्षित | अन्य | पुरूष | 38 वर्ष | विवाहित | मैट्रीक |

(स्रोत : जिला पंचायती राज, औरंगाबाद, बिहार, 2011)

**सारणी संख्या : 2.6**

**औरंगाबाद, बिहार (जनसंख्या 2011)**

| क्र.सं | विवरण | 2011 | 2001 |
|---|---|---|---|
| 1. | जनसंख्या | 2511243 | 2013055 |
| 2. | पुरूष | 1310867 | 1040945 |
| 3. | महिला | 1200376 | 972110 |
| 4. | जनसंख्या वृद्धि | 24.75% | 30□19% |
| 5. | क्षेत्रफल "वर्ग कि0मी0" | 3305 | 3305 |
| 6. | घनत्व "प्रति वर्ग कि.मी." | 760 | 609 |
| 7. | लिंगानुपात "प्रति 1000" | 916 | 934 |
| 8. | औसत शिक्षा | 72.77% | 57.03% |
| 9. | पुरूष | 82.52% | 71.13% |
| 10. | महिला | 62.05% | 41.90% |

(स्रोत : जनगणना 2011, भारत)

**सारणी संख्या : 2.7**

**ग्रामीण–नगरीय जनसंख्या, औरंगाबाद (बिहार)**

| विवरण | ग्रामीण | नगरीय |
|---|---|---|
| जनसंख्या (प्रतिशत में) | 90.62% | 9.38% |
| कुल जनसंख्या | 2275761 | 235482 |
| लिंगानुपात | 917 | 902 |
| शिक्षा | 1347478 | 161118 |

(स्रोत : जनगणना 2011, भारत)

**सारणी संख्या : 2.8**

**बिहार (जनसंख्या 2011)**

| क्र.सं | विवरण | 2011 | 2001 |
|---|---|---|---|
| 1. | जनसंख्या | 103804637 | 82998509 |
| 2. | पुरूष | 54185347 | 43243795 |
| 3. | महिला | 49619290 | 49754714 |
| 4. | जनसंख्या वृद्धि | 25.07% | 28.43% |
| 5. | क्षेत्रफल "वर्ग कि0मी0" | 94163 | 94163 |
| 6. | घनत्व "प्रति वर्ग कि0मी0" | 1102 | 881 |
| 7. | लिंगानुपात "प्रति 1000" | 916 | 921 |
| 8. | औसत शिक्षा | 63.82% | 47.00% |
| 9. | पुरूष | 73.39% | 59.68% |
| 10. | महिला | 53.33% | 33.12% |

(स्रोत : जनगणना 2011, भारत)

**सारणी संख्या : 2.9**

**ग्रामीण-नगरीय जनसंख्या, बिहार**

| विवरण | ग्रामीण | नगरीय |
|---|---|---|
| जनसंख्या (प्रतिशत में) | 88.70% | 11.30% |
| कुल जनसंख्या | 92075028 | 11729609 |
| लिंगानुपात | 919 | 891 |
| शिक्षा | 61.83% | 78.75% |
| जनसंख्या वृद्धि | 23.90% | 35.11% |

(स्रोत : जनगणना 2011, भारत)

**सारणी संख्या : 2.10**

**प्रशासनिक इकाई बिहार**

| क्र. सं. | विवरण | संख्या |
|---|---|---|
| 1 | प्रमंडल | 9 |
| 2 | जिला | 38 |
| 3 | अनुमंडल | 101 |
| 4 | प्रखण्ड | 534 |
| 5 | पंचायत | 8471 |
| 6 | राजस्व ग्राम | 45103 |

(स्रोत : जनगणना 2011, भारत)

**सारणी संख्या : 2.11**

**भारत (जनसंख्या 2011)**

| क्र. सं. | विवरण | 2011 |
|---|---|---|
| 1 | जनसंख्या | 1210193422 |
| 2 | पुरुष | 623724248 |
| 3 | महिला | 586469174 |
| 4 | घनत्व "वर्ग कि.मी." | 382 |
| 5 | लिंगानुपात "प्रति 1000" | 940 |
| 6 | शिक्षा | 778454120 |
| 7 | पुरुष | 444203782 |
| 8 | महिला | 334250358 |
| 9 | औसत शिक्षा | 74.64% |
| 10 | पुरुष | 82.14% |
| 11 | महिला | 65.4% |

(स्रोत : जनगणना 2011, भारत)

## संदर्भ ग्रंथ


1. कोठारी सी.आर., रिसर्च मैथोडोलाजी, विश्व प्रकाशन, नई दिल्ली, 1995, पृ. 205-214.
2. कुरूक्षेत्र, फरवरी 2012, नई दिल्ली, पृ. 9.
3. मोहनदास करमचंद गांधी, मेरे सपनों का भारत, पृ. 20.
4. भारत का संविधान, सेन्ट्रल लॉ पब्लिकेशन, इनवर्सल बुक ट्रेडर्स, नई दिल्ली, पृ. 184-186.
5. *वही*, पृ. 190-193.
6. कुरूक्षेत्र, अगस्त 2009, नई दिल्ली, पृ. 2.
7. पंचायती राज अपडेट, फरवरी 2011, नई दिल्ली, पृ. 8.
8. अग्रवाल, जी.के., सामाजिक शोध, साहित्य भवन प्रकाशन, आगरा, 1989, पृ. 34.
9. Uwe Flick, "An Introduction to Qualitative Research, Sage Publication, New Delhi, 2009.
10. मो. अफाक अहमद एवं सर्फउद्दीन मो. नैय्यर कादरी के आलेख से।
11. एंटिक्वेरियन रिमेन्स इन बिहार, जिला गजेटियर गया।
12. एंटिक्वेरियन रिमेन्स इन बिहार, जिला गजेटियर गया, बेगलर सी.ए.एस.आई.
13. एंटिक्वेरियन रिमेन्स इन बिहार, जिला गजेटियर, गया।
14. जर्नल ऑफ फ्रांसिस बुकानन, ग्रियर्सन नोट्स,डाल्टन जे.ए.एस.बी.,बंगाल लिस्ट।
15. जर्नल ऑफ डॉ. फ्रांसिस बुकानन।
16. बेगलर सी.ए.एस. आई. VIII, बंगाल लिस्ट, जिला गजेटियर गया।
17. मेजर किट्टो जे.ए.एस.बी. 1847, हंटर स्टैटिकल एकाउंट, बंगाल, लिस्ट, एंटिक्वेरियन रिमेन्स इन बिहार।

# 3 सामान्य उत्तरदाताओं की पृष्ठभूमि

अध्ययन में सम्मिलित उत्तरदाताओं की सामाजिक-आर्थिक पृष्ठभूमि की भूमिका अत्यंत महत्वपूर्ण होती है। सामाजिक एवम् आर्थिक पृष्ठभूमि न केवल अनुसंधान का पार्श्वचित्र बनती है, अपितु इसके विभिन्न चर अनुसंधान के कई आयामों को सामाजिक यथार्थ के संदर्भ में विश्लेषित करने एवं स्पष्टता प्रदान करने में सहायक होती हैं। व्यक्ति की आयु, जाति, धर्म, शिक्षा, वैवाहिक स्थिति, आय, इत्यादि कारक न केवल समाज में उसे प्रस्थिति प्रदान करते हैं बल्कि उसकी चिन्तन प्रक्रिया, दृष्टिकोण एवं विभिन्न सामाजिक संस्थाओं, समितियों व समूहों से उसकी अन्तःक्रिया को भी प्रभावित करते हैं। दुर्खीम (1954),[1] सोरोकिन (1927),[2] एण्डरसन (1961)[3] जैसे अनेक समाजशास्त्रियों के अध्ययन यह दर्शाते हैं कि व्यक्ति किसी सामाजिक प्रस्थिति में कैसा निर्णय लेता है, यह उसकी सामाजिक प्रस्थिति व उसके सामाजिक पद पर निर्भर करता है।

समाजशास्त्रीय अध्ययन में, सामाजिक-आर्थिक कारकों के महत्व को स्वीकार करते हुए प्रस्तुत अध्याय में उत्तरदाताओं की आयु, जाति, धर्म, शिक्षा, व्यवसाय, आय, पारिवारिक स्वरूप, इत्यादि का विश्लेषण किया जा रहा है।

## आयु

आयु व्यक्ति की वह जैविकीय विशेषता है जिसके आधार पर व्यक्ति को शारीरिक और बौद्धिक विकास के विभिन्न स्तरों में विभाजित किया जाता है। सामाजिक दृष्टि से आयु न केवल व्यक्ति की परिपक्वता, अनुभव और ज्ञान के स्तर को प्रतिबिम्बित करती है, बल्कि इसके द्वारा सामाजिक परिवेश में निश्चित सामाजिक प्रस्थिति और भूमिका प्राप्त होती है। जैविकीय दृष्टि से आयु व्यक्ति के शारीरिक विकास एवं परिपक्वता की प्रक्रिया के अंतर्गत आयु-वृद्धि के साथ ही साथ व्यक्ति को जो नवीन ज्ञान एवम् अनुभव प्राप्त होता है, उससे व्यक्ति का व्यवहार, निर्णय एवम् अभिवृत्तियां प्रभावित होता हैं। बेन्डिक्स (1939)[4] एवं बोसान्ड (1953)[5] ने समाजशास्त्रीय अध्ययनों में आयु के परिवर्त्य को अत्यंत महत्वपूर्ण माना है।

अनुभव की परिपक्वता व्यक्ति की सोच एवं मत को सारगर्भित बनाने का प्रयास करती है। इसी कारण प्रस्तुत शोध में ग्रामीण नेताओं को आयुगत आधार पर वर्गीकृत किया गया है। प्रस्तुत अध्ययन में ग्रामीण नेताओ से उनकी आयुगत स्थिति के विषय में जानकारी प्राप्त की गयी। प्राप्त जानकारी को निम्न सारणी में दर्शाया गया है:

**सारणी संख्या 3.1**

**उत्तरदाताओं की आयु**

| आयु (वर्षो में) | आवृत्ति | प्रतिशत |
|---|---|---|
| 18 – 30 वर्ष | 40 | 16.00 |
| 31 – 40 वर्ष | 125 | 50.00 |
| 41 – 50 वर्ष | 60 | 24.00 |
| 51 – 60 वर्ष | 15 | 6.00 |
| 61 वर्ष से अधिक | 10 | 4.00 |
| योग | 250 | 100.00 |

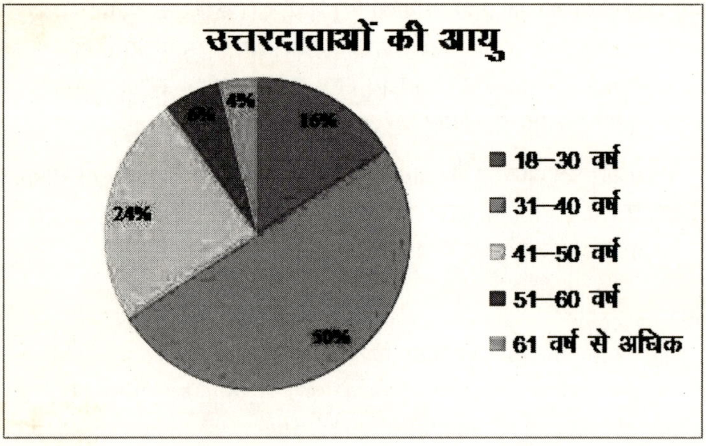


सारणी के अवलोकन से स्पष्ट है कि अध्ययन में सम्मिलित 16.00 प्रतिशत ग्रामीण नेताओं की आयु 18–30 वर्ष, 50.00 प्रतिशत ग्रामीण नेताओं की आयु 31–40 वर्ष, 24.00 प्रतिशत ग्रामीण नेताओं की आयु 41–50 वर्ष, 6.00 प्रतिशत ग्रामीण नेताओं की आयु 51–60 वर्ष जबकि 4.00 प्रतिशत ग्रामीण नेताओं की आयु 61 वर्ष से अधिक की है।

अतः स्पष्ट है कि अध्ययन में सम्मिलित अधिकांश 50.00 प्रतिशत ग्रामीण नेताओं की आयु 31-40 वर्ष की है।

## जाति

भारतीय समाज की एक प्रमुख विशेषता जातिगत संस्तरण है। जाति की अपनी निर्धारित सामाजिक-आर्थिक योग्यतायें एवं निर्योग्यतायें हैं। यद्यपि समकालीन भारतीय समाज में जाति की अनेक महत्वपूर्ण व्यवस्थायें शिथिल पड़ती जा रही हैं तथापि जाति व्यवस्था आधुनिक भारतीय समाज का आज भी एक महत्वपूर्ण तथ्य है। साामाजिक परिवर्तन एवम् आधुनिकीकरण के उपरान्त भी शायद ही कोई ऐसा आर्थिक, राजनीतिक, प्रशासनिक और शैक्षिक संगठन हो, जहाँ जाति की कोई भूमिका न होती हो। भारत में सामाजिक व्यवहारों के अन्तर्गत जातीय पृष्ठभूमि एक निर्णायक भूमिका प्रतिपादित करती है। प्रस्तुत अध्ययन में ग्रामीण नेताओं से उनकी जाति के विषय में जानकारी प्राप्त की गयी। प्राप्त जानकारी को निम्न सारणी में दर्शाया गया है:

**सारणी संख्या -3.2**

**उत्तरदाताओं की जाति**

| जाति | आवृत्ति | प्रतिशत |
|---|---|---|
| उच्च | 60 | 24.00 |
| मध्यम | 90 | 36.00 |
| निम्न | 100 | 40.00 |
| योग | 250 | 100.00 |

सारणी के अवलोकन से स्पष्ट है कि अध्ययन में सम्मिलित 24.00 प्रतिशत ग्रामीण नेताओं की जाति उच्च है। 36.00 प्रतिशत ग्रामीण नेताओं की जाति मध्यम है जबकि 40.00 प्रतिशत ग्रामीण नेताओं की जाति निम्न है।

अतः स्पष्ट है कि अध्ययन में सम्मिलित अधिकांश 40.00 प्रतिशत ग्रामीण नेताओं की जाति निम्न है।

## वैवाहिक स्थिति

विवाह एक धार्मिक संस्कार है। विवाह के द्वारा व्यक्ति गृहस्थाश्रम में प्रवेश करता है एवम् अपने धर्म, अर्थ, काम के साथ अन्य सामाजिक दायित्वों की पूर्ति करता है। अतः विवाह की आयु यह स्पष्ट करती है कि व्यक्ति में कितनी परिपक्वता आयी है, जिससे वह अपने इन सभी दायित्वों की पूर्ति भली-भाँति कर सकता है।

हिन्दू समाज में प्रत्येक व्यक्ति से यह अपेक्षा की गई है कि वह अपने समस्त कर्त्तव्यों को पूर्ण करे और इसके लिए उसे पत्नी का सहयोग लेना आवश्यक है। अतः एक हिन्दू व्यक्ति के लिए विवाह एक आवश्यक संस्कार एवं कर्त्तव्य माना गया है।[6] 'प्रस्तुत अध्ययन में ग्रामीण नेताओं से उनकी वैवाहिक स्थिति के विषय में जानकारी प्राप्त की गयी। प्राप्त जानकारी को निम्न सारणी में दर्शाया गया है:

**सारणी संख्या 3.3**

**उत्तरदाताओं की वैवाहिक स्थिति**

| वैवाहिक स्थिति | आवृत्ति | प्रतिशत |
|---|---|---|
| अविवाहित | 00 | 00.00 |
| विवाहित | 230 | 92.00 |
| विधुर | 15 | 06.00 |
| विधवा | 5 | 04.00 |
| योग | 250 | 100.00 |

सारणी के अवलोकन से स्पष्ट है कि अध्ययन में सम्मिलित 92.00 प्रतिशत

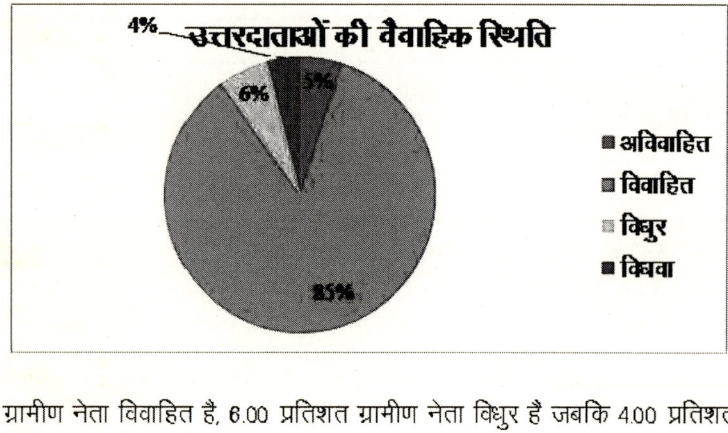


ग्रामीण नेता विवाहित है, 6.00 प्रतिशत ग्रामीण नेता विधुर है जबकि 4.00 प्रतिशत ग्रामीण नेता विधवा है।

अतः स्पष्ट है कि अध्ययन में सम्मिलित अधिकांश 92.00 प्रतिशत ग्रामीण नेता विवाहित हैं।

## शिक्षा

शिक्षा व्यक्ति को सामाजिक मूल्यों, परंपराओं एवं प्रस्थापित व्यवहार प्रतिमानों में युक्ति संगत मूल्यों के चयन के योग्य बनाती है। आधुनिक समाज में शिक्षा की भूमिका अत्यंत प्रभावी स्थिति में है। यह व्यक्ति के व्यवसाय चयन और उसके विकास की दशाओं का भी निर्धारण करती है। प्रत्येक समाज में औपचारिक शिक्षा की विशिष्ट पद्धतियाँ उस समाज के विकास की गति और दिशा सुनिश्चित करती हैं। सामान्यतः शिक्षा वैयक्तिक जीवन की एक अमूल्य निधि है जो व्यक्ति के सामाजिक, आर्थिक एवं राजनीतिक जीवन मूल्यों के चयन में सहयोग प्रदान करती हैं। अविकसित अर्थव्यवस्था में शिक्षा ही व्यक्ति की सामाजिक-आर्थिक प्रस्थिति में सुधार के साधन के रूप में कार्य करती है। यह प्रस्थिति सूचक होने के परिणामस्वरूप प्रत्येक व्यक्ति को उच्च शिक्षा के लिए अभिप्रेरित भी करती है। आधुनिक सामाजिक व्यवस्था में शिक्षा और व्यवसाय एक दूसरे से इस तरह अंतर्संबन्धित हो गये हैं कि शिक्षा को समाज के आर्थिक आधार के एक अंग के रूप में स्वीकार किया जाने लगा है। प्रस्तुत अध्ययन में ग्रामीण नेताओं से उनके शैक्षणिक स्तर के विषय में जानकारी प्राप्त की गयी। प्राप्त जानकारी को निम्न सारणी में दर्शाया गया है:

**सारणी संख्या -3.4**

**उत्तरदाताओं का शैक्षणिक स्तर**

| शैक्षणिक स्तर | आवृत्ति | प्रतिशत |
|---|---|---|
| नॉन मैट्रिक | 60 | 24.00 |
| मैट्रिक | 120 | 48.00 |
| इंटरमीडिएट | 50 | 20.00 |
| ग्रेजुएट | 15 | 6.00 |
| स्नातकोत्तर | 5 | 2.00 |
| योग | 250 | 100.00 |

सारणी के अवलोकन से स्पष्ट है कि अध्ययन में सम्मिलित 24.00 प्रतिशत ग्रामीण नेताओं का शैक्षणिक स्तर नॉन मैट्रिक, 48.00 प्रतिशत उत्तरदाताओं का शैक्षणिक स्तर मैट्रिक, 20.00 प्रतिशत उत्तरदाताओं का शैक्षणिक स्तर इंटरमीडिएट, 6.00 प्रतिशत उत्तरदाताओं का शैक्षणिक स्तर ग्रेजुएट जबकि 2.00 प्रतिशत उत्तरदाताओं का शैक्षणिक स्तर स्नातकोत्तर है।

अतः स्पष्ट है कि अध्ययन में सम्मिलित अधिकांश 48.00 प्रतिशत ग्रामीण नेताओं का शैक्षणिक स्तर मैट्रिक है।

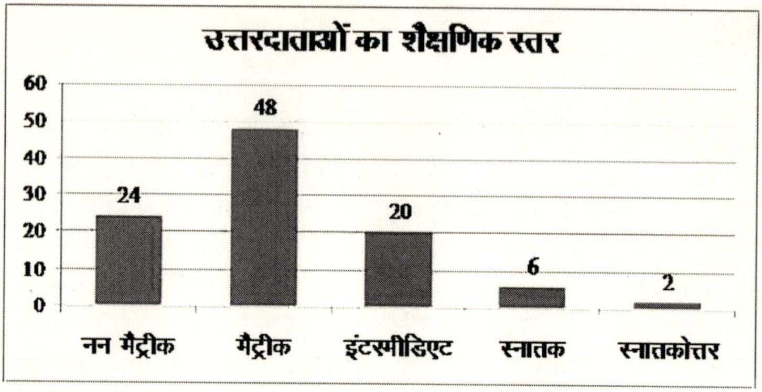


**व्यवसाय**

व्यवसाय व्यक्ति की सामाजिक स्थिति के निर्धारण का एक महत्वपूर्ण आधार रहा है। परम्परागत भारतीय समाज में जाति और व्यवसाय का घनिष्ठ संबंध रहा है तथा जाति की उच्चता एवं निम्नता के अनुरूप व्यवसायो का विभाजन पवित्र और अपवित्र श्रेणी में किया जाता है। आधुनिक भारतीय समाज में व्यवसायों की उच्चता एवं निम्नता का आधार परिवर्तित हो रहा है। आर्थिक लाभ व्यावसायिक उच्चता का प्रमुख आधार बन गया है। व्यवसाय में प्रवेश का आधार जाति एवं नातेदारी व्यवस्था न होकर व्यक्ति की शिक्षा, योग्यता एवं प्रशिक्षण हो गया है। व्यावसायिक जीवन मे होने वाले इन परिवर्तनों ने व्यक्ति की सामाजिक स्थिति निर्धारण के आधार को अर्जनात्मक आधार बना दिया है और प्राप्त सामाजिक स्थिति की महत्व को कम कर दिया है। व्यक्ति विशेष की व्यवसायिक प्रस्थिति उसके सामाजिक, आर्थिक प्रस्थिति के निर्धारण में महत्वपूर्ण भूमिका निभाती है। प्रस्तुत अध्ययन में ग्रामीण नेताओं से उनके व्यवसाय के विषय में जानकारी प्राप्त की गयी। प्राप्त जानकारी को निम्न सारणी में दर्शाया गया है:

**सारणी संख्या-3.5**

**उत्तरदाताओं का व्यवसाय**

| व्यवसाय | आवृत्ति | प्रतिशत |
|---|---|---|
| कृषि | 150 | 60.00 |
| व्यापार | 40 | 16.00 |
| मज़दूरी | 25 | 10.00 |
| नौकरी | 35 | 14.00 |
| अन्य | 00 | 00.00 |
| योग | 250 | 100.00 |

सारणी के अवलोकन से स्पष्ट है कि अध्ययन में सम्मिलित 60.00 प्रतिशत ग्रामीण नेताओं का व्यवसाय कृषि है। 16.00 प्रतिशत उत्तरदाताओं का व्यवसाय व्यापार है, 10.00 प्रतिशत उत्तरदाताओं का व्यवसाय मज़दूरी है जबकि 14.00 प्रतिशत उत्तरदाताओं का व्यवसाय नौकरी है।

अतः स्पष्ट है कि अध्ययन में सम्मिलित अधिकांश 60.00 प्रतिशत ग्रामीण नेताओं का व्यवसाय कृषि है।

## वार्षिक आय

आय व्यक्ति विशेष की सामाजिक, आर्थिक, प्रस्थिति के निर्धारण में महत्वपूर्ण भूमिका का निर्वाह करती है। आय के द्वारा व्यक्ति वस्तुओं और सेवाओं पर विशेष अधिकार एवं स्वामित्व प्राप्त करता है। आय की उच्चता एवं निम्नता के द्वारा न केवल व्यक्ति के सामर्थ्य की उच्चता एवं निम्नता का बोध होता है वरन् यह भी निध ारित होता है कि व्यक्ति किस प्रकार के जीवन-स्तर को प्राप्त करेगा तथा सुख-सुविधा की किन सामग्रियों को प्राप्त करेगा। आय का परिवर्त्य व्यक्ति की आर्थिक सफलता और सामाजिक प्रतिष्ठा दोनों का ही निर्धारण करता है। प्रस्तुत अध्ययन में ग्रामीण नेताओं से उनकी वार्षिक आय के विषय में जानकारी प्राप्त की गयी। प्राप्त जानकारी को निम्न सारणी में दर्शाया गया है:

**सारणी संख्या 3.6**

**उत्तरदाताओं की वार्षिक आय**

| वार्षिक आय (रूपये में) | आवृत्ति | प्रतिशत |
|---|---|---|
| 10,000 से कम | 20 | 08.00 |
| 10,001 से 20,000 तक | 25 | 10.00 |
| 20,001 से 30,000 तक | 55 | 22.00 |
| 30,001 से 40,000 तक | 110 | 44.00 |
| 40,001 से अधिक | 40 | 16.00 |
| योग | 250 | 100.00 |

सारणी के अवलोकन से स्पष्ट है कि अध्ययन में सम्मिलित 08.00 प्रतिशत ग्रामीण नेताओं की वार्षिक आय 10,000 रूपये से कम है। 10.00 प्रतिशत उत्तरदाताओं की वार्षिक आय 10,001 से 20,000 रूपये तक है। 22.00 प्रतिशत ग्रामीण नेताओं की वार्षिक आय 20,001 से 30,000 रूपये तक है। 44.00 प्रतिशत ग्रामीण नेताओं की वार्षिक आय 30,001 से 40,000 रूपये तक है जबकि 16.00 प्रतिशत उत्तरदाताओं की वार्षिक आय 40,001 रूपये से अधिक है।

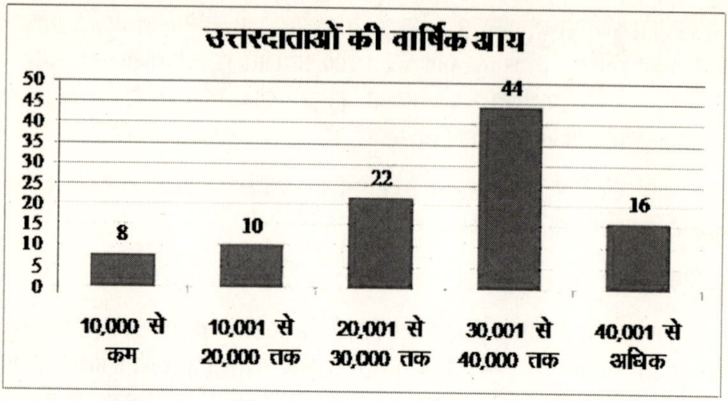


अतः स्पष्ट है कि अध्ययन में सम्मिलित अधिकांश 44.00 प्रतिशत ग्रामीण नेताओं की वार्षिक आय 30,001 से 40,000 रूपये तक है।

## भू-स्वामित्व

भू-स्वामित्व व्यक्ति की सामाजिक एवम् आर्थिक सम्पन्नता की द्योतक होती है। ग्रामीण भू-भागों में कृषि योग्य भूमि जिन परिवारों के पास जितनी अधिक मात्रा मे उपलब्ध होती है, उस परिवार को आर्थिक रूप से समृद्ध एवं प्रतिष्ठावान समझा जाता है। प्रस्तुत अध्ययन में ग्रामीण नेताओं से उनके भू-स्वामित्व के विषय में जानकारी प्राप्त की गयी। प्राप्त जानकारी को निम्न सारणी मे दर्शाया गया है:

**सारणी संख्या 3.7**

**उत्तरदाताओं के पास भू-स्वामित्व की पर्याप्तता**

| भू-स्वामित्व की पर्याप्तता | आवृत्ति | प्रतिशत |
|---|---|---|
| भूमिहीन | 60 | 24.00 |
| 0.5 एकड़ से कम | 55 | 22.00 |
| 0.6-2.5 एकड़ | 110 | 44.00 |
| 2.6-5.0 एकड़ | 25 | 10.00 |
| योग | 250 | 100.00 |

सारणी के अवलोकन से स्पष्ट है कि 24.00 प्रतिशत ग्रामीण नेता भूमिहीन हैं। 22.00 प्रतिशत उत्तरदाताओं के पास भू-स्वामित्व के नाम पर 0.5 एकड़ से कम भूमि है। 44.00 प्रतिशत ग्रामीण नेताओं के पास भू-स्वामित्व के नाम पर 0.6-2.5 एकड

भूमि है जबकि 10.00 प्रतिशत उत्तरदाताओं के पास भू-स्वामित्व के नाम पर 2.5–5.0 एकड़ भूमि है।

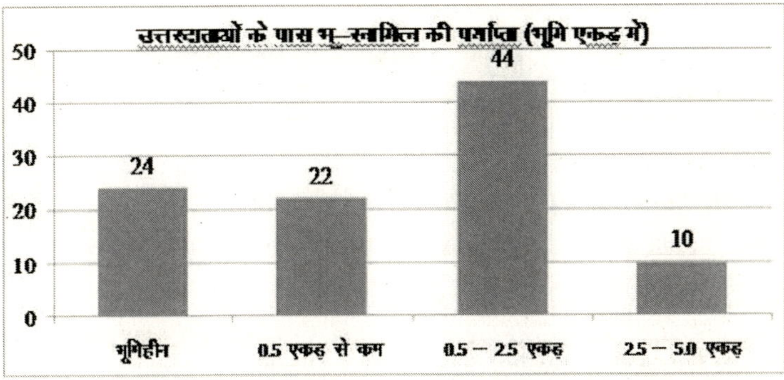


अतः स्पष्ट है कि अधिकांश 44.00 प्रतिशत उत्तरदाताओं के पास भू-स्वामित्व के नाम पर 0.6–2.5 एकड़ भूमि है।

## परिवार का स्वरूप

भारतीय सामाजिक व्यवस्था के अन्तर्गत संयुक्त परिवार प्रणाली हिन्दू समाज का आधारभूत संगठन है। परिवार समाज की केन्द्रीय संस्था है तथा संस्कृति की निरंतरता को प्रवाह प्रदान करता है। सामाजिक व्यवस्था के अन्तर्गत पुनरूत्पादन की प्रक्रिया एवं व्यक्ति के स्वस्थ समाजीकरण के विकास में अपना रचनात्मक सहयोग प्रदान करने का प्रयास करता है। परिवार के द्वारा ही समाज की अविरलता एवं निरन्तरता सम्भव है।[7] परिवार के माध्यम से व्यक्ति की कुछ ऐसी आवश्यकताओं की पूर्ति होती है जो अन्य किसी समूह अथवा संगठन के माध्यम से नहीं हो सकती। यद्यपि भिन्न समाजों में परिवार की स्थापना का उद्देश्य लगभग एक ही है तथापि, संगठन एवं प्रकार की दृष्टि से परिवार के प्रारुपों में भिन्नता पाई जाती है। विभिन्न समाजों की प्राकृतिक दशाएँ, जनसंख्या तथा संस्कृति परिवार पर अपने प्रभावों को डालते हुए इसके स्वरूप का निर्धारण करती है। परिवार के प्रकृति का प्रभाव व्यक्ति के व्यवहार एवं अभिवृत्तात्मक उन्मेष पर पड़ता है। परिवार का प्रकार तथा आकार व्यक्ति की आर्थिक तथा सामाजिक स्थिति को प्रभावित करता है। परिवार में अभियोजन का स्वरूप, मात्रा तथा परिवार का संवेगात्मक परिवेश स्वास्थ्य एवं समाज के प्रति व्यक्ति के दृष्टिकोण को प्रभावित करता है। प्रस्तुत अध्ययन में ग्रामीण नेताओं से उनके परिवार के स्वरूप के विषय में जानकारी प्राप्त की गयी। प्राप्त जानकारी को निम्न सारणी में दर्शाया गया है:

**सारणी संख्या 3.8**

**उत्तरदाताओं के परिवार का स्वरूप**

| परिवार का स्वरूप | आवृत्ति | प्रतिशत |
|---|---|---|
| संयुक्त | 200 | 80.00 |
| एकाकी | 50 | 20.00 |
| योग | 250 | 100.00 |

सारणी के अवलोकन से स्पष्ट है कि अध्ययन में सम्मिलित 80.00 प्रतिशत ग्रामीण नेताओं के परिवार का स्वरूप संयुक्त है जबकि 20.00 प्रतिशत ग्रामीण नेताओं का एकाकी परिवार है।

अतः स्पष्ट है कि अध्ययन में सम्मिलित अधिकांश 80.00 प्रतिशत ग्रामीण नेताओं के परिवार का स्वरूप संयुक्त है।

## परिवार के सदस्यों की संख्या

परिवार के सदस्य अपने परिवार को सुदृढ़ बनाने एवं परिवार की विभिन्न आवश्यकताओं को पूरा करने में सार्थक भूमिका का प्रतिपादन करते हैं तथा परिवार को समृद्ध बनाने एवं परिवार की सामाजिक-आर्थिक स्थिति को ऊपर उठाने में अपना रचनात्मक सहयोग प्रदान करते रहते हैं किन्तु परिवार के सदस्यों की संख्या अधिक होने पर इसका कभी-कभी परिवार पर प्रतिकूल प्रभाव भी दिखलाई देने लगता है। इसलिए यह आवश्यक है कि परिवार के सदस्यों की संख्या आदर्श हो और वे सक्षम एवं कुशल एवं गतिशील हो। प्रस्तुत अध्ययन में ग्रामीण नेताओं से उनके परिवार में सदस्यों की संख्या के विषय में जानकारी प्राप्त की गयी। प्राप्त जानकारी को निम्न सारणी में दर्शाया गया है:

**सारणी संख्या -3.9**

**उत्तरदाताओं के परिवार में सदस्य संख्या**

| सदस्य संख्या | आवृत्ति | प्रतिशत |
|---|---|---|
| 1-3 सदस्य | 25 | 10.00 |
| 4-6 सदस्य | 90 | 36.00 |
| 7-9 सदस्य | 125 | 50.00 |
| 10 से अधिक | 10 | 04.00 |
| योग | 250 | 100.00 |

सारणी के अवलोकन से स्पष्ट है कि अध्ययन में सम्मिलित 10.00 प्रतिशत ग्रामीण नेताओं के परिवार में 1–3 सदस्य हैं। 36.00 प्रतिशत ग्रामीण नेताओं के परिवार में 4–6 सदस्य हैं। 50.00 प्रतिशत ग्रामीण नेताओं के परिवार में 7–9 सदस्य हैं जबकि 04.00 प्रतिशत ग्रामीण नेताओं के परिवार में सदस्य 10 से अधिक हैं।

अतः स्पष्ट है कि अध्ययन में सम्मिलित अधिकांश 50.00 प्रतिशत ग्रामीण नेताओं के परिवार में 7–9 सदस्य हैं।

**मकान का स्वरूप**

परिवार की सामाजिक–आर्थिक स्थिति का एक महत्वपूर्ण सूचांक मकान का स्वरूप है तथा समाज में मकान व्यक्ति को आश्रय एवं प्राकृतिक आपदाओं संबंधी आवश्यकताओं की पूर्ति ही नहीं करता है बल्कि उसकी सामाजिक एवं मनोवैज्ञानिक तथा आर्थिक एवं प्रतिष्ठात्मक आवश्यकताओं की पूर्ति भी करता है। प्रस्तुत अध्ययन में ग्रामीण नेताओं से मकान के स्वरूप के विषय में जानकारी प्राप्त की गयी। प्राप्त जानकारी को निम्न सारणी में दर्शाया गया है:

**सारणी संख्या 3.10**
**उत्तरदाताओं के मकान का स्वरूप**

| मकान का स्वरूप | आवृत्ति | प्रतिशत |
|---|---|---|
| कच्चा | 40 | 16.00 |
| पक्का | 140 | 56.00 |
| मिश्रित | 70 | 28.00 |
| योग | 250 | 100.00 |

सारणी के अवलोकन से स्पष्ट है कि अध्ययन में सम्मिलित 16.00 प्रतिशत ग्रामीण नेताओं के मकान का स्वरूप कच्चा है। 56.00 प्रतिशत ग्रामीण नेताओं के मकान का स्वरूप पक्का है, जबकि 28.00 प्रतिशत ग्रामीण नेताओं के मकान का स्वरूप मिश्रित (कच्चा+पक्का) है।

अतः स्पष्ट है कि अध्ययन में सम्मिलित अधिकांश 56.00 प्रतिशत ग्रामीण नेताओं के मकान का स्वरूप पक्का है।

## सारांश

अध्ययन से प्राप्त तथ्यों के आधार पर यह निष्कर्ष निकलता है कि अध्ययन क्षेत्र में सर्वाधिक (50 प्रतिशत) उत्तरदाता 31–40 वर्ष की आयु वर्ग से प्राप्त हुए, एवं

61 वर्ष से अधिक के उत्तरदाताओं का प्रतिशत अल्पसंख्यक मात्रा में पाया गया। जातिगत संरचना के संदर्भ में अधिकांश उत्तरदाता (40 प्रतिशत) निम्न जातियों से संबंधित थे तथा उच्च जातियों के उत्तरदाताओं का प्रतिशत न्यूनतम पाया गया। उत्तरदाताओं के वैवाहिक सन्दर्भ में उनकी वैवाहिक स्थिति का प्रतिशत सर्वाधिक पाया गया, एवंम् अविवाहित श्रेणी का उत्तरदाता अध्ययन क्षेत्र में नहीं पाया गया, उत्तरदाताओं की शैक्षणिक प्रस्थिति के संदर्भ में बहुसंख्यक उत्तरदाता मैट्रिक स्तर की शिक्षा प्राप्त किए हुए थे, एवम् स्नातकोत्तर की शिक्षा का प्रतिशत न्यूनतम (दो प्रतिशत) पाया गया। ग्रामीण पृष्ठभूमि से उत्तरदाताओं का सरोकार होने की वजह से अधिकांश उत्तरदाताओं का व्यवसाय कृषि (60 प्रतिशत) पाया गया, तथा अध्ययन क्षेत्र में सबसे कम उत्तरदाता मज़दूरी (10 प्रतिशत) करते हुए पाये गए। उत्तरदाताओं की वार्षिक आय के संदर्भ में जो निष्कर्ष प्राप्त हुए, उनके आधार पर यह ज्ञात होता है कि बहुसंख्यक उत्तरदाताओं की वार्षिक आय 30,001 से लेकर 40,000 के मध्य पायी गयी एवं वार्षिक आय के संदर्भ में न्यूनतम वार्षिक आय 10,000 से कम (आठ प्रतिशत) उत्तरदाता पाए गए। भू-स्वामित्व, व्यक्ति की सामाजिक-आर्थिक सम्पन्नता का द्योतक होता है। अध्ययन से प्राप्त निष्कर्षो के आधार पर यह ज्ञात होता है कि 0.6 से 2.5 एकड़ तक के भू-स्वामी उत्तरदाताओं का प्रतिशत बहुसंख्यक था, तथा 10 प्रतिशत उत्तरदाता ऐसे थे जिनके पास 2.6 एकड़ से अधिक भूमि उपलब्ध थी। उत्तरदाताओं के परिवार के स्वरूप के सन्दर्भ में यह तथ्य प्राप्त हुआ है कि अधिकांश उत्तरदाता संयुक्त परिवार में रहते थे। उत्तरदाताओं के मकान के स्वरूप से संबंधित जो तथ्य ज्ञात होते हैं, उनसे यह परिलक्षित होता है कि बहुसंख्यक मात्रा में उत्तरदाताओं के पास पक्का मकान था तथा कुछ ग्रामीण नेताओं के मकान का स्वरूप कच्चा भी पाया गया।

इन सभी प्राप्त तथ्यों के आधार पर यह ज्ञात होता है कि नेतृत्व के प्रतिमान में पारिवारिक प्रस्थिति, जातिगत संरचना, आर्थिक सम्पन्नता, संयुक्त पारिवारिक शिक्षा, कृषि इत्यादि ने नेतृत्व अभिक्षमता पर अपना प्रभाव छोड़ा है।

## संदर्भ ग्रंथ

1. Durkheim, E. : The Elementary Forms of Religious Life, Allen and Unwin, London, 1957

2. Sorokin, P.A. : Social and Cultural Mobility, The Free Press, Glencoe, 1927.

3. Anderson, C.A. : A Special Note on the Relation of Vertical Mobility to Education, American Jr. of Sociology, Vol. LXVI. 1961.

4. बेनडिक्स, आर.: कम्यूनिटीज एण्ड डिसकन्टीन्यूटीज इन कल्चरल कन्डीशनिंग, 1939.

5. बोसाण्ड, जे.एच: पेरेन्ट एण्ड चाइल्ड, यूनिवर्सिटी ऑफ पेन्सीलवनिया प्रेस, पेन्सीलवनिया, 1953.

6. Kapadia, K.M. : Marriage and Family in India, Oxford University Press, Bombay, p. 168.

7. Lundberg, G.S.: Sociology, Longmans Green and Co., New York, 1951, p. 197.

# 4 ग्रामीण नेतृत्व का वर्गीकरण एवं शक्ति संरचना की पहचान

ग्रामीण नेतृत्व को समाजशास्त्रीय दृष्टि से देखने की प्रथम विधि यह है कि उसे शक्ति संरचना के रूप में देखा जाए। दूसरी विधि यह है कि उसे संस्थाओं की क्रियाशीलता के आधार पर देखा जाए, तीसरी विधि सरकारी नियोजन एवं सामुदायिक विकास के कार्यक्रमों के परिणाम के रूप में देखने की है। इस अध्याय में ग्रामीण नेतृत्व को शक्ति संरचना के रूप में देखने का प्रयास किया गया है। सामाजिक संगठन में शक्ति का परिचालन समुदाय के नेताओं की भूमिका के माध्यम से होता है। मैकाइबर (1964) के अनुसार शक्ति वह धुरी है जिस पर समाज के सम्पूर्ण अंग व्यवस्थित रूप से कार्य करते हैं। यदि शक्ति संरचना व्यवस्थित रूप से कार्य न करे तो सम्पूर्ण सामाजिक संगठन बालू की भाँति अस्थिर हो जायेगा। उनमें न कोई दिशा होगी न सुनिश्चितता। शक्ति के द्वारा सामाजिक व्यवस्था का निर्माण और निर्देशन होता है। अतः सामाजिक व्यवस्था को स्थिरता प्रदान करने में शक्ति की भूमिका महत्वपूर्ण होती है।

प्रत्येक संगठन के कुछ निश्चित उद्देश्य होते हैं। उन उद्देश्यों को प्राप्त करने के लिए कुछ नियम पालन करने की कुछ निश्चित विधियां होती हैं जिन पर चलकर संगठन के उद्देश्यों को प्राप्त किया जाता है। सामाजिक नियन्त्रण जो समाज को एक निर्दिष्ट दिशा की ओर ले जाने वाला आवश्यक कारक है, पूर्णतः शक्ति के ऊपर अवलम्बित है। सामाजिक नियन्त्रण के द्वारा ही हर व्यक्ति को समाज के स्वीकृत कार्यो को करने के लिए बाध्य किया जाता है। समाज को नयी दिशा प्रदान करने के लिए शक्ति का प्रयोग आवश्यक है। संगठन की एक नेतृत्व संरचना होती है, जो संगठन को निश्चित लक्ष्यों की ओर निश्चित साधनों द्वारा ले चलती है। सामाजिक शक्ति का परिचालन इसी के हाथ में होता है। मैक्स बेवर ने तीन प्रकार के सत्ता बताये हैं- परंपरागत सत्ता, कानूनी सत्ता की करिश्मायुक्त सत्ता। भारतीय ग्रामीण नेता हाल तक परंपरागत सत्ता सम्पन्न थे किन्तु अब चयन द्वारा पिछड़े वर्गों के लोग भी नेतृत्व में पदार्पण करने लगे हैं। अतः निश्चय ही शक्ति वह अदृश्य क्षमता है जो संगठनों एवं समूहों को आकार एवं व्यवस्था प्रदान करती है।

ग्रामीण शक्ति संरचना से संबंधित प्रमुख मुद्दा ग्रामीण नेतृत्व से संबंधित विभिन्न प्रतिमानों का अन्वेषण एवं पहचान करना है। औरंगाबाद जिले के ग्राम पंचायतों पर अध्ययन के पश्चात् ग्रामीण नेतृत्व से संबंधित विभिन्न प्रतिमान उभरकर अध्ययन के दौरान सामने आए हैं। नेतृत्व प्रतिमानों को चिन्हित करने हेतु विभिन्न उपागमों का सहारा लिया गया।

भारत एवं भारत से बाह्य स्थानों पर सामुदायिक नेतृत्व को चिह्नित करने हेतु विभिन्न अध्ययन किए गये। इन अध्ययनों के दौरान प्रमुख रूप से तीन उपागमों का प्रयोग सामुदायिक नेतृत्व के दौरान किया गया। (क) पदमूलक उपागम, (ख) प्रतिष्ठाप्राप्त उपागम, (ग) निर्णयवादी उपागम।[1] इन सभी उपागमों का वृहत् पैमानों पर प्रयोग शोधकर्ताओं द्वारा भारत एवं भारत से बाहर किया गया, जिसके अन्तर्गत कुछ कमियां एवम् अनुपयुक्तता परिलक्षित हुई, लेकिन फिर भी इन उपागमों का प्रयोग समय व स्थान सापेक्ष बराबर होता रहा। पश्चिमी समाजों में एल.सी. फ्रीमैन, आर. प्रीथस, डब्ल्यू जे. ब्लूमवर्ग, एम. सनसाइन ने तीनों उपागमों का प्रयोग किया, जबकि एल.बी. ब्लैकनशीप, आई. ब्लैकनेप, जे. एच. स्टैनली एवं डी.सी. मिलर ने दो उपागमों का प्रयोग किया है।[2]

शक्ति संरचना की पहचान एवं नेताओं के वर्गीकरण हेतु उपर्युक्त तीनों उपागमों का प्रयोग करके उनका तुलनात्मक विश्लेषण किया गया है, तथा समन्वयवादी उपागम के आधार पर शक्ति संरचना की व्याख्या आधुनिक सन्दर्भ में की गई है, जिसमें उत्तरदाताओं द्वारा दिये गये विभिन्न प्रश्नों का उत्तर मिलने के पश्चात् उसका विश्लेषण नेतृत्व के मानकों के आधार पर किया गया, जिससे शक्ति संरचना की पहचान एवं नेताओं का वर्गीकरण उभरकर सामने आया। शक्ति संरचना एवं नेतृत्व वर्गीकरण से संबंधित उपागम इस प्रकार से है:

**(1) पदमूलक उपागमः** सामुदायिक नेतृत्व एवं शक्ति संरचना को चिह्नित करने का यह सबसे प्राचीन उपागम है। इस उपागम की प्रमुख मान्यता यह है कि जिन व्यक्तियों के पास सत्ता का पद होता है, वे ही सभी प्रकार के निर्णय वास्तविक स्तर पर लेते हैं तथा जिनके पास सत्ता से संबंधित कोई पद नहीं होता है, वे किसी प्रकार का निर्णय नहीं लेते।[3] विभिन्न विद्वानों द्वारा पद की पहचान हेतु विभिन्न तरीके को बतलाया गया है, जैसे कालमार्क्स, आर. लैस एवं सी. राइट मिल्स मानते हैं कि जिन व्यक्तियों के पास आर्थिक शक्ति ज्यादा होगी, वे प्रमुख रूप से आर्थिक प्रभुत्व के द्वारा पदमूलक संभ्रात कहलाते हैं। टी.के. ओमेन,[4] के. रंगाराव एवम् योगेन्द्र सिंह[5] इत्यादि ने भारतीय गांवों में नेतृत्व के संदर्भ में औपचारिक (पदमूलक) एवम् अनौपचारिक एवं पारंपरिक (ख्यातिमूलक) नेतृत्व से संबंधित अवधारणा का

विवेचन किया है। इन लेखकों द्वारा पदमूलक उपागम का प्रयोग विशेषीकृत रूप में नहीं किया गया लेकिन इन्होंने इस उपागम का प्रयोग एक प्रविधि के रूप में गांवों में नेतृत्व की पहचान करने में किया गया।[6]

इस शोध में इस उपागम का प्रयोग उत्तरदाताओं की पदसम्बन्धी स्थिति को बतलाने के संदर्भ में किया गया, जिसके माध्यम से नेतृत्व के एक विशिष्ट प्रकार का प्रतिमान परिलक्षित होता है।

**2. प्रतिष्ठा मूलक उपागमः** भारतीय सन्दर्भ में सामाजिक परिस्थिति से संबंधित स्थान को जाति, भू-स्वामित्व, धन-सम्पदा इत्यादि के आधार पर बतलाया जा सकता है, साथ ही साथ भारतीय ग्रामीण परिवेश में आयु को भी प्रतिष्ठा का एक प्रमुख अंग माना जाता है क्योंकि आनुभाविकता एवं ज्ञान के आधार पर नेतृत्व का संचालन होता है।[7] आधुनिक समाज में औपचारिक रूप से पद को महत्व दिया जाता है लेकिन अनौपचारिक रूप में सामाजिक प्रतिष्ठा को दरकिनार नहीं किया जा सकता, क्योंकि नेतृत्व के प्रतिमान प्रतिष्ठा के आधार पर भी संचालित होते हैं। इस पद्धति के अन्तर्गत उन उत्तरदाताओं का चयन किया गया, जो कि सामाजिक एवम् अनौपचारिक रूप से प्रसिद्धि प्राप्त हैं तथा जिनकी ग्रामीण जनों में अपनी एक विशिष्ट पहचान है, इसको निर्धारित करने में जाति के अलावा शिक्षा, पुरोहित ज्ञान, आनुभाविकता का सहारा लिया गया।

**3. निर्णयवादी उपागमः** निर्णयवादी उपागम का प्रयोग सर्वप्रथम राबर्ट डहल एवं उनके सहयोगियों द्वारा किया गया।[8] इस उपागम को घटना विश्लेषण अथवा मुद्रा सहभागिता उपागम के नाम से भी जाना जाता है। इस उपागम की प्रमुख मान्यता यह है कि हम नेता उसे कहेंगे जो वास्तविक रूप से निर्णय लेने की शक्ति पर कार्य करता है।

इस उपागम के प्रयोग के द्वारा उत्तरदाताओं के सहभागिता एवं निर्णय लेने की शक्ति के आधार पर ग्रामीण शक्ति संरचना की व्याख्या की गई है तथा सहभागिता एवं निर्णय की प्रक्रिया में अधिकार के आधार पर नेतृत्व के उदीयमान स्वरूप का विवरण किया गया।

वास्तविकता यह है कि ग्रामों का नगरीकरण के फलस्वरूप नगरों से सम्पर्क होने के कारण नेतृत्व के स्वरूप को आज एक नवीन दिशा प्रदान हुई है।

ग्रामीण नेताओं के द्वारा हम उच्चकोटि के नेतृत्व की विशेषताएं, जैसे- आत्मविश्वास, प्रेरणाशक्ति, विवेकशीलता, तर्कपरायणता इत्यादि की सामान्यतः अपेक्षा नहीं कर सकते। संवैधानिक प्रावधानों में निहित आरक्षण के माध्यम से निम्न

जातियों की शक्ति संरचना में भागीदारी हेतु स्थानों को सुरक्षित किया गया, जिसके परिणामस्वरूप उनकी शक्ति में वृद्धि हुई है तथा सत्ता पर इनका प्राधिकार भी बढ़ा है। इन सभी तथ्यों का विश्लेषण सारणी एवम् आलेख के माध्यम से इस प्रकार किया गया है।

## परिवार में नेतृत्व परम्परा से चला आ रहा है

प्रस्तुत अध्ययन में ग्रामीण नेताओं से यह जानकारी प्राप्त की गयी कि क्या आपके परिवार में नेतृत्व परम्परा से चला आ रहा है? प्राप्त जानकारी को निम्न सारणी में दर्शाया गया है:

**सारणी संख्या -4.1**

**परिवार में नेतृत्व परम्परा से चला आ रहा है**

| परिवार में नेतृत्व परम्परा से चला आ रहा है | आवृत्ति | प्रतिशत |
|---|---|---|
| हाँ | 75 | 30.00 |
| नहीं | 175 | 70.00 |
| योग | 250 | 100.00 |

सारणी के अवलोकन से स्पष्ट है कि अध्ययन में सम्मिलित 30.00 प्रतिशत ग्रामीण नेताओं के परिवार में नेतृत्व परम्परा से चला आ रहा है जबकि 70.00 प्रतिशत ग्रामीण नेताओं के परिवार में नेतृत्व परम्परा से नहीं चला आ रहा है।

अतः स्पष्ट है कि अध्ययन में सम्मिलित अधिकांश 70.00 प्रतिशत ग्रामीण नेताओं के परिवार में नेतृत्व परम्परा से नहीं चला आ रहा है।

**सारणी संख्या-4.2**

**आयु के आधार पर परिवार में नेतृत्व परम्परा**

| आयु/परिवार में नेतृत्व परम्परा | हाँ | नही | योग |
|---|---|---|---|
| 18-30 वर्ष | 17 (42.50) | 23 (57.50) | 40 (100.00) |
| 31-40 वर्ष | 30 (24.00) | 95 (76.00) | 125 (100.00) |
| 41-50 वर्ष | 20 (33.33) | 40 (67.67) | 60 (100.00) |
| 51-60 वर्ष | 5 (33.33) | 10 (67.67) | 15 (100.00) |
| 61 वर्ष से अधिक | 3 (30.00) | 7 (70.00) | 10 (100.00) |
| योग | 75 (30.00) | 175 (70.00) | 250 (100.00) |

$x^2 = 5.52$; df = 4; p = 0.24; सार्थक नही है।

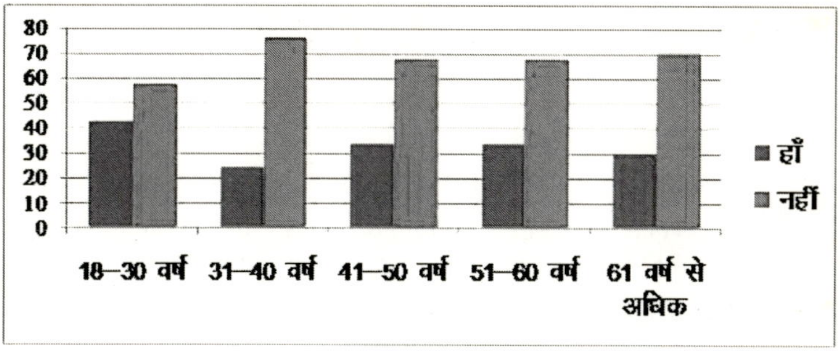


आयु के आधार पर ग्रामीण नेताओं के परिवार में नेतृत्व परम्परा के अध्ययन से स्पष्ट है कि 18 से 30 वर्ष आयु वर्ग के 42.50 प्रतिशत ग्रामीण नेताओं के परिवार में नेतृत्व परम्परा से चला आ रहा है जबकि 57.50 प्रतिशत ग्रामीण नेताओं के परिवार में नेतृत्व परंपरा से नहीं चला आ रहा है। 31 से 40 वर्ष आयु वर्ग के 24.00 प्रतिशत ग्रामीण नेताओं के परिवार में नेतृत्व परंपरा से चला आ रहा है जबकि 76.00 प्रतिशत ग्रामीण नेताओं के परिवार में नेतृत्व परंपरा से नहीं चला आ रहा है। 41 से 50 वर्ष आयु वर्ग के 33.33 प्रतिशत ग्रामीण नेताओं के परिवार में नेतृत्व परंपरा से चला आ रहा है जबकि 67.67 प्रतिशत ग्रामीण नेताओं के परिवार में नेतृत्व परंपरा से नहीं चला आ रहा है। 51 से 60 वर्ष आयु वर्ग के 33.33 प्रतिशत ग्रामीण नेताओं के परिवार में नेतृत्व परम्परा से चला आ रहा है जबकि 67.67 प्रतिशत ग्रामीण नेताओं के परिवार में नेतृत्व परंपरा से नहीं चला आ रहा है। 61 वर्ष से अधिक आयु वर्ग के 30.00 प्रतिशत ग्रामीण नेताओं के परिवार में नेतृत्व परंपरा से चला आ रहा है जबकि 70.00 प्रतिशत ग्रामीण नेताओं के परिवार में नेतृत्व परंपरा से नहीं चला आ रहा है। काई-स्क्वायर के अनुसार अन्तर सार्थक नहीं है।

**सारणी संख्या-4.3**

**जाति के आधार पर परिवार में नेतृत्व परम्परा**

| जाति/परिवार में नेतृत्व परम्परा | हाँ | नहीं | योग |
|---|---|---|---|
| उच्च | 25 (41.67) | 35 (58.33) | 60 (100.00) |
| निम्न | 30 (33.33) | 60 (66.67) | 90 (100.00) |
| पिछड़ी | 20 (20.00) | 80 (80.00) | 100 (100.00) |
| योग | 75 (30.00) | 175 (70.00) | 250 (100.00) |

$x^2$= 9.13; df = 2; p = 0.01; <0.05 सार्थक है।

जाति के आधार पर ग्रामीण नेताओं के परिवार में नेतृत्व परंपरा के अध्ययन से स्पष्ट है कि उच्च जाति के 41.67 प्रतिशत ग्रामीण नेताओं के परिवार में नेतृत्व परम्परा से चला आ रहा है जबकि 58.33 प्रतिशत ग्रामीण नेताओं के परिवार में नेतृत्व परम्परा से नहीं चला आ रहा है। निम्न जाति के 33.33 प्रतिशत ग्रामीण नेताओं के परिवार में नेतृत्व परंपरा से चला आ रहा है जबकि 66.67 प्रतिशत ग्रामीण नेताओं के परिवार में नेतृत्व परंपरा से नहीं चला आ रहा है। पिछड़ी जाति के 20.00 प्रतिशत ग्रामीण नेताओं के परिवार में नेतृत्व परंपरा से चला आ रहा है जबकि 80.00 प्रतिशत ग्रामीण नेताओं के परिवार में नेतृत्व परंपरा से नहीं चला आ रहा है। काई-स्क्वायर के अनुसार अन्तर सार्थक है।

**सारणी संख्या 4.4**

**शैक्षणिक स्तर के आधार पर परिवार में नेतृत्व परंपरा**

| शैक्षणिक / परिवार में नेतृत्व परम्परा | हाँ | नहीं | योग |
|---|---|---|---|
| नान मैट्रिक | 20 (33.33) | 40 (66.67) | 60 (100.00) |
| मैट्रिक | 35 (29.17) | 85 (70.83) | 120 (100.00) |
| इंटरमीडिएट | 13 (26.00) | 37 (74.00) | 50 (100.00) |
| ग्रेजुएट | 5 (33.33) | 10 (66.67) | 15 (100.00) |
| स्नातकोत्तर | 2 (40.00) | 3 (60.00) | 5 (100.00) |
| योग | 75 (30.00) | 175 (70.00) | 250 (100.00) |

$x^2 = 1.06$; df = 4; p = 0.90; सार्थक नहीं है।

शैक्षणिक स्तर के आधार पर ग्रामीण नेताओं के परिवार में नेतृत्व परंपरा के अध्ययन से स्पष्ट है कि नान मैट्रिक स्तर के 33.33 प्रतिशत ग्रामीण नेताओं के परिवार में नेतृत्व परम्परा से चला आ रहा है जबकि 66.67 प्रतिशत ग्रामीण नेताओं के परिवार में नेतृत्व परम्परा से नहीं चला आ रहा है। इण्टरमीडिएट स्तर के 29.17 प्रतिशत ग्रामीण नेताओं के परिवार में नेतृत्व परम्परा से चला आ रहा है जबकि 70.83 प्रतिशत ग्रामीण नेताओं के परिवार में नेतृत्व परम्परा से नहीं चला आ रहा है। ग्रेजुएट स्तर के 33.33 प्रतिशत ग्रामीण नेताओं के परिवार में नेतृत्व परम्परा से चला आ रहा है जबकि 66.67 प्रतिशत ग्रामीण नेताओं के परिवार में नेतृत्व परम्परा से नहीं चली आ रही है। स्नातकोत्तर स्तर के 40.00 प्रतिशत ग्रामीण नेताओं के परिवार में नेतृत्व परम्परा से चला आ रहा है जबकि 60.00 प्रतिशत ग्रामीण नेताओं के परिवार में नेतृत्व परम्परा से नहीं चला आ रहा है। काई-स्क्वायर के अनुसार अन्तर सार्थक नहीं है।

**सारणी संख्या 4.5**

**व्यवसाय के आधार पर परिवार में नेतृत्व परंपरा**

| व्यवसाय/परिवार में नेतृत्व परम्परा | हाँ | नहीं | योग |
|---|---|---|---|
| कृषि | 40 (26.67) | 110 (73.33) | 150 (100.00) |
| व्यापार | 10 (25.00) | 30 (75.00) | 40 (100.00) |
| मजदूरी | 15 (60.00) | 10 (40.00) | 25 (100.00) |
| नौकरी | 10 (28.58) | 25 (71.42) | 35 (100.00) |
| अन्य | 00 (00.00) | 00 (00.00) | 00 (00.00) |
| योग | 75 (30.00) | 175 (70.00) | 250 (100.00) |

$x^2 = 12.02$; df= 3; p= 0.007; <0.05 सार्थक है।

व्यवसाय के आधार पर ग्रामीण नेताओं के परिवार में नेतृत्व परंपरा के अध्ययन से स्पष्ट है कि कृषि व्यवसाय से संबंधित 26.67 प्रतिशत ग्रामीण नेताओं के परिवार में नेतृत्व परंपरा से चला आ रहा है जबकि 73.33 प्रतिशत ग्रामीण नेताओं के परिवार में नेतृत्व परम्परा से नहीं चला आ रहा है। व्यापार व्यवसाय से संबंधित 25.00 प्रतिशत ग्रामीण नेताओं के परिवार में नेतृत्व परम्परा से चला आ रही है जबकि 75. 00 प्रतिशत ग्रामीण नेताओं के परिवार में नेतृत्व परम्परा से नहीं चला आ रहा है। मज़दूरी व्यवसाय से संबंधित 60.00 प्रतिशत ग्रामीण नेताओं के परिवार में नेतृत्व परम्परा से चला आ रहा है जबकि 40.00 प्रतिशत ग्रामीण नेताओं के परिवार में नेतृत्व परम्परा से नहीं चला आ रहा है। नौकरी व्यवसाय के संबंधित 28.58 प्रतिशत ग्रामीण नेताओं के परिवार में नेतृत्व परम्परा से चला आ रहा है जबकि 71.42 प्रतिशत ग्रामीण नेताओं के परिवार में नेतृत्व परम्परा से नहीं चला आ रहा है।

## आपके गाँव में कितने नेता हैं

प्रस्तुत अध्ययन में ग्रामीण नेताओं से यह जानकारी प्राप्त की गयी कि आपके गाँव में कितने नेता हैं? प्राप्त जानकारी को निम्न सारणी में दर्शाया गया है:

**सारणी संख्या-4.6**

**आपके गाँव में कितने नेता हैं**

| आपके गाँव में कितने नेता हैं | आवृत्ति | प्रतिशत |
|---|---|---|
| 1-3 | 85 | 34.00 |
| 4-6 | 140 | 56.00 |
| 7 से अधिक | 25 | 10.00 |
| योग | 250 | 100.00 |

सारणी के अवलोकन से स्पष्ट है कि अध्ययन में सम्मिलित 34.00 प्रतिशत ग्रामीण नेताओं के गाँव में 1 से 3 नेता हैं। 56.00 प्रतिशत ग्रामीण नेताओं के गाँव में 4 से 6 नेता हैं जबकि 10.00 प्रतिशत ग्रामीण नेताओं के गाँव में 7 से अधिक नेता हैं।

अतः स्पष्ट है कि अध्ययन में सम्मिलित अधिकांश 56.00 प्रतिशत ग्रामीण नेताओं के गाँव में 4 से 6 नेता हैं।

नई कृषि तकनीक, पशु-सुधार एवं वृक्षारोपण को अपनाने में किन स्रोतों से मार्गदर्शन एवं सहायता प्राप्त किये हैं।

प्रस्तुत अध्ययन में ग्रामीण नेताओं से यह जानकारी प्राप्त की गयी कि आप नई कृषि तकनीक, पशु-सुधार एवं वृक्षारोपण को अपनाने में किन स्रोतों से मार्गदर्शन एवं सहायता प्राप्त किये हैं? प्राप्त जानकारी को निम्न सारणी में दर्शाया गया है:

**सारणी संख्या 4.7**

**नई कृषि तकनीक, पशु-सुधार एवं वृक्षारोपण को अपनाने में किन स्रोतों से मार्गदर्शन एवं सहायता प्राप्त किये हैं?**

| किस स्रोत से सहायता प्राप्त किये हैं | आवृत्ति | प्रतिशत |
|---|---|---|
| ब्लाक प्रमुख | 50 | 20.00 |
| कृषि अधिकारी | 125 | 50.00 |
| संचार माध्यम | 75 | 30.00 |
| योग | 250 | 100.00 |

सारणी के अवलोकन से स्पष्ट है कि अध्ययन में सम्मिलित 20.00 प्रतिशत ग्रामीण नेताओं के अनुसार नई कृषि तकनीक, पशु-सुधार एवं वृक्षारोपण को अपनाने में ब्लाक प्रमुख से मार्गदर्शन एवं सहायता प्राप्त किये हैं। 50.00 प्रतिशत ग्रामीण नेताओं के अनुसार नई कृषि तकनीक, पशु-सुधार एवं वृक्षारोपण को अपनाने में कृषि अधिकारी से मार्गदर्शन एवं सहायता प्राप्त किये हैं जबकि 30.00 प्रतिशत ग्रामीण नेताओं के अनुसार नई कृषि तकनीक, पशु-सुधार एवं वृक्षारोपण को अपनाने में संचार माध्यम से मार्गदर्शन एवं सहायता प्राप्त किये हैं।

अतः स्पष्ट है कि अध्ययन में सम्मिलित अधिकांश 50.00 प्रतिशत ग्रामीण नेताओं के अनुसार नई कृषि तकनीक, पशु-सुधार एवं वृक्षारोपण को अपनाने में कृषि अधिकारी से मार्गदर्शन एवं सहायता प्राप्त किये हैं।

गाँव में अथवा निकटवर्ती गाँव में विद्यालय, पंचायत भवन की स्थापना किनके प्रयासों से हुई है?

प्रस्तुत अध्ययन में ग्रामीण नेताओं से यह जानकारी प्राप्त की गयी कि आपको गाँव में अथवा निकटवर्ती गाँव में विद्यालय, पंचायत भवन की स्थापना किनके प्रयासों से हुई है? प्राप्त जानकारी को निम्न सारणी में दर्शाया गया है:

**सारणी संख्या 4.8**

**गाँव में अथवा निकटवर्ती गाँव में विद्यालय, पंचायत भवन की स्थापना किनके प्रयासों से हुई है?**

| स्थापना किनके प्रयासों से हुई है | आवृत्ति | प्रतिशत |
|---|---|---|
| ग्रामीण नेता | 40 | 16.00 |
| सरकारी कर्मचारी | 110 | 44.00 |
| संचार माध्यम | 20 | 08.00 |
| विधायक / सांसद | 55 | 22.00 |
| लागू नहीं / कोई नहीं | 25 | 10.00 |
| योग | 250 | 100.00 |

सारणी के अवलोकन से स्पष्ट है कि अध्ययन में सम्मिलित 16.00 प्रतिशत ग्रामीण नेताओं के गाँव में अथवा निकटवर्ती गाँव में विद्यालय, पंचायत भवन की स्थापना ग्रामीण नेता के प्रयासों से हुई है। 44.00 प्रतिशत उत्तरदाताओं के अनुसार सरकारी कर्मचारियों के प्रयासों से हुई है। 08.00 प्रतिशत उत्तरदाताओं के अनुसार संचार माध्यमों के प्रयासों से हुई है। 22.00 प्रतिशत उत्तरदाताओं के अनुसार विध ाायक या सांसदों के प्रयासों से हुई है जबकि 10.00 प्रतिशत उत्तरदाताओं के अनुसार गाँव में अथवा निकटवर्ती गाँव में विद्यालय, पंचायत भवन की स्थापना नहीं हुई है।

अतः स्पष्ट है कि अध्ययन में सम्मिलित अधिकांश 44.00 प्रतिशत ग्रामीण नेताओं के गाँव में अथवा निकटवर्ती गाँव में विद्यालय, पंचायत भवन की स्थापना सरकारी कर्मचारियों के प्रयासों से हुई है।

**सड़क बनवाने, कुएँ निर्माण, विद्युत की व्यवस्था करना तथा अन्य सामाजिक कार्यों की व्यवस्था की आपको किन माध्यमों से सहायता प्राप्त हुई है?**

प्रस्तुत अध्ययन में ग्रामीण नेताओं से यह जानकारी प्राप्त की गयी कि सड़क बनवाने कुएँ निर्माण, विद्युत की व्यवस्था करना तथा अन्य सामाजिक कार्यों की

व्यवस्था आपको किन माध्यमों से सहायता प्राप्त हुई है? प्राप्त जानकारी को निम्न सारणी में दर्शाया गया है:

**सारणी संख्या 4.9**

**सड़क बनवाने, कुएँ निर्माण, विद्युत की व्यवस्था करना तथा अन्य सामाजिक कार्यों की व्यवस्था आपको किन माध्यमों से सहायता प्राप्त हुई है?**

| सहायता प्राप्त हुई है | आवृत्ति | प्रतिशत |
|---|---|---|
| ग्रामीण नेता | 50 | 20.00 |
| सरकारी कर्मचारी | 100 | 40.00 |
| संचार माध्यम | 60 | 24.00 |
| विधायक/सांसद | 25 | 10.00 |
| लागू नहीं/कोई नहीं | 15 | 06.00 |
| योग | 250 | 100.00 |

सारणी के अवलोकन से स्पष्ट है कि अध्ययन में सम्मिलित 20.00 प्रतिशत ग्रामीण नेताओं के गाँव में सड़क बनवाने कुएँ निर्माण, विद्युत की व्यवस्था करना तथा अन्य सामाजिक कार्यों की व्यवस्था में ग्रामीण नेता के माध्यमों से सहायता प्राप्त हुई है। 40.00 प्रतिशत उत्तरदाताओं के अनुसार सरकारी कर्मचारियों के माध्यम से सहायता प्राप्त हुई है। 24.00 प्रतिशत उत्तरदाताओं के अनुसार संचार माध्यमों से सहायता प्राप्त हुई है। 10.00 प्रतिशत उत्तरदाताओं के अनुसार विधायक अथवा सांसदों के माध्यम से सहायता प्राप्त हुई है जबकि 06.00 प्रतिशत ग्रामीण नेताओं के गाँव में सड़क बनवाने कुएँ निर्माण, विद्युत की व्यवस्था करना तथा अन्य सामाजिक कार्यों की व्यवस्था में कोई सहायता प्राप्त नहीं हुई है।

अतः स्पष्ट है कि अध्ययन में सम्मिलित अधिकांश 40.00 प्रतिशत ग्रामीण नेताओं के गाँव में सड़क बनवाने, कुएँ निर्माण, विद्युत की व्यवस्था करना तथा अन्य सामाजिक कार्यों की व्यवस्था में सरकारी कर्मचारियों के माध्यम से सहायता प्राप्त हुई है।

## आप गाँव के नेताओं से संतुष्ट है?

प्रस्तुत अध्ययन में ग्रामीण नेताओं से यह जानकारी प्राप्त की गयी कि क्या आप गाँव के नेताओं से संतुष्ट हैं? प्राप्त जानकारी को निम्न सारणी में दर्शाया गया है:

**सारणी संख्या 4.10**

**आप गाँव के नेताओं से संतुष्ट हैं ?**

| आप गाँव के नेताओं से संतुष्ट है | आवृत्ति | प्रतिशत |
|---|---|---|
| हाँ | 150 | 60.00 |
| नहीं | 100 | 40.00 |
| योग | 250 | 100.00 |

सारणी के अवलोकन से स्पष्ट है कि अध्ययन में सम्मिलित 60.00 प्रतिशत ग्रामीण नेता अपने गाँव के नेताओं से संतुष्ट हैं जबकि 40.00 प्रतिशत ग्रामीण नेता अपने गाँव के नेताओं से संतुष्ट नहीं हैं।

अतः स्पष्ट है कि अध्ययन में सम्मिलित अधिकांश 60.00 प्रतिशत ग्रामीण नेता अपने गाँव के नेताओं से संतुष्ट हैं।

**सारणी संख्या-4.11**

**आयु के आधार पर गाँव के नेताओं से संतुष्टि**

| आयु/गाँव के नेताओं से संतुष्टि | हाँ | नही | योग |
|---|---|---|---|
| 18-30 वर्ष | 25 (62.50) | 15 (37.50) | 40 (100.00) |
| 31-40 वर्ष | 68 (54.40) | 57 (45.60) | 125 (100.00) |
| 41-50 वर्ष | 40 (66.67) | 20 (33.33) | 60 (100.00) |
| 51-60 वर्ष | 10 (66.67) | 5 (33.33) | 15 (100.00) |
| 61 वर्ष से अधिक | 7 (70.00) | 3 (30.00) | 10 (100.00) |
| योग | 150 (60.00) | 100 (40.00) | 250 (100.00) |

$x^2 = 3.54$; df = 4; p = 0.47; सार्थक नहीं है।

आयु के आधार पर ग्रामीण नेता अपने गाँव के नेताओं से संतुष्टि के अध्ययन से स्पष्ट है कि 18 से 30 वर्ष आयु वर्ग के 62.50 प्रतिशत ग्रामीण नेता अपने गाँव के नेताओं से संतुष्ट हैं जबकि 37.50 प्रतिशत ग्रामीण नेता अपने गाँव के नेताओं से संतुष्ट नहीं हैं। 31 से 40 वर्ष आयु वर्ग के 54.40 प्रतिशत ग्रामीण नेता अपने गाँव के नेताओं से संतुष्ट हैं जबकि 45.60 प्रतिशत ग्रामीण नेता अपने गाँव के नेताओं से संतुष्ट नहीं हैं। 41 से 50 वर्ष आयु वर्ग के 66.67 प्रतिशत ग्रामीण नेता अपने गाँव के नेताओं से संतुष्ट हैं जबकि 33.33 प्रतिशत ग्रामीण नेता अपने गाँव के नेताओं से संतुष्ट नहीं हैं। 51 से 60 वर्ष आयु वर्ग के 66.67 प्रतिशत ग्रामीण

नेता अपने गाँव के नेताओं से संतुष्ट हैं जबकि 33.33 प्रतिशत ग्रामीण नेता अपने गाँव के नेताओं से संतुष्ट नहीं हैं। 61 वर्ष से अधिक आयु वर्ग के 70.00 प्रतिशत ग्रामीण नेता अपने गाँव के नेताओं से संतुष्ट हैं जबकि 30.00 प्रतिशत ग्रामीण नेता अपने गाँव के नेताओं से संतुष्ट नहीं हैं। काई-स्क्वायर के अनुसार अन्तर सार्थक नहीं है।

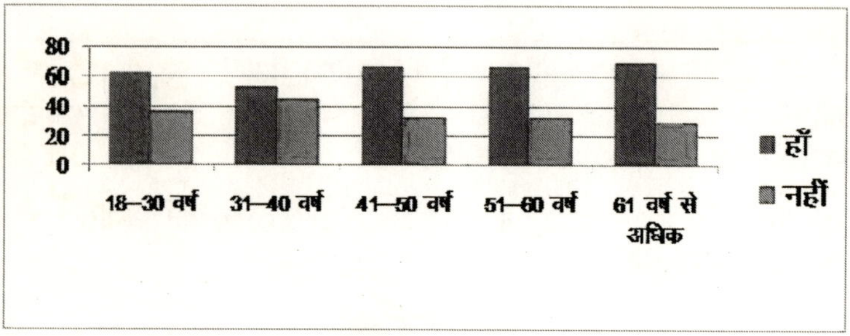


**सारणी संख्या 4.12**

**जाति के आधार पर गाँव के नेताओं से संतुष्टि**

| जाति/गाँव के नेताओं से संतुष्टि | हाँ | नहीं | योग |
|---|---|---|---|
| उच्च | 35 (58.33) | 25 (41.67) | 60 (100.00) |
| निम्न | 50 (55.56) | 40 (44.44) | 90 (100.00) |
| पिछड़ी | 65 (65.00) | 35 (35.00) | 100 (100.00) |
| योग | 150 (60.00) | 100 (40.00) | 250 (100.00) |

$x^2 = 1.85$; df = 2; p = 0.40; सार्थक नहीं है।

अध्ययन से स्पष्ट है कि उच्च जाति के 58.33 प्रतिशत ग्रामीण नेता अपने गाँव के नेताओं से संतुष्ट हैं जबकि 41.67 प्रतिशत ग्रामीण नेता अपने गाँव के नेताओं से संतुष्ट नहीं हैं। निम्न जाति के 55.56 प्रतिशत ग्रामीण नेता अपने गाँव के नेताओं से संतुष्ट हैं जबकि 44.44 प्रतिशत ग्रामीण नेता अपने गाँव के नेताओं से संतुष्ट नहीं हैं। पिछड़ी जाति के 65.00 प्रतिशत ग्रामीण नेता अपने गाँव के नेताओं से संतुष्ट हैं जबकि 35.00 प्रतिशत ग्रामीण नेता अपने गाँव के नेताओं से संतुष्ट नहीं हैं। काई-स्क्वायर के अनुसार अन्तर सार्थक नहीं है।

**सारणी संख्या-4.13**

**शैक्षणिक स्तर के आधार पर गाँव के नेताओं से संतुष्टि**

| शैक्षणि स्तर/गाँव के नेताओं से संतुष्टि | हाँ | नही | योग |
|---|---|---|---|
| नॉन मैट्रिक | 37 (61.67) | 23 (38.33) | 60 (100.00) |
| मैट्रिक | 70 (58.33) | 50 (41.67) | 120 (100.00) |
| इंटरमीडिएट | 30 (60.00) | 20 (40.00) | 50 (100.00) |
| ग्रेजुएट | 10 (66.67) | 5 (33.33) | 15 (100.00) |
| स्नातकोत्तर | 3 (60.00) | 2 (40.00) | 5 (100.00) |
| योग | 150 (60.00) | 100 (40.00) | 250 (100.00) |

$x^2 = 0.49$, df = 4, p = 0.98, सार्थक नहीं है।

शैक्षणिक स्तर के आधार पर ग्रामीण नेता अपने गाँव के नेताओं से संतुष्टि के अध्ययन से स्पष्ट है कि नान मैट्रिक स्तर के 61.67 प्रतिशत ग्रामीण नेता अपने गाँव के नेताओं से संतुष्ट हैं जबकि 38.33 प्रतिशत ग्रामीण नेता अपने गाँव के नेताओं से संतुष्ट नहीं हैं। मैट्रिक स्तर के 58.33 प्रतिशत ग्रामीण नेता अपने गाँव के नेताओं से संतुष्ट हैं जबकि 41.67 प्रतिशत ग्रामीण नेता अपने गाँव के नेताओं से संतुष्ट नहीं हैं। इंटरमीडिएट स्तर के 60.00 प्रतिशत ग्रामीण नेता अपने गाँव के नेताओं से संतुष्ट हैं जबकि 40.00 प्रतिशत ग्रामीण नेता अपने गाँव के नेताओं से संतुष्ट नहीं हैं। ग्रेजुएट स्तर के 66.67 प्रतिशत ग्रामीण नेता अपने गाँव के नेताओं से संतुष्ट हैं जबकि 33.33 प्रतिशत ग्रामीण नेता अपने गाँव के नेताओं से संतुष्ट नहीं हैं। स्नातकोत्तर स्तर के 60.00 प्रतिशत ग्रामीण नेता अपने गाँव के नेताओं से संतुष्ट हैं जबकि 40.00 प्रतिशत ग्रामीण नेता अपने गाँव के नेताओं से संतुष्ट नहीं हैं। काई-स्क्वायर के अनुसार अन्तर सार्थक नहीं है।

**सारणी संख्या-4.14**

**व्यवसाय के आधार पर गाँव के नेताओं से संतुष्टि**

| व्यवसाय/गाँव के नेताओं से संतुष्टि | हाँ | नहीं | योग |
|---|---|---|---|
| कृषि | 100 (66.67) | 50 (33.33) | 150 (100.00) |
| व्यापार | 25 (62.50) | 15 (37.50) | 40 (100.00) |
| मजदूरी | 15 (60.00) | 10 (40.00) | 25 (100.00) |
| नौकरी | 10 (28.58) | 25 (71.42) | 35 (100.00) |
| योग | 150 (60.00) | 100 (40.00) | 250 (100.00) |

$x^2 = 17.29$; df= 3; p= 0.0006; <0.05 सार्थक है।

अध्ययन से स्पष्ट है कि कृषि व्यवसाय से जुड़े 66.67 प्रतिशत ग्रामीण नेता अपने गाँव के नेताओं से संतुष्ट हैं जबकि 33.33 प्रतिशत ग्रामीण नेता अपने गाँव

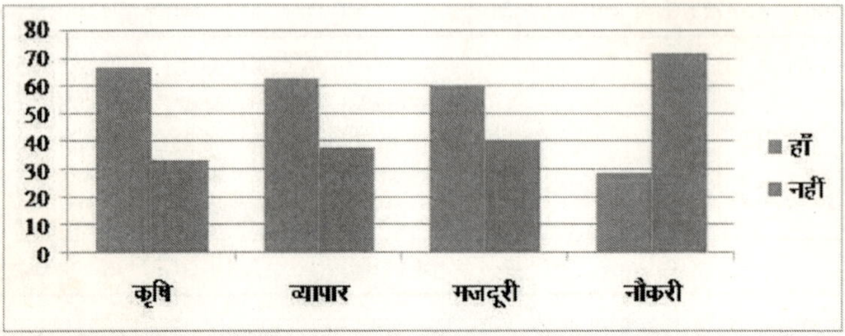


के नेताओं से संतुष्ट नहीं हैं। व्यापार से जुड़े 62.50 प्रतिशत ग्रामीण नेता अपने गाँव के नेताओं से संतुष्ट हैं जबकि 35.50 प्रतिशत ग्रामीण नेता अपने गाँव के नेताओं से संतुष्ट नहीं हैं। मज़दूरी से जुड़े 60.00 प्रतिशत ग्रामीण नेता अपने गाँव के नेताओं से संतुष्ट हैं जबकि 40.00 प्रतिशत ग्रामीण नेता अपने गाँव के नेताओ से संतुष्ट नहीं हैं। नौकरी से जुड़े 28.58 प्रतिशत ग्रामीण नेता अपने गाँव के नेताओं से संतुष्ट हैं जबकि 71.42 प्रतिशत ग्रामीण नेता अपने गाँव के नेताओं से संतुष्ट नही है। काई–स्क्वायर के अनुसार अन्तर सार्थक है।

निम्नलिखित कथनों के प्रति आप सहमति या असहमति व्यक्त करें।

## अधिकांश ग्रामीण नेता ईमानदार होते हैं

प्रस्तुत अध्ययन में ग्रामीण नेताओं से यह जानकारी प्राप्त की गयी कि क्या अधिकांश ग्रामीण नेता ईमानदार होते हैं? प्राप्त जानकारी को निम्न सारणी में दर्शाया गया है:

**सारणी संख्या-4.15**

**अधिकांश ग्रामीण नेता ईमानदार होते हैं**

| अधिकांश ग्रामीण नेता ईमानदार होते हैं | आवृत्ति | प्रतिशत |
|---|---|---|
| सहमत | 170 | 68.00 |
| असहमत | 80 | 32.00 |
| योग | 250 | 100.00 |

सारणी के अवलोकन से स्पष्ट है कि अध्ययन में सम्मिलित 68.00 प्रतिशत ग्रामीण नेता इस मत के प्रति सहमत हैं कि अधिकांश ग्रामीण नेता ईमानदार होते हैं जबकि 32.00 प्रतिशत ग्रामीण नेता इस मत के प्रति असहमत है कि अधिकांश ग्रामीण नेता ईमानदार होते हैं।

अतः स्पष्ट है कि अध्ययन में सम्मिलित अधिकांश 68.00 प्रतिशत ग्रामीण नेता इस मत के प्रति सहमत है कि अधिकांश ग्रामीण नेता ईमानदार होते हैं।

## अधिकांश ग्रामीण नेता जनता के कल्याण के लिए कार्य करते रहते हैं

प्रस्तुत अध्ययन में ग्रामीण नेताओं से यह जानकारी प्राप्त की गयी कि क्या अधिकांश ग्रामीण नेता जनता के कल्याण के लिए कार्य करते रहते हैं? प्राप्त जानकारी को निम्न सारणी में दर्शाया गया है:

**सारणी संख्या 4.16**

**अधिकांश ग्रामीण नेता जनता के कल्याण के लिए कार्य करते रहते हैं**

| कल्याण के लिए कार्य करते रहते हैं | आवृत्ति | प्रतिशत |
|---|---|---|
| सहमत | 140 | 56.00 |
| असहमत | 110 | 44.00 |
| योग | 250 | 100.00 |

सारणी के अवलोकन से स्पष्ट है कि अध्ययन में सम्मिलित 56.00 प्रतिशत ग्रामीण नेता इस मत के प्रति सहमत हैं कि अधिकांश ग्रामीण नेता जनता के कल्याण के लिए कार्य करते रहते हैं जबकि 44.00 प्रतिशत ग्रामीण नेता इस मत के प्रति असहमत हैं कि अधिकांश ग्रामीण नेता जनता के कल्याण के लिए कार्य करते रहते हैं।

अतः स्पष्ट है कि अध्ययन में सम्मिलित अधिकांश 56.00 प्रतिशत ग्रामीण नेता इस मत के प्रति सहमत हैं कि अधिकांश ग्रामीण नेता जनता के कल्याण के लिए कार्य करते रहते हैं।

## अधिकांश ग्रामीण नेता निःस्वार्थ भाव से अपने हितों की अनदेखी करते हुए जनसेवा का कार्य करते हैं

प्रस्तुत अध्ययन में ग्रामीण नेताओं से यह जानकारी प्राप्त की गयी कि क्या अधिकांश ग्रामीण नेता निःस्वार्थ भाव से अपने हितों की अनदेखी करते हुए जनसेवा का कार्य करते हैं? प्राप्त जानकारी को निम्न सारणी में दर्शाया गया है:

**सारणी संख्या-4.17**

**अधिकांश ग्रामीण नेता निःस्वार्थ भाव से अपने हितों की अनदेखी करते हुए जनसेवा का कार्य करते हैं**

| जनसेवा का कार्य करते हैं | आवृत्ति | प्रतिशत |
|---|---|---|
| सहमत | 185 | 74.00 |
| असहमत | 65 | 26.00 |
| योग | 250 | 100.00 |

सारणी के अवलोकन से स्पष्ट है कि अध्ययन में सम्मिलित 74.00 प्रतिशत ग्रामीण नेता इस मत के प्रति सहमत हैं कि अधिकांश ग्रामीण नेता निःस्वार्थ भाव से अपने हितों की अनदेखी करते हुए जनसेवा का कार्य करते हैं जबकि 26.00 प्रतिशत ग्रामीण नेता इस मत के प्रति असहमत हैं कि अधिकांश ग्रामीण नेता निःस्वार्थ भाव से अपने हितों की अनदेखी करते हुए जनसेवा का कार्य करते हैं।

अतः स्पष्ट है कि अध्ययन में सम्मिलित अधिकांश 74.00 प्रतिशत ग्रामीण नेता इस मत के प्रति सहमत हैं कि अधिकांश ग्रामीण नेता निःस्वार्थ भाव से अपने हितों की अनदेखी करते हुए जनसेवा का कार्य करते हैं।

## अधिकांश ग्रामीण नेता जनता के प्रति अपने उत्तरदायित्वों को अच्छी तरह समझते हैं

प्रस्तुत अध्ययन में ग्रामीण नेताओं से यह जानकारी प्राप्त की गयी कि क्या अधिकांश ग्रामीण नेता जनता के प्रति अपने उत्तरदायित्वों को अच्छी तरह समझते हैं? प्राप्त जानकारी को निम्न सारणी में दर्शाया गया है:

**सारणी संख्या 4.18**

**अधिकांश ग्रामीण नेता जनता के प्रति अपने उत्तरदायित्वों को अच्छी तरह समझते हैं**

| उत्तरदायित्वों को अच्छी तरह समझते हैं | आवृत्ति | प्रतिशत |
|---|---|---|
| सहमत | 170 | 68.00 |
| असहमत | 80 | 32.00 |
| योग | 250 | 100.00 |

सारणी के अवलोकन से स्पष्ट है कि अध्ययन में सम्मिलित 68.00 प्रतिशत ग्रामीण नेता इस मत के प्रति सहमत हैं कि अधिकांश ग्रामीण नेता जनता के प्रति

अपने उत्तरदायित्वों को अच्छी तरह समझते हैं जबकि 32.00 प्रतिशत ग्रामीण नेता इस मत के प्रति असहमत हैं कि अधिकांश ग्रामीण नेता जनता के प्रति अपने उत्तरदायित्वों को अच्छी तरह समझते है।

अतः स्पष्ट है कि अध्ययन में सम्मिलित अधिकांश 68.00 प्रतिशत ग्रामीण नेता इस मत के प्रति सहमत हैं कि अधिकांश ग्रामीण नेता जनता के प्रति अपने उत्तरदायित्वों को अच्छी तरह समझते है।

## ग्रामीण नेता गुटबंदी को प्रोत्साहित करते हैं

प्रस्तुत अध्ययन में ग्रामीण नेताओं से यह जानकारी प्राप्त की गयी कि क्या ग्रामीण नेता गुटबंदी को प्रोत्साहित करते हैं ? प्राप्त जानकारी को निम्न सारणी में दर्शाया गया है:

**सारणी संख्या-4.19**

**ग्रामीण नेता गुटबंदी को प्रोत्साहित करते हैं**

| ग्रामीण नेता गुटबंदी को प्रोत्साहित करते हैं | आवृत्ति | प्रतिशत |
|---|---|---|
| सहमत | 140 | 56.00 |
| असहमत | 110 | 44.00 |
| योग | 250 | 100.00 |

सारणी के अवलोकन से स्पष्ट है कि अध्ययन में सम्मिलित 56.00 प्रतिशत ग्रामीण नेता इस मत के प्रति सहमत हैं कि ग्रामीण नेता गुटबंदी को प्रोत्साहित करते हैं जबकि 44.00 प्रतिशत ग्रामीण नेता इस मत के प्रति असहमत हैं कि ग्रामीण नेता गुटबंदी को प्रोत्साहित करते हैं।

अतः स्पष्ट है कि अध्ययन में सम्मिलित अधिकांश 56.00 प्रतिशत ग्रामीण नेता इस मत के प्रति सहमत हैं कि ग्रामीण नेता गुटबन्दी को प्रोत्साहित करते हैं।

## ग्रामीण नेता जातियता को प्रोत्साहन देते हैं

प्रस्तुत अध्ययन में ग्रामीण नेताओं से यह जानकारी प्राप्त की गयी कि क्या ग्रामीण नेता जातियता को प्रोत्साहन देते हैं? प्राप्त जानकारी को निम्न सारणी में दर्शाया गया है:

**सारणी संख्या 4.20**

**ग्रामीण नेता जातियता को प्रोत्साहन देते हैं**

| ग्रामीण नेता जातियता को प्रोत्साहन देते है | आवृत्ति | प्रतिशत |
|---|---|---|
| सहमत | 158 | 63.20 |
| असहमत | 92 | 36.80 |
| योग | 250* | 100.00 |

सारणी के अवलोकन से स्पष्ट है कि अध्ययन में सम्मिलित 63.20 प्रतिशत ग्रामीण नेता उक्त मत के प्रति सहमत हैं कि ग्रामीण नेता जातियता को प्रोत्साहन देते हैं जबकि 36.80 प्रतिशत ग्रामीण नेता उक्त मत के प्रति असहमत हैं कि ग्रामीण नेता जातियता को प्रोत्साहन देते है।

अतः स्पष्ट है कि अध्ययन में सम्मिलित अधिकांश 63.20 प्रतिशत ग्रामीण नेता उक्त मत के प्रति सहमत हैं कि ग्रामीण नेता जातियता को प्रोत्साहन देते है।

आदर्श नेतृत्व से संबंधित निम्नलिखित कथनों के प्रति आप अपनी सहमति या असहमति व्यक्त करें।

## नेता में समस्या के समाधान करने की क्षमता होनी चाहिए

प्रस्तुत अध्ययन में ग्रामीण नेताओं से यह जानकारी प्राप्त की गयी कि क्या नेता में समस्या के समाधान करने की क्षमता होनी चाहिए? प्राप्त जानकारी को निम्न सारणी में दर्शाया गया है:

**सारणी संख्या 4.21**

**नेता में समस्या के समाधान करने की क्षमता होनी चाहिए**

| क्षमता होनी चाहिए | आवृत्ति | प्रतिशत |
|---|---|---|
| सहमत | 210 | 84.00 |
| असहमत | 40 | 16.00 |
| योग | 250 | 100.00 |

सारणी के अवलोकन से स्पष्ट है कि अध्ययन में सम्मिलित 84.00 प्रतिशत ग्रामीण नेता उक्त मत के प्रति सहमत पाये गये कि नेता में समस्या के समाधान

करने की क्षमता होनी चाहिए जबकि 16.00 प्रतिशत ग्रामीण नेता उक्त मत के प्रति असहमत पाये गये कि नेता में समस्या के समाधान करने की क्षमता होनी चाहिए।

अतः स्पष्ट है कि अध्ययन में सम्मिलित अधिकांश 84.00 प्रतिशत ग्रामीण नेता उक्त मत के प्रति सहमत पाये गये कि नेता में समस्या के समाधान करने की क्षमता होनी चाहिए।

## नेता को जनकल्याण कार्यों में अपने निजी कार्यों से कम रूचि लेना चाहिए

प्रस्तुत अध्ययन में ग्रामीण नेताओं से यह जानकारी प्राप्त की गयी कि क्या नेता के जनकल्याण कार्यों में अपने निजी कार्यों से कम रूचि लेना चाहिए? प्राप्त जानकारी को निम्न सारणी में दर्शाया गया है:

**सारणी संख्या 4.22**

**नेता को जनकल्याण कार्यों में अपने निजी कार्यों से कम रूचि लेना चाहिए**

| निजी कार्यों से कम रूचि लेना चाहिए | आवृत्ति | प्रतिशत |
|---|---|---|
| सहमत | 157 | 62.80 |
| असहमत | 93 | 37.20 |
| योग | 250 | 100.00 |

सारणी के अवलोकन से स्पष्ट है कि अध्ययन में सम्मिलित 62.80 प्रतिशत ग्रामीण नेता उक्त मत के प्रति सहमत पाये गये कि नेता के जनकल्याण कार्यों में अपने निजी कार्यों से कम रुचि लेना चाहिए जबकि 37.20 प्रतिशत ग्रामीण नेता उक्त मत के प्रति असहमत पाये गये कि नेता को जनकल्याण कार्यों में अपने निजी कार्यों से कम रुचि लेना चाहिए।

अतः स्पष्ट है कि अध्ययन में सम्मिलित अधिकांश 62.80 प्रतिशत ग्रामीण नेता उक्त मत के प्रति सहमत पाये गये कि नेता को जनकल्याण कार्यों में अपने निजी कार्यों से कम रुचि लेना चाहिए।

## नेता को निःस्वार्थ और उद्देश्यों के प्रति सद्भाव और निष्ठा रखनी चाहिए

प्रस्तुत अध्ययन में ग्रामीण नेताओं से यह जानकारी प्राप्त की गयी कि क्या नेता को निःस्वार्थ और उद्देश्यों के प्रति सदभाव और निष्ठा रखनी चाहिए? प्राप्त जानकारी को निम्न सारणी में दर्शाया गया है:

**सारणी संख्या-4.23**

**नेता को निःस्वार्थ और उद्देश्यों के प्रति सदभाव और निष्ठा रखनी चाहिए**

| सदभाव और निष्ठा रखनी चाहिए | आवृत्ति | प्रतिशत |
|---|---|---|
| सहमत | 205 | 82.00 |
| असहमत | 45 | 18.00 |
| योग | 250 | 100.00 |

सारणी के अवलोकन से स्पष्ट है कि अध्ययन में सम्मिलित 82.00 प्रतिशत ग्रामीण नेता उक्त मत के प्रति सहमत पाये गये कि नेता को निःस्वार्थ और उद्देश्यों के प्रति सद्भाव और निष्ठा रखनी चाहिए जबकि 18.00 प्रतिशत ग्रामीण नेता उक्त मत के प्रति सहमत पाये गये कि नेता को निःस्वार्थ और उद्देश्यों के प्रति सद्भाव और निष्ठा रखनी चाहिए।

अतः स्पष्ट है कि अध्ययन में सम्मिलित अधिकांश 82.00 प्रतिशत ग्रामीण नेता उक्त मत के प्रति सहमत पाये गये कि नेता को निःस्वार्थ और उद्देश्यों के प्रति सद्भाव और निष्ठा रखनी चाहिए।

## नेता को अपनी कमजोरियों को जनता के सम्मुख प्रस्तुत करना चाहिए

प्रस्तुत अध्ययन में ग्रामीण नेताओं से यह जानकारी प्राप्त की गयी कि क्या नेता को अपनी कमजोरियों को जनता के सम्मुख प्रस्तुत करना चाहिए? प्राप्त जानकारी को निम्न सारणी में दर्शाया गया है:

**सारणी संख्या 4.24**

**नेता को अपनी कमजोरियों को जनता के सम्मुख प्रस्तुत करना चाहिए**

| जनता के सम्मुख प्रस्तुत करना चाहिए | आवृत्ति | प्रतिशत |
|---|---|---|
| सहमत | 174 | 69.60 |
| असहमत | 76 | 30.40 |
| योग | 250 | 100.00 |

सारणी के अवलोकन से स्पष्ट है कि अध्ययन में सम्मिलित 69.60 प्रतिशत ग्रामीण नेता उक्त मत के प्रति सहमत पाये गये कि नेता को अपनी कमजोरियों को जनता के सम्मुख प्रस्तुत करना चाहिए जबकि 30.40 प्रतिशत ग्रामीण नेता उक्त मत के प्रति असहमत पाये गये कि नेता को अपनी कमजोरियों को जनता के सम्मुख प्रस्तुत करना चाहिए।

अतः स्पष्ट है कि अध्ययन में सम्मिलित अधिकांश 69.60 प्रतिशत ग्रामीण नेता उक्त मत के प्रति सहमत पाये गये कि नेता को अपनी कमजोरियों को जनता के सम्मुख प्रस्तुत करना चाहिए।

## नेता को छोटी-छोटी गल्तियों पर ध्यान नहीं देना चाहिए

प्रस्तुत अध्ययन में ग्रामीण नेताओं से यह जानकारी प्राप्त की गयी कि क्या नेता को छोटी-छोटी गलतियों पर ध्यान नहीं देना चाहिए? प्राप्त जानकारी को निम्न सारणी में दर्शाया गया है:

**सारणी संख्या 4.25**
**नेता को छोटी-छोटी गल्तियों पर ध्यान नहीं देना चाहिए**

| गल्तियों पर ध्यान नहीं देना चाहिए | आवृत्ति | प्रतिशत |
|---|---|---|
| सहमत | 184 | 73.60 |
| असहमत | 66 | 26.40 |
| योग | 250 | 100.00 |

सारणी के अवलोकन से स्पष्ट है कि अध्ययन में सम्मिलित 73.60 प्रतिशत ग्रामीण नेता उक्त मत के प्रति सहमत पाये गये कि नेता को छोटी-छोटी गल्तियों पर ध्यान नहीं देना चाहिए जबकि 26.40 प्रतिशत ग्रामीण नेता उक्त मत के प्रति असहमत पाये गये कि नेता को छोटी-छोटी गलतियों पर ध्यान नहीं देना चाहिए।

अतः स्पष्ट है कि अध्ययन में सम्मिलित अधिकांश 73.60 प्रतिशत ग्रामीण नेता उक्त मत के प्रति सहमत पाये गये कि नेता को छोटी-छोटी गल्तियों पर ध्यान नहीं देना चाहिए।

## पुराने शक्तिशाली समूहों की शक्ति संरचना में कोई परिवर्तन हुआ है

प्रस्तुत अध्ययन में ग्रामीण नेताओं से यह जानकारी प्राप्त की गयी कि क्या पुराने शक्तिशाली समूहों की शक्ति संरचना में कोई परिवर्तन हुआ है? प्राप्त जानकारी को निम्न सारणी में दर्शाया गया है:

**सारणी संख्या 4.26**
**पुराने शक्तिशाली समूहों की शक्ति संरचना में कोई परिवर्तन हुआ है**

| कोई परिवर्तन हुआ है | आवृत्ति | प्रतिशत |
|---|---|---|
| हाँ | 150 | 60.00 |
| नहीं | 100 | 40.00 |
| योग | 250 | 100.00 |

सारणी के अवलोकन से स्पष्ट है कि अध्ययन में सम्मिलित 60.00 प्रतिशत ग्रामीण नेताओं के अनुसार पुराने शक्तिशाली समूहों की शक्ति संरचना में परिवर्तन हुआ है जबकि 40.00 प्रतिशत ग्रामीण नेताओं के अनुसार पुराने शक्तिशाली समूहों की शक्ति संरचना में कोई परिवर्तन नहीं हुआ है।

अतः स्पष्ट है कि अध्ययन में सम्मिलित अधिकांश 60.00 प्रतिशत ग्रामीण नेताओं के अनुसार पुराने शक्तिशाली समूहों की शक्ति संरचना में परिवर्तन हुआ है।

## यदि परिवर्तन हुआ है तो उसका क्या कारण है

प्रस्तुत अध्ययन में ग्रामीण नेताओं से यह जानकारी प्राप्त की गयी कि पुराने शक्तिशाली समूहों की शक्ति संरचना में परिवर्तन हुआ है तो उनका क्या कारण है? प्राप्त जानकारी को निम्न सारणी में दर्शाया गया है:

**सारणी संख्या 4.27**
**परिवर्तन के कारण**

| परिवर्तन के कारण | आवृत्ति | प्रतिशत |
|---|---|---|
| जनता की जागरूकता | 58 | 23.33 |
| राजनीतिक आरक्षण | 92 | 36.67 |
| शिक्षा का विकास | 100 | 40.00 |
| योग | 250 | 100.00 |

सारणी के अवलोकन से स्पष्ट है कि अध्ययन में सम्मिलित 23.33 प्रतिशत ग्रामीण नेताओं के अनुसार पुराने शक्तिशाली समूहों की शक्ति संरचना में परिवर्तन हुआ है तो उसका प्रमुख कारण जनता की जागरूकता है। 36.67 प्रतिशत ग्रामीण नेताओं के अनुसार राजनीतिक आरक्षण के कारण परिवर्तन हुआ है जबकि 40.00 प्रतिशत ग्रामीण नेताओं के अनुसार पुराने शक्तिशाली समूहों की शक्ति संरचना में परिवर्तन शिक्षा के विकास के कारण हुआ है।

अतः स्पष्ट है कि अध्ययन में सम्मिलित अधिकांश 40.00 प्रतिशत ग्रामीण नेताओं के अनुसार पुराने शक्तिशाली समूहों की शक्ति संरचना में परिवर्तन शिक्षा के विकास के कारण हुआ है।

## ग्राम पंचायत के चुनावों में धनी या दबंग लोग ही विजयी होते हैं

प्रस्तुत अध्ययन में ग्रामीण नेताओं से यह जानकारी प्राप्त की गयी कि क्या ग्राम पंचायत के चुनावों में धनी या दबंग लोग ही विजयी होते हैं? प्राप्त जानकारी को निम्न सारणी में दर्शाया गया है:

**सारणी संख्या 4.28**

**ग्राम पंचायत के चुनावों में धनी या दबंग लोग ही विजयी होते हैं**

| धनी या दबंग लोग ही विजयी होते हैं | आवृत्ति | प्रतिशत |
|---|---|---|
| पूर्ण सहमत | 20 | 08.00 |
| सहमत | 30 | 12.00 |
| असहमत | 60 | 24.00 |
| पूर्ण असहमत | 100 | 40.00 |
| तटस्थ | 40 | 16.00 |
| योग | 250 | 100.00 |

सारणी के अवलोकन से स्पष्ट है कि अध्ययन में सम्मिलित 08.00 प्रतिशत ग्रामीण नेता पूर्ण रूप से सहमत हैं कि ग्राम पंचायत के चुनावों में धनी या दबंग लोग ही विजयी होते हैं। 12.00 प्रतिशत उत्तरदाता उक्त मत के प्रति सहमत हैं। 24.00 प्रतिशत उत्तरदाता उक्त मत के प्रति असहमत हैं। 40.00 प्रतिशत उत्तरदाता उक्त मत के प्रति पूर्ण असहमत है जबकि 16.00 प्रतिशत उत्तरदाता उक्त मत के प्रति तटस्थ पाये गये हैं।

अतः स्पष्ट है कि अध्ययन में सम्मिलित अधिकांश 40.00 प्रतिशत ग्रामीण नेता पूर्ण असहमत हैं कि ग्राम पंचायत के चुनावों में धनी या दबंग लोग ही विजयी होते हैं।

## ईमानदार तथा प्रतिष्ठित व्यक्ति ग्राम पंचायत का चुनाव लड़ने से कतराते हैं

प्रस्तुत अध्ययन में ग्रामीण नेताओं से यह जानकारी प्राप्त की गयी कि क्या ईमानदार तथा प्रतिष्ठित व्यक्ति ग्राम पंचायत का चुनाव लड़ने से कतराते हैं? प्राप्त जानकारी को निम्न सारणी में दर्शाया गया है:

**सारणी संख्या 4.29**

**ईमानदार तथा प्रतिष्ठित व्यक्ति ग्राम पंचायत का चुनाव लड़ने से कतराते हैं**

| ग्राम पंचायत का चुनाव लड़ने से कतराते हैं | आवृत्ति | प्रतिशत |
|---|---|---|
| पूर्ण सहमत | 85 | 34.00 |
| सहमत | 50 | 20.00 |
| असहमत | 75 | 30.00 |
| पूर्ण असहमत | 25 | 10.00 |
| तटस्थ | 15 | 06.00 |
| योग | 250 | 100.00 |

सारणी के अवलोकन से स्पष्ट है कि अध्ययन में सम्मिलित 34.00 प्रतिशत ग्रामीण नेता पूर्णरूप से सहमत हैं कि ईमानदार तथा प्रतिष्ठित व्यक्ति ग्राम पंचायत का चुनाव लड़ने से कतराते हैं। 20.00 प्रतिशत उत्तरदाता उक्त मत के प्रति सहमत हैं। 30.00 प्रतिशत उत्तरदाता उक्त मत के प्रति असहमत हैं। 10.00 प्रतिशत उत्तरदाता उक्त मत के प्रति पूर्ण असहमत हैं जबकि 06.00 प्रतिशत उत्तरदाता उक्त मत के प्रति तटस्थ पाये गये हैं।

अतः स्पष्ट है कि अध्ययन में सम्मिलित अधिकांश 34.00 प्रतिशत ग्रामीण नेता पूर्ण रूप से सहमत हैं कि ईमानदार तथा प्रतिष्ठित व्यक्ति ग्राम पंचायत का चुनाव लड़ने से कतराते हैं।

### हिंसा तथा वैमनस्य के भय से निष्पक्ष व्यक्ति ग्राम पंचायत के चुनावों में सक्रिय भाग नहीं लेते हैं

प्रस्तुत अध्ययन में ग्रामीण नेताओं से यह जानकारी प्राप्त की गयी कि क्या हिंसा तथा वैमनस्य के भय से निष्पक्ष व्यक्ति ग्राम पंचायत के चुनावों में सक्रिय भाग नहीं लेते हैं? प्राप्त जानकारी को निम्न सारणी में दर्शाया गया है:

**सारणी संख्या 4.30**

**हिंसा तथा वैमनस्य के भय से निष्पक्ष व्यक्ति ग्राम पंचायत के चुनावों में सक्रिय भाग नहीं लेते हैं**

| चुनावों में सक्रिय भाग नहीं लेते हैं | आवृत्ति | प्रतिशत |
|---|---|---|
| पूर्ण सहमत | 125 | 50.00 |
| सहमत | 25 | 10.00 |
| असहमत | 40 | 16.00 |
| पूर्ण असहमत | 35 | 14.00 |
| तटस्थ | 25 | 10.00 |
| योग | 250 | 100.00 |

सारणी के अवलोकन से स्पष्ट है कि अध्ययन में सम्मिलित 50.00 प्रतिशत ग्रामीण नेता पूर्ण रूप से सहमत हैं कि हिंसा तथा वैमनस्य के भय से निष्पक्ष व्यक्ति ग्राम पंचायत के चुनावों में सक्रिय भाग नहीं लेते हैं। 10.00 प्रतिशत उत्तरदाता उक्त मत के प्रति सहमत हैं। 16.00 प्रतिशत उत्तरदाता उक्त मत के प्रति असहमत हैं। 14.00 प्रतिशत उत्तरदाता उक्त मत के प्रति पूर्ण असहमत हैं जबकि 10.00 प्रतिशत उत्तरदाता उक्त मत के प्रति तटस्थ पाये गये हैं।

अतः स्पष्ट है कि अध्ययन में सम्मिलित अधिकांश 50.00 प्रतिशत ग्रामीण नेता पूर्ण रूप से सहमत हैं कि हिंसा तथा वैमनस्य के भय से निष्पक्ष व्यक्ति ग्राम पंचायत के चुनावों में सक्रिय भाग नहीं लेते हैं।

## शारीरिक शक्तिशाली वर्गों तथा धनी वर्ग के पारस्परिक अन्तःसंबंध ऐसे हैं कि सामान्य व्यक्ति उनसे प्रतिस्पर्धा करने में सफल नहीं होता है

प्रस्तुत अध्ययन में ग्रामीण नेताओं से यह जानकारी प्राप्त की गयी कि क्या शारीरिक शक्तिशाली वर्गों तथा धनी वर्ग के पारस्परिक अन्तःसंबंध ऐसे हैं कि सामान्य व्यक्ति उनसे प्रतिस्पर्धा करने में सफल नहीं होता है? प्राप्त जानकारी को निम्न सारणी में दर्शाया गया है:

**सारणी संख्या 4.31**

**शारीरिक शक्तिशाली वर्गों तथा धनी वर्ग के पारस्परिक अन्तःसंबंध ऐसे हैं कि सामान्य व्यक्ति उनसे प्रतिस्पर्धा करने में सफल नहीं होता है**

| सफल नहीं होता है | आवृत्ति | प्रतिशत |
|---|---|---|
| पूर्ण सहमत | 30 | 12.00 |
| सहमत | 35 | 14.00 |
| असहमत | 50 | 20.00 |
| पूर्ण असहमत | 115 | 46.00 |
| तटस्थ | 20 | 08.00 |
| योग | 250 | 100.00 |

सारणी के अवलोकन से स्पष्ट है कि अध्ययन में सम्मिलित 12.00 प्रतिशत ग्रामीण नेता पूर्णरूप से सहमत है कि शारीरिक शक्तिशाली वर्गों तथा धनी वर्ग के पारस्परिक अन्तःसंबंध ऐसे हैं कि सामान्य व्यक्ति उनसे प्रतिस्पर्धा करने में सफल नहीं होता है। 14.00 प्रतिशत उत्तरदाता उक्त मत के प्रति सहमत है। 20.00 प्रतिशत उत्तरदाता उक्त मत के प्रति असहमत हैं। 46.00 प्रतिशत उत्तरदाता उक्त मत के प्रति पूर्ण असहमत हैं जबकि 08.00 प्रतिशत उत्तरदाता उक्त मत के प्रति तटस्थ पाये गये हैं।

अतः स्पष्ट है कि अध्ययन में सम्मिलित अधिकांश 46.00 प्रतिशत ग्रामीण नेता पूर्ण रूप से असहमत हैं कि शारीरिक शक्तिशाली वर्गों तथा धनी वर्ग के पारस्परिक अन्तःसंबंध ऐसे हैं कि सामान्य व्यक्ति उनसे प्रतिस्पर्धा करने में सफल नहीं होता है।

## विगत कुछ वर्षों में आपके इलाके में कोई सामाजिक संघर्ष हुआ था?

प्रस्तुत अध्ययन में ग्रामीण नेताओं से यह जानकारी प्राप्त की गयी कि क्या विगत कुछ वर्षों में आपके इलाके में कोई सामाजिक संघर्ष हुआ था? प्राप्त जानकारी को निम्न सारणी में दर्शाया गया है:

**सारणी संख्या 4.32**

**विगत कुछ वर्षों में आपके इलाके में कोई सामाजिक संघर्ष हुआ था ?**

| सामाजिक संघर्ष हुआ था | आवृत्ति | प्रतिशत |
|---|---|---|
| हाँ | 116 | 46.40 |
| नहीं | 134 | 53.60 |
| योग | 250 | 100.00 |

सारणी के अवलोकन से स्पष्ट है कि अध्ययन में सम्मिलित 46.40 प्रतिशत ग्रामीण नेताओं के अनुसार विगत कुछ वर्षों में उनके इलाके में सामाजिक संघर्ष हुआ था जबकि 52.60 प्रतिशत ग्रामीण नेताओं के अनुसार विगत कुछ वर्षों में उनके इलाके में कोई सामाजिक संघर्ष नहीं हुआ था।

अतः स्पष्ट है कि अध्ययन में सम्मिलित अधिकांश 52.60 प्रतिशत ग्रामीण नेताओं के अनुसार विगत कुछ वर्षों में उनके इलाके में कोई सामाजिक संघर्ष नहीं हुआ था।

## आप ग्रामीण संघर्षों में किसी गुट या समूह से संबंध रखते हैं

प्रस्तुत अध्ययन में ग्रामीण नेताओं से यह जानकारी प्राप्त की गयी कि क्या आप ग्रामीण संघर्षों में किसी गुट या समूह से संबंध रखते हैं? प्राप्त जानकारी को निम्न सारणी में दर्शाया गया है:

**सारणी संख्या-4.33**

**क्या आप ग्रामीण संघर्षों में किसी गुट या समूह से संबंध रखते हैं**

| संबंध रखते हैं | आवृत्ति | प्रतिशत |
|---|---|---|
| हाँ | 90 | 36.00 |
| नहीं | 160 | 64.00 |
| योग | 250 | 100.00 |

सारणी के अवलोकन से स्पष्ट है कि अध्ययन में सम्मिलित 36.00 प्रतिशत ग्रामीण नेता ग्रामीण संघर्षों में किसी गुट या समूह से संबंध रखते हैं जबकि

64.00 प्रतिशत ग्रामीण नेता ग्रामीण संघर्षों में किसी गुट या समूह से संबंध नहीं रखते हैं।

अतः स्पष्ट है कि अध्ययन में सम्मिलित अधिकांश 64.00 प्रतिशत ग्रामीण नेता ग्रामीण संघर्षों में किसी गुट या समूह से संबंध नहीं रखते हैं।

**सारणी संख्या-4.34**

**आयु के आधार पर ग्रामीण संघर्षों में किसी गुट या समूह से संबंध**

| आयु/ग्रामीण संघर्षों में किसी गुट या समूह से संबंध | हाँ | नहीं | योग |
|---|---|---|---|
| 18-30 वर्ष | 15 (37.50) | 25 (62.50) | 40 (100.00) |
| 31-40 वर्ष | 45 (36.00) | 80 (64.00) | 125 (100.00) |
| 41-50 वर्ष | 20 (33.33) | 40 (66.67) | 60 (100.00) |
| 51-60 वर्ष | 5 (33.33) | 10 (66.67) | 15 (100.00) |
| 61 वर्ष से अधिक | 5 (50.00) | 5 (50.00) | 10 (100.00) |
| योग | 90 (36.00) | 160 (64.00) | 250 (100.00) |

$x^2 = 1.12$; $df = 4$; $p = 0.89$; सार्थक नहीं है।

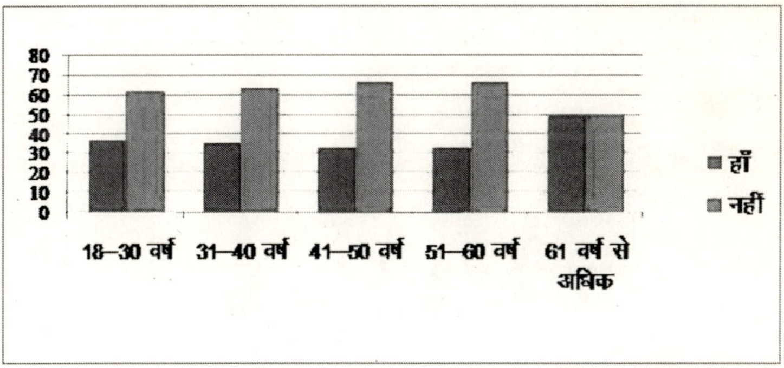


आयु के आधार पर ग्रामीण नेता ग्रामीण संघर्षों में किसी गुट या समूह से संबंध रखने से संबंधित अध्ययन से स्पष्ट होता है कि 18 से 30 वर्ष के 37.50 प्रतिशत ग्रामीण नेता ग्रामीण संघर्षों में किसी गुट या समूह से संबंध रखते हैं जबकि 62.50 प्रतिशत ग्रामीण नेता ग्रामीण संघर्षों में किसी गुट या समूह से संबंध नही रखते हैं। 31 से 40 वर्ष के 36.00 प्रतिशत ग्रामीण नेता ग्रामीण संघर्षों में किसी गुट या समूह से संबंध रखते हैं जबकि 64.00 प्रतिशत ग्रामीण नेता ग्रामीण संघर्षों में किसी गुट या समूह से संबंध नही रखते हैं। 41 से 50 वर्ष के 33.33 प्रतिशत ग्रामीण नेता

ग्रामीण संघर्षों में किसी गुट या समूह से संबंध रखते हैं जबकि 66.67 प्रतिशत ग्रामीण नेता ग्रामीण संघर्षों में किसी गुट या समूह से संबंध नहीं रखते हैं। 51 से 60 वर्ष के 33.33 प्रतिशत ग्रामीण नेता ग्रामीण संघर्षों में किसी गुट या समूह से संबंध रखते हैं जबकि 66.67 प्रतिशत ग्रामीण नेता ग्रामीण संघर्षों में किसी गुट या समूह से संबंध नहीं रखते हैं। 61 वर्ष से अधिक के 50.00 प्रतिशत ग्रामीण नेता ग्रामीण संघर्षों में किसी गुट या समूह से संबंध रखते हैं जबकि 50.00 प्रतिशत ग्रामीण नेता ग्रामीण संघर्षों में किसी गुट या समूह से संबंध नहीं रखते हैं। काई–स्क्वायर के अनुसार अन्तर सार्थक नहीं है।

**सारणी संख्या 4.35**

**जाति के आधार पर ग्रामीण संघर्षों में किसी गुट या समूह से संबंध**

| जाति/ग्रामीण संघर्षों में किसी गुट या समूह से संबंध | हाँ | नहीं | योग |
|---|---|---|---|
| उच्च | 25 (41.67) | 35 (58.33) | 60 (100.00) |
| निम्न | 35 (38.89) | 55 (61.11) | 90 (100.00) |
| पिछड़ी | 30 (30.00) | 70 (70.00) | 100 (100.00) |
| योग | 90 (36.00) | 160 (64.00) | 250 (100.00) |

$x^2 = 2.73$; df = 2; p = 0.26; सार्थक नहीं है।

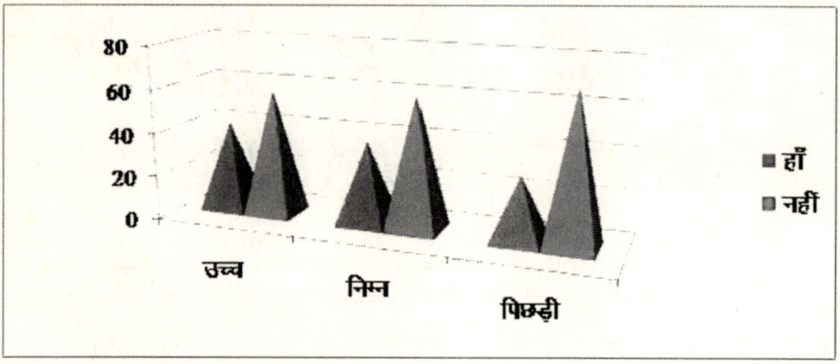


जाति के आधार पर ग्रामीण नेता ग्रामीण संघर्षों में किसी गुट या समूह से संबंध रखने से संबंधित अध्ययन से स्पष्ट होता है कि उच्च जाति के 41.67 प्रतिशत ग्रामीण नेता ग्रामीण संघर्षों में किसी गुट या समूह से संबंध रखते हैं जबकि 58.33 प्रतिशत ग्रामीण नेता ग्रामीण संघर्षों में किसी गुट या समूह से संबंध नहीं

रखते हैं। निम्न जाति के 38.89 प्रतिशत ग्रामीण नेता ग्रामीण संघर्षों में किसी गुट या समूह से संबंध रखते हैं जबकि 61.11 प्रतिशत ग्रामीण नेता ग्रामीण संघर्षों में किसी गुट या समूह से संबंध नहीं रखते हैं। पिछड़ी जाति के 30.00 प्रतिशत ग्रामीण नेता ग्रामीण संघर्षों में किसी गुट या समूह से संबंध रखते हैं जबकि 70.00 प्रतिशत ग्रामीण नेता ग्रामीण संघर्षों में किसी गुट या समूह से संबंध नहीं रखते हैं। काई-स्क्वायर के अनुसार अन्तर सार्थक नहीं है।

**सारणी संख्या 4.36**

**शैक्षणिक स्तर के आधार पर ग्रामीण संघर्षों में किसी गुट या समूह से संबंध**

| शैक्षणिक स्तर / ग्रामीण संघर्षों में किसी गुट या समूह से संबंध | हाँ | नहीं | योग |
|---|---|---|---|
| नॉन मैट्रिक | 35 (58.33) | 25 (41.67) | 60 (100.00) |
| मैट्रिक | 30 (25.00) | 90 (75.00) | 120 (100.00) |
| इंटरमीडिएट | 14 (28.00) | 36 (72.00) | 50 (100.00) |
| ग्रेजुएट | 9 (60.00) | 7 (40.00) | 15 (100.00) |
| स्नातकोत्तर | 2 (40.00) | 3 (60.00) | 5 (100.00) |
| योग | 90 (36.00) | 160 (64.00) | 250 (100.00) |

$x^2 = 23.68$; df = 4; p = 0.00009; <0.05 सार्थक है।

शैक्षणिक स्तर के आधार पर ग्रामीण नेता ग्रामीण संघर्षों में किसी गुट या समूह से संबंध रखने से संबंधित अध्ययन से स्पष्ट होता है कि नान मैट्रिक स्तर के 58. 33 प्रतिशत ग्रामीण नेता ग्रामीण संघर्षों में किसी गुट या समूह से संबंध रखते हैं जबकि 41.67 प्रतिशत ग्रामीण नेता ग्रामीण संघर्षों में किसी गुट या समूह से संबंध नहीं रखते हैं। मैट्रिक स्तर के 25.00 प्रतिशत ग्रामीण नेता ग्रामीण संघर्षों में किसी गुट या समूह से संबंध रखते हैं जबकि 75.00 प्रतिशत ग्रामीण नेता ग्रामीण संघर्षों में किसी गुट या समूह से संबंध नहीं रखते हैं। इंटरमीडिएट स्तर के 28.00 प्रतिशत ग्रामीण नेता ग्रामीण संघर्षों में किसी गुट या समूह से संबंध रखते हैं जबकि 72.00 प्रतिशत ग्रामीण नेता ग्रामीण संघर्षों में किसी गुट या समूह से संबंध नहीं रखते हैं। ग्रेजुएट स्तर के 60.00 प्रतिशत ग्रामीण नेता ग्रामीण संघर्षों में किसी गुट या समूह से संबंध रखते हैं जबकि 40.00 प्रतिशत ग्रामीण नेता ग्रामीण संघर्षों में किसी गुट या समूह से संबंध नहीं रखते हैं। स्नातकोत्तर स्तर के 40.00 प्रतिशत ग्रामीण नेता ग्रामीण संघर्षों में किसी गुट या समूह से संबंध रखते हैं जबकि

60.00 प्रतिशत ग्रामीण नेता ग्रामीण संघर्षों में किसी गुट या समूह से संबंध नहीं रखते हैं। काई-स्क्वायर के अनुसार अन्तर सार्थक है।

**सारणी संख्या 4.37**

**व्यवसाय के आधार पर ग्रामीण संघर्षों में किसी गुट या समूह से सम्बन्ध**

| व्यवसाय/ग्रामीण संघर्षो में किसी गुट या समूह से संबंध | हाँ | नहीं | योग |
|---|---|---|---|
| कृषि | 55 (36.67) | 95 (63.67) | 150 (100.00) |
| व्यापार | 15 (37.50) | 25 (62.50) | 40 (100.00) |
| मज़दूरी | 7 (28.00) | 18 (72.00) | 25 (100.00) |
| नौकरी | 13 (37.14) | 22 (62.86) | 35 (100.00) |
| योग | 90 (36.00) | 160 (64.00) | 250 (100.00) |

$x^2 = 0.78$; df = 3; p = 0.85; सार्थक नहीं है।

व्यवसाय के आधार पर ग्रामीण नेता ग्रामीण संघर्षों में किसी गुट या समूह से संबंध रखने से संबंधित अध्ययन से स्पष्ट होता है कि कृषि व्यवसाय से जुड़े 36. 67 प्रतिशत ग्रामीण नेता ग्रामीण संघर्षों में किसी गुट या समूह से संबंध रखते हैं जबकि 63.67 प्रतिशत ग्रामीण नेता ग्रामीण संघर्षों में किसी गुट या समूह से संबंध नहीं रखते हैं। व्यापार से जुड़े 37.50 प्रतिशत ग्रामीण नेता ग्रामीण संघर्षों में किसी गुट या समूह से संबंध रखते हैं जबकि 62.50 प्रतिशत ग्रामीण नेता ग्रामीण संघर्षों में किसी गुट या समूह से संबंध नहीं रखते हैं। मजदूरी से जुड़े 28.00 प्रतिशत ग्रामीण नेता ग्रामीण संघर्षों में किसी गुट या समूह से सम्बन्ध रखते हैं जबकि 72. 00 प्रतिशत ग्रामीण नेता ग्रामीण संघर्षों में किसी गुट या समूह से संबंध नहीं रखते हैं। नौकरी से जुड़े 37.14 प्रतिशत ग्रामीण नेता ग्रामीण संघर्षों में किसी गुट या समूह से संबंध रखते हैं जबकि 62.86 प्रतिशत ग्रामीण नेता ग्रामीण संघर्षों में किसी गुट या समूह से सम्बन्ध नहीं रखते हैं। काई-स्क्वायर के अनुसार अन्तर सार्थक नहीं है।

## ग्रामीण नेतृत्व में जाति का सहारा आवश्यक है

प्रस्तुत अध्ययन में ग्रामीण नेताओं से यह जानकारी प्राप्त की गयी कि क्या ग्रामीण नेतृत्व में जाति का सहारा आवश्यक है? प्राप्त जानकारी को निम्न सारणी में दर्शाया गया है:

**सारणी संख्या 4.38**

**ग्रामीण नेतृत्व में जाति का सहारा आवश्यक है**

| ग्रामीण नेतृत्व में जाति का सहारा आवश्यक है | आवृत्ति | प्रतिशत |
|---|---|---|
| आवश्यक है | 70 | 28.00 |
| अति आवश्यक है | 40 | 16.00 |
| आवश्यक नहीं है परन्तु प्रभावपूर्ण है | 140 | 56.00 |
| योग | 250 | 100.00 |

सारणी के अवलोकन से स्पष्ट है कि अध्ययन में सम्मिलित 28.00 प्रतिशत ग्रामीण नेताओं के अनुसार ग्रामीण नेतृत्व में जाति का सहारा आवश्यक है। 16.00 प्रतिशत ग्रामीण नेताओं के अनुसार ग्रामीण नेतृत्व में जाति का सहारा अति आवश्यक है जबकि 56.00 प्रतिशत ग्रामीण नेताओं के अनुसार ग्रामीण नेतृत्व में जाति का सहारा आवश्यक नहीं है परन्तु प्रभावपूर्ण है।

अतः स्पष्ट है कि अध्ययन में सम्मिलित अधिकांश 56.00 प्रतिशत ग्रामीण नेताओं के अनुसार ग्रामीण नेतृत्व में जाति का सहारा आवश्यक नहीं है परन्तु प्रभावपूर्ण है।

## जातिवाद कब अधिक विकसित होता है?

प्रस्तुत अध्ययन में ग्रामीण नेताओं से यह जानकारी प्राप्त की गयी कि जातिवाद कब अधिक विकसित होता है? प्राप्त जानकारी को निम्न सारणी में दर्शाया गया है:

**सारणी संख्या 4.39**

**जातिवाद कब अधिक विकसित होता है?**

| जातिवाद कब अधिक विकसित होता है | आवृत्ति | प्रतिशत |
|---|---|---|
| चुनावी मुद्दों पर | 80 | 32.00 |
| सामाजिक मुद्दों पर | 50 | 20.00 |
| चुनाव के समय | 120 | 48.00 |
| योग | 250 | 100.00 |

सारणी के अवलोकन से स्पष्ट है कि अध्ययन में सम्मिलित 32.00 प्रतिशत ग्रामीण नेताओं के अनुसार जातिवाद चुनावी मुद्दों पर अधिक विकसित होता है। 20.00 प्रतिशत ग्रामीण नेताओं के अनुसार जातिवाद सामाजिक मुद्दों पर अधिक

विकसित होता है जबकि 48.00 प्रतिशत ग्रामीण नेताओं के अनुसार जातिवाद चुनाव के समय अधिक विकसित होता है।

अतः स्पष्ट है कि अध्ययन में सम्मिलित अधिकांश 48.00 प्रतिशत ग्रामीण नेताओं के अनुसार जातिवाद चुनाव के समय अधिक विकसित होता है।

**सारणी संख्या-4.40**

**आयु के आधार पर जातिवाद का विकास**

| जाति / जातिवाद का विकास | चुनावी मुद्दों पर | सामाजिक मुद्दों पर | चुनाव के समय | योग |
|---|---|---|---|---|
| 18-30 वर्ष | 15 (37.50) | 10 (25.00) | 15 (37.50) | 40 (100.00) |
| 31-40 वर्ष | 32 (25.60) | 23 (18.40) | 70 (56.00) | 125 (100.00) |
| 41-50 वर्ष | 25 (41.67) | 10 (16.66) | 25 (41.67) | 60 (100.00) |
| 51-60 वर्ष | 6 (40.00) | 4 (26.67) | 5 (33.33) | 15 (100.00) |
| 61 वर्ष से अधिक | 2 (20.00) | 3 (30.00) | 5 (50.00) | 10 (100.00) |
| योग | 80 (32.00) | 50 (20.00) | 120 (48.00) | 250 (100.00) |

$x^2$ = 10.07; df = 8; p = 0.26; सार्थक नहीं है।

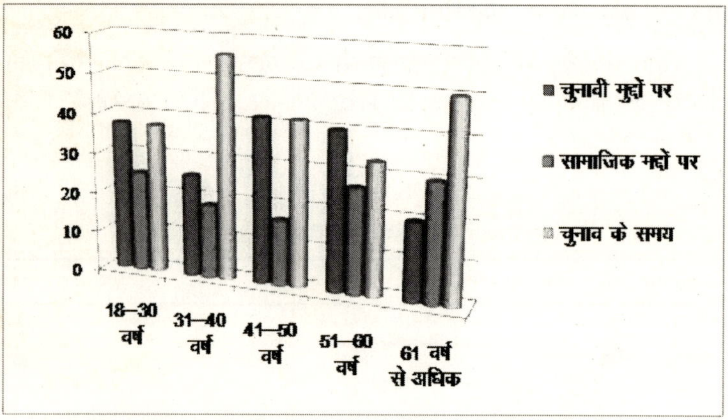


आयु के आधार पर जातिवाद चुनाव के समय अधिक विकसित होने से संबंधित अध्ययन से स्पष्ट होता है कि 18 से 30 वर्ष के 37.50 प्रतिशत ग्रामीण नेताओं के अनुसार जातिवाद चुनावी मुद्दों पर अधिक विकसित होता है। 25.00 प्रतिशत ग्रामीण नेताओं के अनुसार जातिवाद सामाजिक मुद्दों पर अधिक विकसित होता है जबकि

37.50 प्रतिशत ग्रामीण नेताओं के अनुसार जातिवाद चुनाव के समय अधिक विकसित होता है। 31 से 40 वर्ष के 25.60 प्रतिशत ग्रामीण नेताओं के अनुसार जातिवाद चुनावी मुद्दों पर अधिक विकसित होता है। 18.40 प्रतिशत ग्रामीण नेताओं के अनुसार जातिवाद सामाजिक मुद्दों पर अधिक विकसित होता है जबकि 56.00 प्रतिशत ग्रामीण नेताओं के अनुसार जातिवाद चुनाव के समय अधिक विकसित होता है। 41 से 50 वर्ष के 41.67 प्रतिशत ग्रामीण नेताओं के अनुसार जातिवाद चुनावी मुद्दों पर अधिक विकसित होता है। 26.67 प्रतिशत ग्रामीण नेताओं के अनुसार जातिवाद सामाजिक मुद्दों पर अधिक विकसित होता है जबकि 33.33 प्रतिशत ग्रामीण नेताओं के अनुसार जातिवाद चुनाव के समय अधिक विकसित होता है। 51 से 60 वर्ष के 40.00 प्रतिशत ग्रामीण नेताओं के अनुसार जातिवाद चुनावी मुद्दों पर अधिक विकसित होता है। 26.67 प्रतिशत ग्रामीण नेताओं के अनुसार जातिवाद सामाजिक मुद्दों पर अधिक विकसित होता है जबकि 33.33 प्रतिशत ग्रामीण नेताओं के अनुसार जातिवाद चुनाव के समय अधिक विकसित होता है। 61 वर्ष से अधिक आयु वर्ग के 20.00 प्रतिशत ग्रामीण नेताओं के अनुसार जातिवाद चुनावी मुद्दों पर अधिक विकसित होता है। 30.00 प्रतिशत ग्रामीण नेताओं के अनुसार जातिवाद सामाजिक मुद्दों पर अधिक विकसित होता है जबकि 50.00 प्रतिशत ग्रामीण नेताओं के अनुसार जातिवाद चुनाव के समय अधिक विकसित होता है। काई–स्क्वायर के अनुसार अन्तर सार्थक नहीं है।

**सारणी संख्या-4.41**

**शैक्षणिक स्तर के आधार पर जातिवाद का विकास**

| शैक्षणिक स्तर/ जातिवाद का विकास | चुनावी मुद्दों पर | सामाजिक मुद्दों पर | चुनाव के समय | योग |
|---|---|---|---|---|
| नॉन मैट्रिक | 13 (21.67) | 17 (28.33) | 30 (50.00) | 60 (100.00) |
| मैट्रिक | 40 (33.33) | 20 (16.67) | 60 (50.00) | 120 (100.00) |
| इंटरमीडिएट | 21 (42.00) | 5 (10.00) | 24 (48.00) | 50 (100.00) |
| ग्रेजुएट | 5 (33.33) | 6 (40.00) | 4 (26.67) | 15 (100.00) |
| स्नातकोत्तर | 1 (20.00) | 2 (40.00) | 2 (40.00) | 5 (100.00) |
| योग | 80 (32.00) | 50 (20.00) | 120 (48.00) | 250 (100.00) |

$x^2$ = 14.75; df = 8; p = 0.064; सार्थक नहीं है।

शैक्षणिक स्तर के आधार पर ग्रामीण नेता ग्रामीण संघर्षों में किसी गुट या समूह से संबंध रखने से संबंधित अध्ययन से स्पष्ट होता है कि नान मैट्रिक स्तर के

21.67 प्रतिशत ग्रामीण नेताओं के अनुसार जातिवाद चुनावी मुद्दों पर अधिक विकसित होता है। 28.33 प्रतिशत ग्रामीण नेताओं के अनुसार जातिवाद सामाजिक मुद्दों पर अधिक विकसित होता है जबकि 50.00 प्रतिशत ग्रामीण नेताओं के अनुसार जातिवाद चुनाव के समय अधिक विकसित होता है। मैट्रिक स्तर के 33.33 प्रतिशत ग्रामीण नेताओं के अनुसार जातिवाद चुनावी मुद्दों पर अधिक विकसित होता है। 16.67 प्रतिशत ग्रामीण नेताओं के अनुसार जातिवाद सामाजिक मुद्दों पर अधिक विकसित होता है जबकि 50.00 प्रतिशत ग्रामीण नेताओं के अनुसार जातिवाद चुनाव के समय अधिक विकसित होता है। इंटरमीडिएट स्तर के 42.00 प्रतिशत ग्रामीण नेताओं के अनुसार जातिवाद चुनावी मुद्दों पर अधिक विकसित होता है। 10.00 प्रतिशत ग्रामीण नेताओं के अनुसार जातिवाद सामाजिक मुद्दों पर अधिक विकसित होता है जबकि 48.00 प्रतिशत ग्रामीण नेताओं के अनुसार जातिवाद चुनाव के समय अधिक विकसित होता है। ग्रेजुएट स्तर के 33.33 प्रतिशत ग्रामीण नेताओं के अनुसार जातिवाद चुनावी मुद्दों पर अधिक विकसित होता है। 40.00 प्रतिशत ग्रामीण नेताओं के अनुसार जातिवाद सामाजिक मुद्दों पर अधिक विकसित होता है जबकि 26.67 प्रतिशत ग्रामीण नेताओं के अनुसार जातिवाद चुनाव के समय अधिक विकसित होता है। स्नातकोत्तर स्तर के 20.00 प्रतिशत ग्रामीण नेताओं के अनुसार ज़ातिवाद चुनावी मुद्दों पर अधिक विकसित होता है। 40.00 प्रतिशत ग्रामीण नेताओं के अनुसार जातिवाद सामाजिक मुद्दों पर अधिक विकसित होता है जबकि 40.00 प्रतिशत ग्रामीण नेताओं के अनुसार जातिवाद चुनाव के समय अधिक विकसित होता है। काई-स्क्वायर के अनुसार अन्तर सार्थक नहीं है।

**सारणी संख्या 4.42**

**व्यवसाय के आधार पर जातिवाद का विकास**

| व्यवसाय / जातिवाद का विकास | चुनावी मुद्दों पर | सामाजिक मुद्दों पर | चुनाव के समय | योग |
|---|---|---|---|---|
| कृषि | 50 (33.33) | 25 (16.67) | 75 (50.00) | 150 (100.00) |
| व्यापार | 15 (37.50) | 5 (12.50) | 20 (50.00) | 40 (100.00) |
| मजदूरी | 5 (20.00) | 12 (48.00) | 8 (32.00) | 25 (100.00) |
| नौकरी | 10 (28.58) | 8 (22.85) | 17 (48.57) | 35 (100.00) |
| योग | 80 (32.00) | 50 (20.00) | 120 (48.00) | 250 (100.00) |

$x^2 = 15.11$; df = 6; $p = 0.019$; $<0.05$ सार्थक है।

व्यवसाय के आधार पर ग्रामीण नेता ग्रामीण संघर्षों में किसी गुट या समूह से संबंध रखने से संबंधित अध्ययन से स्पष्ट होता है कि कृषि व्यवसाय से जुड़े 33.33 प्रतिशत ग्रामीण नेताओं के अनुसार जातिवाद चुनावी मुद्दों पर अधिक विकसित होता है। 16.67 प्रतिशत ग्रामीण नेताओं के अनुसार जातिवाद सामाजिक मुद्दों पर अधिक विकसित होता है जबकि 50.00 प्रतिशत ग्रामीण नेताओं के अनुसार जातिवाद चुनाव के समय अधिक विकसित होता है। व्यापार से जुड़े 37.50 प्रतिशत ग्रामीण नेताओं के अनुसार जातिवाद चुनावी मुद्दों पर अधिक विकसित होता है। 12.50 प्रतिशत ग्रामीण नेताओं के अनुसार जातिवाद सामाजिक मुद्दों पर अधिक विकसित होता है जबकि 50.00 प्रतिशत ग्रामीण नेताओं के अनुसार जातिवाद चुनाव के समय अधिक विकसित होता है। मजदूरी से जुड़े 20.00 प्रतिशत ग्रामीण नेताओं के अनुसार जातिवाद चुनावी मुद्दों पर अधिक विकसित होता है। 48.00 प्रतिशत ग्रामीण नेताओं के अनुसार जातिवाद सामाजिक मुद्दों पर अधिक विकसित होता है जबकि 32.00 प्रतिशत ग्रामीण नेताओं के अनुसार जातिवाद चुनाव के समय अधिक विकसित होता है। नौकरी पेशा से जुड़े 28.58 प्रतिशत ग्रामीण नेताओं के अनुसार जातिवाद चुनावी मुद्दों पर अधिक विकसित होता है। 22.85 प्रतिशत ग्रामीण नेताओं के अनुसार जातिवाद सामाजिक मुद्दों पर अधिक विकसित होता है जबकि 48.57 प्रतिशत ग्रामीण नेताओं के अनुसार जातिवाद चुनाव के समय अधिक विकसित होता है। काई-स्क्वायर के अनुसार अन्तर सार्थक है।

## आप गाँव के बाहर या अंदर के इलाके में भाग लेते हैं?

प्रस्तुत अध्ययन में ग्रामीण नेताओं से यह जानकारी प्राप्त की गयी कि क्या क्या आप गाँव के बाहर या अंदर के इलाके में भाग लेते हैं? प्राप्त जानकारी को निम्न सारणी में दर्शाया गया है:

**सारणी संख्या 4.43**

**आप गाँव के बाहर या अंदर के इलाके में भाग लेते हैं ?**

| आप गाँव के बाहर या अंदर के इलाके में भाग लेते है | आवृत्ति | प्रतिशत |
|---|---|---|
| हाँ | 175 | 70.00 |
| नहीं | 75 | 30.00 |
| योग | 250 | 100.00 |

सारणी के अवलोकन से स्पष्ट है कि अध्ययन में सम्मिलित 70.00 प्रतिशत ग्रामीण नेता गाँव के बाहर या अंदर के इलाके में भाग लेते हैं जबकि 30.00 प्रतिशत ग्रामीण नेता गाँव के बाहर या अंदर के इलाके में भाग नहीं लेते हैं।

अतः स्पष्ट है कि अध्ययन में सम्मिलित अधिकांश 70.00 प्रतिशत ग्रामीण नेता गाँव के बाहर या अंदर के इलाके में भाग लेते हैं।

## आपके गाँव में गुटबंदी पायी जाती है

प्रस्तुत अध्ययन में ग्रामीण नेताओं से यह जानकारी प्राप्त की गयी कि क्या आपके गाँव में गुटबंदी पायी जाती है? प्राप्त जानकारी को निम्न सारणी में दर्शाया गया है:

**सारणी संख्या 4.44**

**आपके गाँव में गुटबंदी पायी जाती है**

| आपके गाँव में गुटबंदी पायी जाती है | आवृत्ति | प्रतिशत |
|---|---|---|
| हाँ | 110 | 44.00 |
| नहीं | 140 | 56.00 |
| योग | 250 | 100.00 |

सारणी के अवलोकन से स्पष्ट है कि अध्ययन में सम्मिलित 44.00 प्रतिशत ग्रामीण नेताओं के गाँव में गुटबंदी पायी जाती है जबकि 56.00 प्रतिशत ग्रामीण नेताओं के गाँव में गुटबंदी नहीं पायी जाती है।

अतः स्पष्ट है कि अध्ययन में सम्मिलित अधिकांश 56.00 प्रतिशत ग्रामीण नेताओं के गाँव में गुटबन्दी नहीं पायी जाती है।

## सारांश

शक्ति संरचना एवं नेतृत्व प्रतिमानों की पहचान करने के संदर्भ से प्रस्तुत अध्याय के अंतर्गत अध्ययन से प्राप्त तथ्यों के आधार पर यह निष्कर्ष निकलता है कि नेतृत्व की वंशावली परिवार में परंपरा के आधार पर नहीं चली आ रही है, अर्थात अधिंकांश उत्तरदाता उस परिवार से अपना संबंध रखते हैं जिनके परिवार में नेतृत्व पीढ़ी दर पीढ़ी नहीं चला आ रहा है। एवं अधिकांशः उत्तरदाता मैट्रिक स्तर की शिक्षा प्राप्त किए हुए हैं। व्यवसाय के आधार पर ग्रामीण नेताओं के परिवार में नेतृत्व परम्परा के अध्ययन से यह ज्ञात होता है, कि मज़दूरी, व्यवसाय से संबंधित नेता सर्वाधिक (60 प्रतिशत) हैं, गाँव में नेताओं की संख्या के सन्दर्भ में अध्ययन से ज्ञात

होता है कि 4 से 6 की संख्या के मध्य नेता (56 प्रतिशत) बहुलता में है, तथा 7 से अधिक की संख्या में पाए जाने वाले नेताओं का प्रतिशतांक न्यूनतम (10 प्रतिशत) है।

अध्ययन से प्राप्त तथ्य एवं सारणी अवलोकन के पश्चात् नयी कृषि तकनीकि, पशु सुधार, वृक्षारोपण को अपनाने में किस स्रोत की सहायता ली गई, इस संदर्भ में सर्वाधिक सहायता का स्त्रोत (50 प्रतिशत) कृषि अधिकारी का है, तथा न्यूनतम सहायता का स्रोत ब्लाक प्रमुख (10 प्रतिशत) का रहा है।

ग्रामीण क्षेत्रों में विद्यालय एवं पंचायत भवन किसके प्रयासों से बने? इसके संदर्भ में प्राप्त तथ्यों के आधार पर कहा जा सकता है कि विद्यालय एवं पंचायत भवन के निर्माण में सर्वाधिक योगदान सरकारी कर्मचारियों का (44 प्रतिशत) रहा है, तथा इस संदर्भ से 10 प्रतिशत उत्तरदाता ऐसे भी मिले, जिनको विषम कार्यों के बारे में कोई जानकारी नहीं हैं, ग्रामीण क्षेत्रों में सड़क निर्माण एवं विद्युत की व्यवस्था सर्वाधिक सरकारी कर्मचारियों (40 प्रतिशत) के माध्यम से हुई है। ग्रामीण नेताओं के कार्यो की संतुष्टि के संबंध में अधिकांश (60 प्रतिशत) उत्तरदाताओं ने नेता के कार्यों से संतुष्टि जाहिर की है।

ग्रामीण नेताओं की पारदर्शिता के सन्दर्भ में उत्तरदाताओं के द्वारा जो उत्तर प्राप्त हुए, उसके आधार पर कहा जा सकता है कि अधिकांश नेता (68 प्रतिशत) ईमानदार होते हैं। ग्रामीण जनकल्याण से संबंधित कार्यो के अवलोकन के पश्चात् यह ज्ञात हुआ कि अधिकांश (56 प्रतिशत) ग्रामीण नेता जनकल्याण के लिए कार्य करते हैं। तथा स्वयं के हितों को ग्रामीणों के कल्याण में बाधा नहीं बनने देते हैं। ग्रामीण नेता के उत्तरदायित्व के संदर्भ में यह तथ्य ज्ञात होता है कि अधिकांश ग्रामीण नेता (68 प्रतिशत) अपने उत्तरदायित्वों का निर्वहन उचित प्रकार से करते हैं। ग्रामीण गुटबाजी के सन्दर्भ में अधिकांश उत्तरदाताओं (56 प्रतिशत) ने अपना यह उत्तर प्रस्तुत किया कि ग्रामीण नेता गुटबंदी को प्रेरित करते है, तथा बहुसंख्यक मात्रा में (63.20 प्रतिशत) उत्तरदाताओं ने यह बतलाया कि ग्रामीण नेता जातीयता को भी प्रोत्साहन देते हैं।

आदर्श नेतृत्व के सन्दर्भ में उत्तरदाताओं से प्राप्त उत्तरों के आधार पर नेतृत्व प्रतिमानों की व्याख्या की गई है। नेता में समस्या समाधान की क्षमता क्या होनी चाहिए, इस प्रश्न पर अधिकांशः (84 प्रतिशत) उत्तरदाताओं ने माना कि नेताओं में समस्या के समाधान के प्रति अभिक्षमता का होना अति आवश्यक है। जनकल्याणकार्यों एवम् अपने निजी कार्यो में रूचि के सन्दर्भ में अधिकांशः उत्तरदाताओं (62.80

प्रतिशत) का मानना है कि नेता को जनकल्याण कार्यो में अधिक रुचि लेनी चाहिए एवं निजी कार्यो में कम रुचि रखनी चाहिए तथा सद्‌भाव तथा निष्ठा के संदर्भ में अधिकांश उत्तरदाता (82 प्रतिशत) का मानना है कि नेताओं को लोगों के प्रति सद्‌भाव व निष्ठा रखनी चाहिए। नेता को अपनी कमजोरियाँ जनता के सम्मुख प्रस्तुत करनी चाहिए कि नहीं–इस सन्दर्भ में अधिकांश उत्तरदाताओं (69.60 प्रतिशत) का मानना है कि नेता को अपनी कमियों को जनता के सम्मुख प्रस्तुत करना चाहिए एवम् अधिकांश उत्तरदाताओं (73.60 प्रतिशत) ने यह भी बताया कि नेता को छोटी-छोटी गल्तियों पर ध्यान नहीं देना चाहिए।

शक्ति संरचना में बदलाव के संदर्भ में अधिकांशतः उत्तरदाताओं (60 प्रतिशत) का मानना है कि पुराने शक्तिशाली समूहों की शक्ति संरचना में परिवर्तन हुआ है। इन परिवर्तनों के कारणों के परिप्रेक्ष्य में अधिकांश उत्तरदाताओं (40 प्रतिशत) ने शिक्षा के विकास को प्रमुख माना है तथा न्यूनतम मात्रा में (23.33 प्रतिशत) परिवर्तन के कारणों के अन्तर्गत जनता की जागरूकता को बतलाया है। ग्राम पंचायतों के चुनावों में धनी या दबंग लोग विजयी होते हैं। इस कथन पर अधिकांशः उत्तरदाता (40प्रतिशत) पूर्णतः असहमत हैं, तथा पूर्ण सहमति अभिव्यक्त करने वाले उत्तरदाता न्यूनतम (8 प्रतिशत) हैं। ईमानदार तथा प्रतिष्ठित व्यक्ति ग्राम पंचायत का चुनाव लड़ने में कतराते हैं, इस कथन के सन्दर्भ में अधिकांश उत्तरदाताओं (34 प्रतिशत) ने अपनी पूर्ण सहमति जाहिर की है, तथा न्यूनतम (6 प्रतिशत) लोगों ने इस कथन के प्रति तटस्थता व्यक्त की है। हिंसा तथा वैमनस्य का चुनावों पर प्रभाव परिलक्षित होता है। शक्ति संरचना के संदर्भ में धनी व्यक्ति एवं सामान्य व्यक्ति में संघर्ष को लोगों ने कम दर्शाया है। ऐतिहासिक आधार पर, ग्रामीण चुनावों के सन्दर्भ में सामाजिक संघर्षो के बारे में अधिकांश उत्तरदाताओं (63.60 प्रतिशत) का कहना है कि विगत कुछ वर्षो में संघर्ष अधिक नहीं देखाई देता है, ग्रामीण संघर्ष में गुटों की भूमिका के संबंध को अधिकांश लोगों ने अपनी राय प्रस्तुत की है कि ग्रामीण गुट संघर्ष में शामिल नहीं होते हैं।

ग्रामीण शक्ति संरचना एवं नेतृत्व प्रतिमानों की पहचान में जाति व्यवस्था अपना एक विशिष्ट स्थान रखती है। इस संन्दर्भ में प्राप्त निष्कर्षो के आधार पर यह कहा जा सकता है कि ग्रामीण नेतृत्व में वर्तमान समय में जाति का सहारा आवश्यक नहीं है। लेकिन साथ ही साथ अधिकांशतः लोगों (56 प्रतिशत) ने इस तथ्य को भी स्वीकार किया है कि ग्रामीण नेतृत्व में जाति का सहारा आवश्यक नहीं, परन्तु प्रभावपूर्ण है एवं जातिवाद चुनाव के समय में अधिकांशतः दिखलाई पड़ता है। गाँवों के आन्तरिक या बाह्य संघर्षो के संदर्भ में अधिकांशः उत्तरदाता (70 प्रतिशत)

झगड़ों में भाग नहीं लेते हैं। जबकि उत्तरदाताओं से यह पूछा गया कि आपके गॉव में गुटबन्दी पायी जाती है, तब (56 प्रतिशत) उत्तरदाताओं ने इस बात से इन्कार कर दिया।

## संदर्भ ग्रंथ

1. An Excellent over view of these approaches is found in Charles M. Bonjean and David M. Olsen, "Community Leadership : Direction of Research" in William D. Hawley and Fredric M. Wint, (eds.). The search bar community power, Englewood Cliffs, New Jersy : Prentice Hall, 1968, C.ted in D.C. Miglan, Politic and Rural Power Structure, New Delhi, Deep and Deep Publication, 1993, p. 162.

2. Reddy, G Narayan : Rural Elite and Community Work- A Socio Political Perspective, Allahabad , Chug Publication, 1986, p. 103.

3. Bonjean, C.M. and Dsen, D.M : Community Leadership : Directions of Research, Administrative Science Quarterly, Vol. 9, No. 3, December, 1974, p. 282.

4. Oomen , T.K : Myth and Reality in Indian's Communication Villages, in A.R. Desai (ed.). Rural Sociology in Indian, Bombay, Popular Prakashan, 1994, pp. 653-674 : T.K. Oomen, Rural Community Power Structure in India", Social Forces, Vol. 49, No. 2, December 1970, pp. 226-40.

5. Singh, Yogendra : Changing Power Structure of Village Community-A Case Study at Six Villages in Eastern U.P, in AR. Desai (ed.) Rural Sociology India, Bombay Popular Prakashan, 1994, pp. 711-30.

6. Reddy, Narayana, op.cit, p. 108.

7. Mehta, S.R : Emerging Pattern of Rural Leadership, New Delhi, Wiley Eastern Private Limited, 1972, p. 80.

8. Dhal A, Robert : Who Governs? New Heaven : Yale University Press 1961 : Nelson Polsby, Community Power and Political Theory, New Heaven Yale University Press, 1963 and "The Sociological of Community Power", Social Forces, Vol. 37, March, 1959, pp. 232-40 and "Community Power", American Sociological Review, Vol. 24, No. 6, December 1959, pp. 780-800.

# 5 पंचायत नेतृत्व का उदीयमान स्वरूप

आज के युग में समानता समाज का प्रमुख लक्ष्य है समानता लाने की अपनी मीमांसाऐं है और आधुनिक समाज के बहुत से आंदोलन समानता लाने के उद्देश्यों के साथ जुड़े हुए हैं। भारत के प्रथम प्रधानमंत्री पण्डित जवाहरलाल नेहरू का यह मानना था कि वर्तमान युग की आत्मा बराबरी के साथ जुड़ी हुई है। उन्होंने इतिहास की अपनी ही व्याख्या की थी। बहुत कुछ वामपंथी चिंतन से प्रभावित नेहरू ने यह माना था कि अन्ततः ग़ैर बराबरी समाप्त होनी चाहिए।[1]

वर्तमान समय में ग़ैर बराबरी का प्रश्न सार्वभौमिक या वैश्वीकरण का प्रश्न भी हैं। भारत जैसे देश में ग़ैर बराबरी के प्रश्न बहुत ही विकट हैं, यहाँ पर विकास की कोई भी अवधारणा बिना गैर बराबरी के उल्लेख के पूरी नहीं होती। भारतीय समाज की स्वाधीनता का प्रश्न ग़ैर बराबरी की समाप्ति और विकास की प्रक्रियाओं के साथ जुड़ा हुआ था। भारत की स्वाधीनता के पश्चात् यह माना गया कि यदि औपनिवेशिक दासता की जड़ता समाप्त करनी है तो हमें सामाजिक विकास के अभिकरणों की ओर देखना पड़ेगा तथा लक्ष्य और साधनों के समन्वय, सामाजिक अवसरों में वृद्धि तथा समानता को लाने के प्रयत्न में जन- जन की भागीदारी को बढ़ाना होगा। आर्थिक विकास से यदि असमानता समाप्त होती है तो उससे समाज के जीवन में वृद्धि होगी।[2]

दाण्डेकर के अनुसार, असमानता का संदर्भ भारतीय समाज में पूजींवाद के साथ जुड़ा हुआ है।[3]

जहां तक जाति की ग़ैर बराबरी का प्रश्न है, भारतीय समाज में इसके संदर्भ में बहुत कुछ लिखा गया है। जाति व्यवस्था की असमानता में जीवन अवसर तथा जीवन शैली दोनों ही प्रभावित होते हैं। एम.एन. श्रीनिवास के अनुसार, जाति व्यवस्था में गतिशीलता नहीं है तथा प्रत्येक जाति समूहों की अपनी–अपनी जीवन–शैली है।[4]

जाति में ग़ैर बराबरी के संदर्भ अनेक हैं तात्कालिक लेखक के अनुसार, जाति की संरचना वैचारिक है और शुद्धता तथा अशुद्धता के आधार पर इस संरचना में समूह एक दूसरे के विरूद्ध मौजूद हैं।[5]

पिछले कुछ दशकों में जाति संरचना एवं व्यवस्था में व्यापक परिवर्तन आये हैं। श्रीनिवास के अनुसार, जाति तथा व्यवसायों के संबंध परिवर्तित हुए हैं, विशेष रूप से नगरों में जाति शिथिलता अधिक बढ़ी है। दूसरी ओर, जाति संस्तरण की भावना घटी नहीं है, बहुत सी जातियों ने संस्कृतिकरण के माध्यम से जीवन व्यवहार तथा संरचनात्मक परिस्थितियों में सुधार किये हैं। यहाँ पाश्चात्यीकरण ने भी जातियों की प्रस्थितियों को प्रभावित किया है। जाति निरपेक्षीकरण की भावना उभरी है, और विशेष रूप से नगरों में जातियों की पारस्परिक अन्तः क्रियाओं में व्यापक परिवर्तन हुए हैं।[6]

1950 में जब सामुदायिक विकास योजना प्रारंभ हुई तो उसमें भी ग्रामीण नेतृत्व कैसा होना चाहिए, इसकी चर्चा की गई। एस.सी. दुबे[7] ने नेतृत्व के गुणों का वर्णन किया है। यह कहा गया था कि अच्छे नेतृत्व का सबसे बड़ा गुण उतरदायित्वों की निर्वाह क्षमता है। पंचायती राज व्यवस्था में नेतृत्व, चुना हुआ नेतृत्व है, यहां जो व्यक्ति पंचायती राज के पदों पर चुना जाता है आशा की जाती है कि वह सफल नेतृत्व प्रदान करेगा। लेकिन चुनाव की इस प्रक्रिया में नेतृत्व की पारंपरिक गुणवत्ता को थोड़ा सा बदल कर रख दिया है। ग्रामीण पारंपरिक संरचना में सबऑल्टर्न समूहों के लिए नेतृत्व देने संबंधी कोई गुंजाइश नहीं थी। 73वें संविधान संशोधन ने आरक्षण के माध्यम से उपेक्षित वर्ग को नेतृत्व प्रदान करने का प्रयास किया। संभवतः इसके पीछे दो कारण थे, पहला सरकार का यह संवैधानिक दायित्व था कि प्रजातांत्रिक व्यवस्था में समाज के सभी वर्गों को समुचित प्रतिनिधित्व दिया जाए। विशेष रूप से जिनको पिछड़ा कहा जाता है, उनको आवश्यक रूप में दिया जाए और दूसरा समाज की पारंपरिक शक्ति संरचना को तोड़ा जाए।

प्रस्तुत अध्ययन पंचायती राज व्यवस्था में अनुसूचित जाति, अनुसूचित जनजाति पिछड़ा वर्ग तथा महिला नेतृत्व के विशेष संदर्भ में नेतृत्व प्रतिमान को जानने का एक प्रयास है। अतः शोधकर्ता द्वारा क्षेत्र में जाकर आनुभाविक अध्ययन किए गए, वैयक्तिक अध्ययनों एवम् अवलोकनों के आधार पर पंचायती राज व्यवस्था में ग़ैर बराबरी समूहों के मूल्यांकन का प्रयास किया गया, क्षेत्र में रहकर प्राप्त किये गए अनुभव से शोधकर्ता को विषय से संबंधित अन्तर्दृष्टि प्राप्त हुई और साथ ही साथ विषय को समझने का मौक़ा मिला।

आनुभाविकता के आधार पर अनुसूचित जाति, जनजाति तथा महिलाओं व पिछड़े वर्गों के नेतृत्व के संदर्भ में भागीदारी का पता चला है तथा इन सभी वर्गों की भागीदारी ग्रामीण विकास के परिप्रेक्ष्य में सन्निहित रही है। उत्तरदाताओं द्वारा प्रस्तुत की गई सूचनाओं के माध्यम से स्थानीय स्तर पर नेतृत्व प्रतिमानों के आयामों का विश्लेषण मालूम हुआ है जिससे आरक्षण के प्रभाव का कमजोर वर्गों की स्थिति सुधारने में विशेष योगदान परिलक्षित हुआ है एवं शक्ति संरचना में जातिगत स्थिति के बजाय प्रजातांत्रिक मूल्यों का समावेशन पाया गया है। नेतृत्व के उदीयमान प्रतिमानों की व्याख्या व विवेचना इस अध्याय में सारणियों एवं आरेखों द्वारा प्रस्तुत की गयी है।

## आज पंचायती संस्थाओं में 73वें संविधान संशोधन द्वारा अनुसूचित जाति, जनजाति या महिलाओं को आरक्षण दिया गया, ताकि उनकी दशा सुधार सकें, लेकिन यह पंचायती संस्थाओं में जनसंख्या के आधार पर दिया गया आरक्षण सफल हो सकता है?

प्रस्तुत अध्ययन में ग्रामीण नेताओं से यह जानकारी प्राप्त की गयी कि क्या आज पंचायती संस्थाओं में 73वें संविधान संशोधन के द्वारा अनुसूचित जाति, जनजाति या महिलाओं को आरक्षण दिया गया, ताकि उनकी दशा सुधार सके, लेकिन यह पंचायती संस्थाओं में जनसंख्या के आधार पर दिया गया आरक्षण सफल हो सकता है? प्राप्त जानकारी को निम्न सारणी में दर्शाया गया है:

**सारणी संख्या 5.1**

**पंचायती संस्थाओं में जाति के आधार पर दिया गया आरक्षण सफल हो सकता है**

| आरक्षण सफल हो सकता है | आवृत्ति | प्रतिशत |
|---|---|---|
| हाँ | 165 | 66.00 |
| नहीं | 85 | 34.00 |
| योग | 250 | 100.00 |

सारणी के अवलोकन से स्पष्ट है कि अध्ययन में सम्मिलित 66.00 प्रतिशत ग्रामीण नेताओं के अनुसार आज पंचायती संस्थाओं में 73वें संविधान संशोधन द्वारा अनुसूचित जाति, जनजाति या महिलाओं को आरक्षण दिया गया, ताकि उनकी दशा सुधार सके, लेकिन यह पंचायती संस्थाओं में जाति के आधार पर दिया गया आरक्षण सफल हो सकता है जबकि 34.00 प्रतिशत ग्रामीण नेताओं के अनुसार आज पंचायती संस्थाओं में 73वें संविधान संशोधन द्वारा अनुसूचित जाति, जनजाति या महिलाओं

को आरक्षण दिया गया, उनकी दशा सुधार सके, लेकिन यह पंचायती संस्थाओं में जाति के आधार पर दिया गया आरक्षण सफल नहीं हो सकता है।

अतः स्पष्ट है कि अध्ययन में सम्मिलित अधिकांश 66.00 प्रतिशत ग्रामीण नेताओं के अनुसार आज पंचायती संस्थाओं में 73वें संविधान संशोधन द्वारा अनुसूचित जाति, जनजाति या महिलाओं को आरक्षण दिया गया, ताकि उनकी दशा सुधार सके, लेकिन यह पंचायती संस्थाओं में जनसंख्या के आधार पर दिया गया आरक्षण सफल हो सकता है।

क्या आज पंचायतों में उच्च शिक्षा प्राप्त व्यक्ति भी पंचायती राज में सक्रिय भाग ले रहे हैं, इससे पंचायती नेतृत्व किस दिशा की ओर अग्रसर होगा?

## अशिक्षित मुखिया चुने जाने के कारण पंचायत का विकास उसके अज्ञानता के कारण रूक जाता है?

प्रस्तुत अध्ययन में ग्रामीण नेताओं से यह जानकारी प्राप्त की गयी कि क्या आप इस बात से सहमत हैं कि अशिक्षित मुखिया चुने जाने के कारण पंचायत का विकास उसकी अज्ञानता के कारण रुक जाता है? प्राप्त जानकारी को निम्न सारणी में दर्शाया गया है:

**सारणी संख्या 5.2**

**अशिक्षित मुखिया चुने जाने के कारण पंचायत का विकास उसके अज्ञानता के कारण रुक जाता है?**

| पंचायत का विकास अज्ञानता के कारण रुक जाता है | आवृत्ति | प्रतिशत |
|---|---|---|
| हाँ | 130 | 52.00 |
| नहीं | 120 | 48.00 |
| योग | 250 | 100.00 |

सारणी के अवलोकन से स्पष्ट है कि अध्ययन में सम्मिलित 52.00 प्रतिशत ग्रामीण नेता इस बात से सहमत हैं कि अशिक्षित मुखिया चुने जाने के कारण पंचायत का विकास उसकी अज्ञानता के कारण रूक जाता है जबकि 48.00 प्रतिशत ग्रामीण नेता इस बात से सहमत नहीं हैं कि अशिक्षित मुखिया चुने जाने के कारण पंचायत का विकास उसकी अज्ञानता के कारण रूक जाता है। उनका मानना है कि अगर उसमें समर्पण की भावना है तो अशिक्षित व्यक्ति भी गाँव का विकास कर सकता है।

अतः स्पष्ट है कि अध्ययन में सम्मिलित अधिकांश प्रतिशत ग्रामीण नेता इस बात से सहमत हैं कि अशिक्षित मुखिया चुने जाने के कारण पंचायत का विकास उसकी अज्ञानता के कारण रूक जाता है।

## पंचायतों में जातिगत आरक्षण का उद्देश्य गाँवों का विकास एवं इन जातियों का उत्थान नहीं अपितु सत्ताधारी दल के वोट बैंक का निर्माण करना एवम् उन्हें सुदृढ़ बनाये रखना है

प्रस्तुत अध्ययन में ग्रामीण नेताओं से यह जानकारी प्राप्त की गयी कि क्या आप इस बात से सहमत हैं कि पंचायतों में जातिगत आरक्षण का उद्देश्य गाँवों का विकास एवम् इन जातियों का उत्थान नहीं अपितु सत्ताधारी दल के वोट बैंक का निर्माण करना एवम् उन्हें सुदृढ़ बनाये रखना है? प्राप्त जानकारी को निम्न सारणी में दर्शाया गया है:

**सारणी संख्या 5.3**

**पंचायतों में जातिगत आरक्षण का उद्देश्य गाँवों का विकास एवम् इन जातियों का उत्थान नहीं अपितु सत्ताधारी दल के वोट बैंक का निर्माण करना एवम् उन्हें सुदृढ़ बनाये रखना है**

| वोट बैंक का निर्माण करना एवं उन्हें सुदृढ़ बनाये रखना है | आवृत्ति | प्रतिशत |
|---|---|---|
| हाँ | 100 | 40.00 |
| नहीं | 150 | 60.00 |
| योग | **250** | 100.00 |

सारणी के अवलोकन से स्पष्ट है कि अध्ययन में सम्मिलित 40.00 प्रतिशत ग्रामीण नेता इस बात से सहमत हैं कि पंचायतों में जातिगत आरक्षण का उद्देश्य गाँवों का विकास एवम् इन जातियों का उत्थान नहीं अपितु सत्ताधारी दल के वोट बैंक का निर्माण करना एवम् उन्हें सुदृढ़ बनाये रखना है जबकि 60.00 प्रतिशत ग्रामीण नेता इस बात से सहमत नहीं हैं कि पंचायतों में जातिगत आरक्षण का उद्देश्य गाँवों का विकास एवम् इन जातियों का उत्थान नहीं अपितु सत्ताधारी दल के वोट बैंक का निर्माण करना एवम् उन्हें सुदृढ़ बनाये रखना है।

अतः स्पष्ट है कि अध्ययन में सम्मिलित अधिकांश प्रतिशत ग्रामीण नेता इस बात से सहमत नहीं हैं कि पंचायतों में जातिगत आरक्षण का उद्देश्य गाँवों का विकास एवं इन जातियों का उत्थान नहीं अपितु सत्ताधारी दल के वोट बैंक का निर्माण करना एवम् उन्हें सुदृढ़ बनाये रखना है।

## शिक्षा के माध्यम से अनुसूचित जाति, जनजाति तथा महिलाओं में नेतृत्व की क्षमता आ रही है

प्रस्तुत अध्ययन में ग्रामीण नेताओं से यह जानकारी प्राप्त की गयी कि क्या आप इस बात से सहमत हैं कि शिक्षा के माध्यम से अनुसूचित जाति, जनजाति तथा महिलाओं में नेतृत्व की क्षमता आ रही है? प्राप्त जानकारी को निम्न सारणी में दर्शाया गया है:

**सारणी संख्या 5.4**

**शिक्षा के माध्यम से अनुसूचित जाति, जनजाति तथा महिलाओं में नेतृत्व की क्षमता आ रही है?**

| नेतृत्व की क्षमता आ रही है | आवृत्ति | प्रतिशत |
|---|---|---|
| हाँ | 165 | 66.00 |
| नहीं | 85 | 34.00 |
| योग | 250 | 100.00 |

सारणी के अवलोकन से स्पष्ट है कि अध्ययन में सम्मिलित 66.00 प्रतिशत ग्रामीण नेता इस बात से सहमत हैं कि शिक्षा के माध्यम से अनुसूचित जाति, जनजाति तथा महिलाओं में नेतृत्व की क्षमता आ रही है जबकि 34.00 प्रतिशत ग्रामीण नेता इस बात से सहमत नहीं हैं कि शिक्षा के माध्यम से अनुसूचित जाति, जनजाति तथा महिलाओं में नेतृत्व की क्षमता आ रही है।

अतः स्पष्ट है कि अध्ययन में सम्मिलित अधिकांश 66.00 प्रतिशत ग्रामीण नेता इस बात से सहमत हैं कि शिक्षा के माध्यम से अनुसूचित जाति, जनजाति तथा महिलाओं में नेतृत्व की क्षमता आ रही है।

**सारणी संख्या -5.5**

**आयु के आधार पर शिक्षा के माध्यम से अनुसूचित जाति, जनजाति तथा महिलाओं में नेतृत्व की क्षमता**

| आयु/शिक्षा के माध्यम से अनुसूचित जाति, जनजाति तथा महिलाओं में नेतृत्व की क्षमता | हाँ | नहीं | योग |
|---|---|---|---|
| 18-30 वर्ष | 26 (65.00) | 14 (35.00) | 40 (100.00) |
| 31-40 वर्ष | 90 (72.00) | 35 (28.00) | 125 (100.00) |
| 41-50 वर्ष | 34 (56.67) | 26 (43.33) | 60 (100.00) |
| 51-60 वर्ष | 8 (53.33) | 7 (46.67) | 15 (100.00) |
| 61 वर्ष से अधिक | 7 (70.00) | 3 (30.00) | 10 (100.00) |
| योग | 165 (66.00) | 85 (34.00) | 250 (100.00) |

$x^2 = 77.51$; df = 4; p = 0.001; <0.05 सार्थक है।

आयु के आधार पर ग्रामीण नेताओं से शिक्षा के माध्यम से अनुसूचित जाति, जनजाति तथा महिलाओं में नेतृत्व की क्षमता से संबंधित अध्ययन से स्पष्ट होता है कि 18 से 30 वर्ष के 65.00 प्रतिशत ग्रामीण नेता इस बात से सहमत हैं कि शिक्षा के माध्यम से अनुसूचित जाति, जनजाति तथा महिलाओं में नेतृत्व की क्षमता आ रही है जबकि 35.00 प्रतिशत ग्रामीण नेता उक्त मत से सहमत नहीं हैं। 31 से 40 वर्ष के 72.00 प्रतिशत ग्रामीण नेता इस बात से सहमत हैं कि शिक्षा के माध्यम से अनुसूचित जाति, जनजाति तथा महिलाओं में नेतृत्व की क्षमता आ रही है जबकि 28.00 प्रतिशत ग्रामीण नेता उक्त मत से सहमत नहीं हैं। 41 से 50 वर्ष के 56.67 प्रतिशत ग्रामीण नेता इस बात से सहमत हैं कि शिक्षा के माध्यम से अनुसूचित जाति, जनजाति तथा महिलाओं में नेतृत्व की क्षमता आ रही है जबकि 43.33 प्रतिशत ग्रामीण नेता उक्त मत से सहमत नहीं हैं। 51 से 60 वर्ष के 53.33 प्रतिशत ग्रामीण नेता इस बात से सहमत हैं कि शिक्षा के माध्यम से अनुसूचित जाति, जनजाति तथा महिलाओं में नेतृत्व की क्षमता आ रही है जबकि 46.67 प्रतिशत ग्रामीण नेता उक्त मत से सहमत नहीं हैं। 61 वर्ष से अधिक आयु वर्ग के 70.00 प्रतिशत ग्रामीण नेता इस बात से सहमत हैं कि शिक्षा के माध्यम से अनुसूचित जाति, जनजाति तथा महिलाओं में नेतृत्व की क्षमता आ रही है जबकि 30.00 प्रतिशत ग्रामीण नेता उक्त मत से सहमत नहीं हैं। काई–स्क्वायर के अनुसार अन्तर सार्थक है।

**सारणी संख्या 5.6**

**जाति के आधार पर शिक्षा के माध्यम से अनुसूचित जाति, जनजाति तथा महिलाओं में नेतृत्व की क्षमता**

| जाति/शिक्षा के माध्यम से अनुसूचित जाति, जनजाति तथा महिलाओं में नेतृत्व की क्षमता | हाँ | नहीं | योग |
|---|---|---|---|
| उच्च | 34 (56.67) | 26 (43.33) | 60 (100.00) |
| निम्न | 55 (61.11) | 35 (38.89) | 90 (100.00) |
| पिछड़ी | 76 (76.00) | 24 (24.00) | 100 (100.00) |
| योग | 165 (66.00) | 85 (34.00) | 250 (100.00) |

$x^2 = 7.74$; df = 2; p = 0.02; <0.05 सार्थक है।

जाति के आधार पर ग्रामीण नेताओं से शिक्षा के माध्यम से अनुसूचित जाति, जनजाति तथा महिलाओं में नेतृत्व की क्षमता से संबंधित अध्ययन से स्पष्ट होता है कि उच्च जाति के 56.67 प्रतिशत ग्रामीण नेता इस बात से सहमत हैं कि शिक्षा के माध्यम से अनुसूचित जाति, जनजाति तथा महिलाओं में नेतृत्व की क्षमता आ

रही है जबकि 43.33 प्रतिशत ग्रामीण नेता उक्त मत से सहमत नहीं हैं। निम्न जाति के 61.11 प्रतिशत ग्रामीण नेता इस बात से सहमत हैं कि शिक्षा के माध्यम से अनुसूचित जाति, जनजाति तथा महिलाओं में नेतृत्व की क्षमता आ रही है जबकि 38.89 प्रतिशत ग्रामीण नेता उक्त मत से सहमत नहीं हैं। पिछड़ी जाति के 76.00 प्रतिशत ग्रामीण नेता इस बात से सहमत हैं कि शिक्षा के माध्यम से अनुसूचित जाति, जनजाति तथा महिलाओं में नेतृत्व की क्षमता आ रही है जबकि 24.00 प्रतिशत ग्रामीण नेता उक्त मत से सहमत नहीं हैं। काई–स्क्वायर के अनुसार अन्तर सार्थक है।

**सारणी संख्या 5.7**

**शैक्षणिक स्तर के आधार पर शिक्षा के माध्यम से अनुसूचित जाति, जनजाति तथा महिलाओं में नेतृत्व की क्षमता**

| शैक्षणिक स्तर/शिक्षा के माध्यम से अनुसूचित जाति, जनजाति तथा महिलाओं में नेतृत्व की क्षमता | हाँ | नहीं | योग |
|---|---|---|---|
| नॉन मैट्रिक | 35 (58.33) | 25 (41.67) | 60 (100.00) |
| मैट्रिक | 85 (70.83) | 35 (19.17) | 120 (100.00) |
| इंटरमीडिएट | 35 (70.00) | 15 (30.00) | 50 (100.00) |
| ग्रेजुएट | 8 (53.33) | 7 (46.67) | 15 (100.00) |
| स्नातकोत्तर | 2 (40.00) | 3 (60.00) | 5 (100.00) |
| योग | 165 (66.00) | 85 (34.00) | 250 (100.00) |

$x^2$ = 5.76; df= 4; p = 0.22; सार्थक नहीं है।

शैक्षणिक स्तर के आधार पर ग्रामीण नेताओं से शिक्षा के माध्यम से अनुसूचित जाति, जनजाति तथा महिलाओं में नेतृत्व की क्षमता से संबंधित अध्ययन से स्पष्ट होता है कि नन मैट्रिक स्तर के 58.33 प्रतिशत ग्रामीण नेता इस बात से सहमत हैं कि शिक्षा के माध्यम से अनुसूचित जाति, जनजाति तथा महिलाओं में नेतृत्व की क्षमता आ रही है जबकि 41.67 प्रतिशत ग्रामीण नेता उक्त मत से सहमत नहीं हैं। मैट्रिक स्तर के 70.83 प्रतिशत ग्रामीण नेता इस बात से सहमत हैं कि शिक्षा के माध्यम से अनुसूचित जाति, जनजाति तथा महिलाओं में नेतृत्व की क्षमता आ रही है जबकि 19.17 प्रतिशत ग्रामीण नेता उक्त मत से सहमत नहीं हैं। इंटरमीडिएट स्तर के 70.00 प्रतिशत ग्रामीण नेता इस बात से सहमत हैं कि शिक्षा के माध्यम से अनुसूचित जाति, जनजाति तथा महिलाओं में नेतृत्व की क्षमता आ रही है जबकि 30.00 प्रतिशत ग्रामीण नेता उक्त मत से सहमत नहीं हैं। ग्रेजुएट स्तर के 53.33

प्रतिशत ग्रामीण नेता इस बात से सहमत हैं कि शिक्षा के माध्यम से अनुसूचित जाति, जनजाति तथा महिलाओं में नेतृत्व की क्षमता आ रही है जबकि 46.67 प्रतिशत ग्रामीण नेता उक्त मत से सहमत नहीं हैं। स्नातकोत्तर स्तर के 40.00 प्रतिशत ग्रामीण नेता इस बात से सहमत हैं कि शिक्षा के माध्यम से अनुसूचित जाति, जनजाति तथा महिलाओं में नेतृत्व की क्षमता आ रही है जबकि 60.00 प्रतिशत ग्रामीण नेता उक्त मत से सहमत नहीं हैं। काई-स्क्वायर के अनुसार अन्तर सार्थक नहीं है।

**सारणी संख्या 5.8**

**व्यवसाय के आधार पर शिक्षा के माध्यम से अनुसूचित जाति, जनजाति तथा महिलाओं में नेतृत्व की क्षमता**

| व्यवसाय / शिक्षा के माध्यम से अनुसूचित जाति, जनजाति तथा महिलाओं में नेतृत्व की क्षमता | हाँ | नहीं | योग |
|---|---|---|---|
| कृषि | 110 (73.33) | 40 (26.67) | 150 (100.00) |
| व्यापार | 22 (55.00) | 18 (45.00) | 40 (100.00) |
| मज़दूरी | 13 (52.00) | 12 (48.00) | 25 (100.00) |
| नौकरी | 20 (57.14) | 15 (42.86) | 35 (100.00) |
| योग | 165 (66.00) | 85 (34.00) | 250 (100.00) |

$x^2 = 9.16$; $df = 3$; $p = 0.03$; $<0.05$ सार्थक है।

व्यवसाय के आधार पर ग्रामीण नेताओं से शिक्षा के माध्यम से अनुसूचित जाति, जनजाति तथा महिलाओं में नेतृत्व की क्षमता से संबंधित अध्ययन से स्पष्ट होता

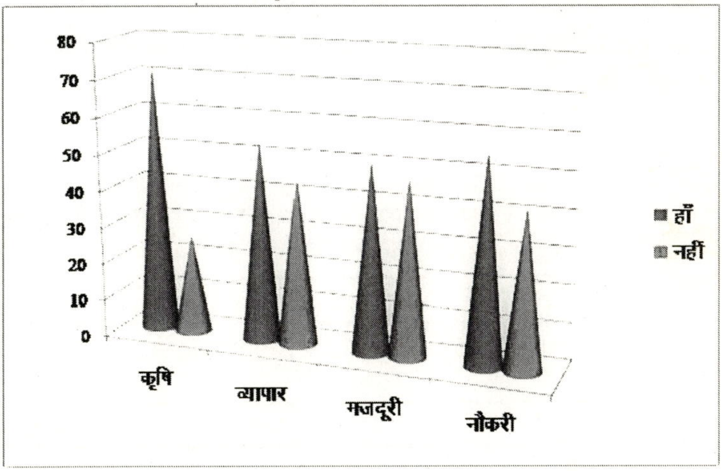

है कि कृषि व्यवसाय से जुड़े 73.33 प्रतिशत ग्रामीण नेता इस बात से सहमत हैं कि शिक्षा के माध्यम से अनुसूचित जाति, जनजाति तथा महिलाओं में नेतृत्व की क्षमता आ रही है जबकि 26.67 प्रतिशत ग्रामीण नेता उक्त मत से सहमत नहीं हैं। व्यापार से जुड़े 55.00 प्रतिशत ग्रामीण नेता इस बात से सहमत हैं कि शिक्षा के माध्यम से अनुसूचित जाति, जनजाति तथा महिलाओं में नेतृत्व की क्षमता आ रही है जबकि 45.00 प्रतिशत ग्रामीण नेता उक्त मत से सहमत नहीं हैं। मजदूरी से जुड़े 52.00 प्रतिशत ग्रामीण नेता इस बात से सहमत हैं कि शिक्षा के माध्यम से अनुसूचित जाति, जनजाति तथा महिलाओं में नेतृत्व की क्षमता आ रही है जबकि 48.00 प्रतिशत ग्रामीण नेता उक्त मत से सहमत नहीं हैं। नौकरी पेशा से जुड़े 57.14 प्रतिशत ग्रामीण नेता इस बात से सहमत हैं कि शिक्षा के माध्यम से अनुसूचित जाति, जनजाति तथा महिलाओं में नेतृत्व की क्षमता आ रही है जबकि 42.86 प्रतिशत ग्रामीण नेता उक्त मत से सहमत नहीं हैं। काई-स्क्वायर के अनुसार अन्तर सार्थक है।

**आज महिला अनुसूचित जाति तथा जनजाति को पूरे देश में समान रूप से आरक्षण देकर उन्हें इन संस्थाओं में प्रत्यक्ष भागीदार बनाकर आगे लाने का सुअवसर दिया गया है, यह एक सराहनीय तथा क्रांतिकारी क़दम हैं।**

प्रस्तुत अध्ययन में ग्रामीण नेताओं से यह जानकारी प्राप्त की गयी कि क्या आप इस बात से सहमत हैं कि आज महिला अनुसूचित जाति तथा जनजाति को पूरे देश में समान रूप से आरक्षण देकर उन्हें इन संस्थाओं में प्रत्यक्ष भागीदार बनाकर आगे लाने का सुअवसर दिया गया है, यह एक सराहयनीय तथा क्रांतिकारी क़दम हैं? प्राप्त जानकारी को निम्न सारणी में दर्शाया गया है:

**सारणी संख्या 5.9**

**आज महिला अनुसूचित जाति तथा जनजाति को पूरे देश में समान रूप से आरक्षण देकर उन्हें इन संस्थाओं में प्रत्यक्ष भागीदार बनाकर आगे लाने का सुअवसर दिया गया है, यह एक सराहनीय तथा क्रांतिकारी कदम है**

| सराहनीय तथा क्रांतिकारी कदम है | आवृत्ति | प्रतिशत |
|---|---|---|
| हाँ | 175 | 70.00 |
| नहीं | 75 | 30.00 |
| योग | 250 | 100.00 |

सारणी के अवलोकन से स्पष्ट है कि अध्ययन में सम्मिलित 70.00 प्रतिशत ग्रामीण नेता इस बात से सहमत हैं कि आज महिला अनुसूचित जाति तथा जनजाति को पूरे देश में समान रूप से आरक्षण देकर उन्हें इन संस्थाओं में प्रत्यक्ष भागीदार बनाकर आगे लाने का सुअवसर दिया गया है। यह एक सराहयनीय तथा क्रांतिकारी कदम हैं जबकि 30.00 प्रतिशत ग्रामीण नेता इस बात से सहमत नहीं हैं कि आज महिला अनुसूचित जाति तथा जनजाति को पूरे देश में समान रूप से आरक्षण बनाकर उन्हें इन संस्थाओं में प्रत्यक्ष भागीदार बनाकर आगे लाने का सुअवसर दिया गया है, यह एक सराहनीय तथा क्रांतिकारी कदम हैं।

अतः स्पष्ट है कि अध्ययन में सम्मिलित अधिकांश 70.00 प्रतिशत ग्रामीण नेता इस बात से सहमत हैं कि आज महिला अनुसूचित जाति तथा जनजाति को पूरे देश में समान रूप से आरक्षण देकर उन्हें इन संस्थाओं में प्रत्यक्ष भागीदार बनाकर आगे लाने का सुअवसर दिया गया है, यह एक सराहयनीय तथा क्रांतिकारी कदम है।

**आप रेडियो, कम्प्यूटर, इंटरनेट, पत्र-पत्रिकाओं आदि के माध्यम से देश के सामाजिक, राजनीतिक, समसामयिक विषयों पर गाँवों में चर्चा करते हैं।**

प्रस्तुत अध्ययन में ग्रामीण नेताओं से यह जानकारी प्राप्त की गयी कि क्या आप रेडियो, कम्प्यूटर, इंटरनेट, पत्र-पत्रिकाओं आदि के माध्यम से देश के सामाजिक, राजनेतिक, समसामयिक विषयों पर गाँवों में चर्चा करते हैं? प्राप्त जानकारी को निम्न सारणी में दर्शाया गया है:

**सारणी संख्या -5.10**

**आप रेडियो, कम्प्यूटर, इंटरनेट, पत्र-पत्रिकाओं आदि के माध्यम से देश के सामाजिक, राजनेतिक, समसामयिक विषयों पर गाँवों में चर्चा करते हैं**

| गाँवों में चर्चा करते हैं | आवृत्ति | प्रतिशत |
|---|---|---|
| हाँ | 160 | 64.00 |
| नहीं | 90 | 36.00 |
| योग | 250 | 100.00 |

सारणी के अवलोकन से स्पष्ट है कि अध्ययन में सम्मिलित 64.00 प्रतिशत ग्रामीण नेता रेडियो, कम्प्यूटर, इंटरनेट, पत्र-पत्रिकाओं आदि के माध्यम से देश के

सामाजिक, राजनेतिक, समसामयिक विषयों पर गाँवों में चर्चा करते हैं जबकि 36.00 प्रतिशत ग्रामीण नेता रेडियो, कम्प्यूटर, इंटरनेट, पत्र-पत्रिकाओं आदि के माध्यम से देश के सामाजिक, राजनेतिक, समसामयिक विषयों पर गाँवों में चर्चा नहीं करते हैं।

अतः स्पष्ट है कि अध्ययन में सम्मिलित अधिकांश 64.00 प्रतिशत ग्रामीण नेता रेडियो, कम्प्यूटर, इंटरनेट, पत्र-पत्रिकाओं आदि के माध्यम से देश के सामाजिक, राजनेतिक, समसामयिक विषयों पर गाँवों में चर्चा करते हैं।

## आज ग्रामीण भारत में लोकतंत्रात्मक नेतृत्व कार्य कर रहा है, युवा नेतृत्व का उदय हो रहा है, उच्च जातियों के महत्व में कमी आ रही है

प्रस्तुत अध्ययन में ग्रामीण नेताओं से यह जानकारी प्राप्त की गयी कि क्या आप इस बात से सहमत हैं कि आज ग्रामीण भारत में लोकतंत्रात्मक नेतृत्व का कार्य कर रहा है, युवा नेतृत्व का उदय हो रहा है, उच्च जातियों के महत्व में कमी आ रही है? प्राप्त जानकारी को निम्न सारणी में दर्शाया गया है:

**सारणी संख्या -5.11**

**आज ग्रामीण भारत में लोकतंत्रात्मक नेतृत्व का कार्य कर रहा है, युवा नेतृत्व का उदय हो रहा है, उच्च जातियों के महत्व में कमी आ रही है**

| आज ग्रामीण भारत में लोकतंत्रात्मक नेतृत्व का कार्य कर रहा है, युवा नेतृत्व का उदय हो रहा है, उच्च जातियों के महत्व में कमी आ रही है | आवृत्ति | प्रतिशत |
|---|---|---|
| सहमत | 150 | 60.00 |
| असहमत | 100 | 40.00 |
| योग | 250 | 100.00 |

सारणी के अवलोकन से स्पष्ट है कि अध्ययन में सम्मिलित 60.00 प्रतिशत ग्रामीण नेता इस बात से सहमत हैं कि आज ग्रामीण भारत में लोकतंत्रात्मक नेतृत्व का कार्य कर रहा है, युवा नेतृत्व का उदय हो रहा है, उच्च जातियों के महत्व में कमी आ रही है जबकि 40.00 प्रतिशत ग्रामीण नेता इस बात से असहमत हैं कि आज ग्रामीण भारत में लोकतंत्रात्मक नेतृत्व का कार्य कर रहा है, युवा नेतृत्व का उदय हो रहा है, उच्च जातियों के महत्व में कमी आ रही है।

अतः स्पष्ट है कि अध्ययन में सम्मिलित अधिकांश 60.00 प्रतिशत ग्रामीण नेता इस बात से सहमत हैं कि आज ग्रामीण भारत में लोकतंत्रात्मक नेतृत्व का कार्य कर

रहा है, युवा नेतृत्व का उदय हो रहा है, उच्च जातियों के महत्व में कमी आ रही है।

## आज पंचायती राज के माध्यम से जनमानस के मानसिकता में बदलाव आया है, चाहे

प्रस्तुत अध्ययन में ग्रामीण नेताओं से यह जानकारी प्राप्त की गयी कि क्या आप इस बात से सहमत हैं कि आज पंचायती राज के माध्यम से जनमानस की मानसिकता में बदलाव आया है? प्राप्त जानकारी को निम्न सारणी में दर्शाया गया है:

**सारणी संख्या -5.12**

**पंचायती राज के माध्यम से जनमानस की मानसिकता में बदलाव आया है**

| बदलाव आया है | सहमत | असहमत | योग |
|---|---|---|---|
| उच्च जाति का हो या निम्न जाति का | 140 (56.00) | 110 (44.00) | 250 (100.00) |
| सभी में शिक्षा के प्रति झुकाव | 180 (72.00) | 70 (28.00) | 250 (100.00) |
| राजनीति में बढ़-चढ़ कर भाग लेना | 130 (52.00) | 120 (48.00) | 250 (100.00) |
| संतानो को पढ़ाने के लिए बाहर भेजना | 150 (60.00) | 100 (40.00) | 250 (100.00) |
| विकास कार्यों में सक्रिय भाग ले रहे हैं | 190 (76.00) | 60 (24.00) | 250 (100.00) |
| समता की भावना का विकास हो रहा है | 200 (80.00) | 50 (20.00) | 250 (100.00) |

सारणी के अवलोकन से स्पष्ट है कि अध्ययन में सम्मिलित 56.00 प्रतिशत ग्रामीण नेता इस बात से सहमत हैं कि आज पंचायती राज के माध्यम से जनमानस की मानसिकता में बदलाव इसलिए आया है, चाहे वह उच्च जाति का हो या निम्न जाति का, जबकि 44.00 प्रतिशत उत्तरदाता उक्त मत के प्रति असहमत पाये गये। 72.00 प्रतिशत ग्रामीण नेता इस बात से सहमत हैं कि आज पंचायती राज के माध्यम से जनमानस की मानसिकता में बदलाव सभी में शिक्षा के प्रति झुकाव के कारण आया है जबकि 28 प्रतिशत उत्तरदाता उक्त मत के प्रति असहमत पाये गये। 52.00 प्रतिशत ग्रामीण नेता इस बात से सहमत हैं कि आज पंचायती राज के माध्यम से जनमानस की मानसिकता में बदलाव राजनीति में बढ़-चढ़ का भाग लेने से आया है जबकि 48.00 प्रतिशत उत्तरदाता उक्त मत के प्रति असहमत पाये गये। 60.00 प्रतिशत ग्रामीण नेता इस बात से सहमत हैं कि आज पंचायती राज के

माध्यम से जनमानस की मानसिकता में बदलाव संतानों को पढ़ाने के लिए बाहर भेजने से आया है, जबकि 40.00 प्रतिशत उत्तरदाता उक्त मत के प्रति असहमत पाये गये। 76.00 प्रतिशत ग्रामीण नेता इस बात से सहमत हैं कि आज पंचायती राज के माध्यम से जनमानस की मानसिकता में बदलाव विकास कार्यों में सक्रिय भाग लेने के कारण आया है, जबकि 24.00 प्रतिशत उत्तरदाता उक्त मत के प्रति असहमत पाये गये। 80.00 प्रतिशत ग्रामीण नेता इस बात से सहमत हैं कि आज पंचायती राज के माध्यम से जनमानस की मानसिकता में बदलाव समता की भावना के विकास के कारण आया है, जबकि 20.00 प्रतिशत उत्तरदाता उक्त मत के प्रति असहमत पाये गये।

## आपके नेतृत्व में परिवार की प्रतिष्ठा बढ़ी है

प्रस्तुत अध्ययन में ग्रामीण नेताओं से यह जानकारी प्राप्त की गयी कि क्या आपके नेतृत्व में परिवार की प्रतिष्ठा बढ़ी है? प्राप्त जानकारी को निम्न सारणी में दर्शाया गया है:

**सारणी संख्या 5.13**

**आपके नेतृत्व में परिवार की प्रतिष्ठा बढ़ी है**

| आपके नेतृत्व में परिवार की प्रतिष्ठा बढ़ी है | आवृत्ति | प्रतिशत |
|---|---|---|
| हाँ | 150 | 60.00 |
| नहीं | 100 | 40.00 |
| योग | 250 | 100.00 |

सारणी के अवलोकन से स्पष्ट है कि अध्ययन में सम्मिलित 60.00 प्रतिशत ग्रामीण नेताओं के नेतृत्व में परिवार की प्रतिष्ठा बढ़ी है जबकि 40.00 प्रतिशत ग्रामीण नेताओं के नेतृत्व में परिवार की प्रतिष्ठा नहीं बढ़ी है।

अतः स्पष्ट है कि अध्ययन में सम्मिलित अधिकांश 60.00 प्रतिशत ग्रामीण नेताओं के नेतृत्व में परिवार की प्रतिष्ठा बढ़ी है।

## आपके जीवन की राजनीतिक आकांक्षा क्या है?

प्रस्तुत अध्ययन में ग्रामीण नेताओं से यह जानकारी प्राप्त की गयी कि आपके जीवन की राजनीतिक आकांक्षा क्या है? प्राप्त जानकारी को निम्न सारणी में दर्शाया गया है:

**सारणी संख्या 5.14**

**आपके जीवन की राजनीतिक आकांक्षा क्या है ?**

| आपके जीवन की राजनीतिक आकांक्षा है ? | आवृत्ति | प्रतिशत |
|---|---|---|
| राजनीति में पहचान बनाना | 65 | 26.00 |
| गाँव का विकास करना | 110 | 44.00 |
| राजनीतिक पद प्राप्त करना | 75 | 25.00 |
| योग | 250 | 100.00 |

सारणी के अवलोकन से स्पष्ट है कि अध्ययन में सम्मिलित 26.00 प्रतिशत ग्रामीण नेताओं के जीवन की राजनीतिक आकांक्षा राजनीति में पहचान बनाना है। 44.00 प्रतिशत ग्रामीण नेताओं के जीवन की राजनीतिक आकांक्षा गाँव का विकास करना है जबकि 25.00 प्रतिशत ग्रामीण नेताओं के जीवन की राजनीतिक आकांक्षा राजनीतिक पद प्राप्त करना है।

अतः स्पष्ट है कि अध्ययन में सम्मिलित अधिकांश 44.00 प्रतिशत ग्रामीण नेताओं के जीवन की राजनीतिक आकांक्षा गाँव का विकास करना है।

## भविष्य में भारत में आप कैसी राजनीतिक व्यवस्था लाना चाहेंगे ?

प्रस्तुत अध्ययन में ग्रामीण नेताओं से यह जानकारी प्राप्त की गयी कि भविष्य में भारत में आप कैसी राजनीतिक व्यवस्था लाना चाहेंगे? प्राप्त जानकारी को निम्न सारणी में दर्शाया गया है:

**सारणी संख्या 5.15**

**भविष्य में भारत में आप कैसी राजनीतिक व्यवस्था लाना चाहेंगे ?**

| आप राजनीतिक व्यवस्था लाना चाहेंगे | आवृत्ति | प्रतिशत |
|---|---|---|
| लोकतंत्रात्मक व्यवस्था | 125 | 50.00 |
| समाजवादी व्यवस्था | 70 | 28.00 |
| निरंकुश व्यवस्था | 55 | 22.00 |
| अन्य | 00 | 00.00 |
| योग | 250 | 100.00 |

सारणी के अवलोकन से स्पष्ट है कि अध्ययन में सम्मिलित 50.00 प्रतिशत ग्रामीण नेता भविष्य में भारत में राजनीतिक व्यवस्था के अन्तर्गत लोकतंत्रात्मक व्यवस्था लाना चाहेंगे। 28.00 प्रतिशत ग्रामीण नेता भविष्य में भारत में राजनीतिक

व्यवस्था के अन्तर्गत समाजवादी व्यवस्था लाना चाहेंगे जबकि 22.00 प्रतिशत ग्रामीण नेता भविष्य में भारत में राजनीतिक व्यवस्था के अन्तर्गत निरंकुश व्यवस्था लाना चाहेंगे।

अतः स्पष्ट है कि अध्ययन में सम्मिलित अधिकांश 50.00 प्रतिशत ग्रामीण नेता भविष्य में भारत में राजनीतिक व्यवस्था के अन्तर्गत लोकतंत्रात्मक व्यवस्था लाना चाहेंगे।

**सारणी संख्या 5.16**

**आयु के आधार पर भविष्य में भारत में राजनीतिक व्यवस्था**

| आयु/भविष्य में भारत में राजनीतिक व्यवस्था | लोकतंत्रात्मक व्यवस्था | समाजवादी व्यवस्था | निरंकुश व्यवस्था | अन्य | योग |
|---|---|---|---|---|---|
| 18–30 वर्ष | 25<br>(62.50) | 10<br>(25.00) | 5<br>(12.50) | 00<br>(00.00) | 40<br>(100.00) |
| 31–40 वर्ष | 55<br>(44.00) | 40<br>(32.00) | 30<br>(24.00) | 00<br>(00.00) | 125<br>(100.00) |
| 41–50 वर्ष | 35<br>(58.33) | 10<br>(16.67) | 15<br>(25.00) | 00<br>(00.00) | 60<br>(100.00) |
| 51–60 वर्ष | 6<br>(40.00) | 7<br>(46.67) | 2<br>(13.33) | 00<br>(00.00) | 15<br>(100.00) |
| 61 वर्ष से अधिक | 4<br>(40.00) | 3<br>(30.00) | 3<br>(30.00) | 00<br>(00.00) | 10<br>(100.00) |
| योग | 125<br>(50.00) | 70<br>(28.00) | 55<br>(22.00) | 00<br>(00.00) | 250<br>(100.00) |

$x^2 = 11.88$; df = 8; p = 0.15; सार्थक नहीं है।

आयु के आधार पर ग्रामीण नेता भविष्य में भारत में राजनीतिक व्यवस्था के अन्तर्गत लोकतंत्रात्मक व्यवस्था लाने से संबंधित अध्ययन से स्पष्ट होता है कि 18 से 30 वर्ष के 62.50 प्रतिशत ग्रामीण नेता भविष्य में भारत में राजनीतिक व्यवस्था के अन्तर्गत लोकतंत्रात्मक व्यवस्था लाना चाहेंगे। 25.00 प्रतिशत ग्रामीण नेता भविष्य में भारत में राजनीतिक व्यवस्था के अन्तर्गत समाजवादी व्यवस्था लाना चाहेंगे जबकि 12.50 प्रतिशत ग्रामीण नेता भविष्य में भारत में राजनीतिक व्यवस्था के अन्तर्गत निरंकुश व्यवस्था लाना चाहेंगे। 31 से 40 वर्ष के 44.00 प्रतिशत ग्रामीण

नेता भविष्य में भारत में राजनीतिक व्यवस्था के अन्तर्गत लोकतंत्रात्मक व्यवस्था लाना चाहेंगे। 32.00 प्रतिशत ग्रामीण नेता भविष्य में भारत में राजनीतिक व्यवस्था

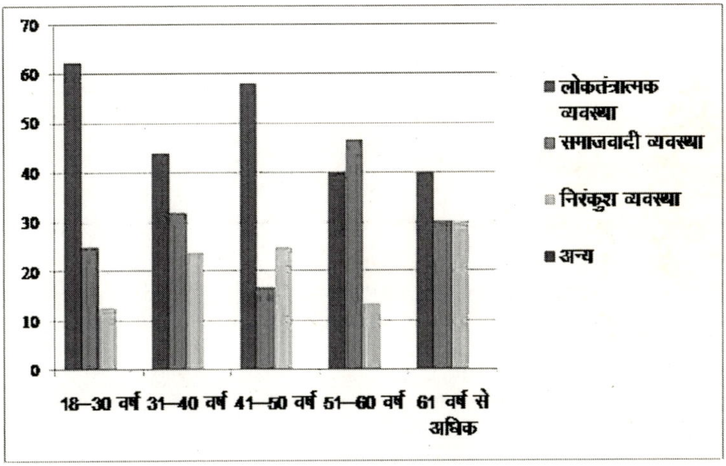


के अन्तर्गत समाजवादी व्यवस्था लाना चाहेंगे जबकि 24.00 प्रतिशत ग्रामीण नेता भविष्य में भारत में राजनीतिक व्यवस्था के अन्तर्गत निरंकुश व्यवस्था लाना चाहेंगे। 41 से 50 वर्ष के 58.33 प्रतिशत ग्रामीण नेता भविष्य मे भारत में राजनीतिक व्यवस्था के अन्तर्गत लोकतंत्रात्मक व्यवस्था लाना चाहेंगे। 16.67 प्रतिशत ग्रामीण नेता भविष्य में भारत में राजनीतिक व्यवस्था के अन्तर्गत समाजवादी व्यवस्था लाना चाहेंगे जबकि 25.00 प्रतिशत ग्रामीण नेता भविष्य में भारत में राजनीतिक व्यवस्था के अन्तर्गत निरंकुश व्यवस्था लाना चाहेंगे। 51 से 60 वर्ष के 40.00 प्रतिशत ग्रामीण नेता भविष्य में भारत में राजनीतिक व्यवस्था के अन्तर्गत लोकतंत्रात्मक व्यवस्था लाना चाहेंगे। 46.67 प्रतिशत ग्रामीण नेता भविष्य में भारत में राजनीतिक व्यवस्था के अन्तर्गत समाजवादी व्यवस्था लाना चाहेंगे जबकि 13.33 प्रतिशत ग्रामीण नेता भविष्य में भारत में राजनीतिक व्यवस्था के अन्तर्गत निरंकुश व्यवस्था लाना चाहेंगे। 61 वर्ष से अधिक आयु वर्ग के 40.00 प्रतिशत ग्रामीण नेता भविष्य में भारत में राजनीतिक व्यवस्था के अन्तर्गत लोकतंत्रात्मक व्यवस्था लाना चाहेंगे। 30.00 प्रतिशत ग्रामीण नेता भविष्य में भारत में राजनीतिक व्यवस्था के अन्तर्गत समाजवादी व्यवस्था लाना चाहेंगे जबकि 30.00 प्रतिशत ग्रामीण नेता भविष्य में भारत में राजनीतिक व्यवस्था के अन्तर्गत निरंकुश व्यवस्था लाना चाहेंगे। काई–स्क्वायर के अनुसार अन्तर सार्थक नहीं है।

**सारणी संख्या 5.17**

**जाति के आधार पर भविष्य में भारत में राजनीतिक व्यवस्था**

| जाति / भविष्य में भारत में राजनीतिक व्यवस्था | लोकतंत्रात्मक व्यवस्था | समाजवादी व्यवस्था | निरंकुश व्यवस्था | अन्य | योग |
|---|---|---|---|---|---|
| उच्च | 25<br>(41.67) | 20<br>(33.33) | 15<br>(25.00) | 00<br>(00.00) | 60<br>(100.00) |
| निम्न | 45<br>(50.00) | 25<br>(27.78) | 20<br>(22.22) | 00<br>(00.00) | 90<br>(100.00) |
| पिछड़ी | 55<br>(55.00) | 25<br>(25.00) | 20<br>(20.00) | 00<br>(00.00) | 100<br>(100.00) |
| योग | 125<br>(50.00) | 70<br>(28.00) | 55<br>(22.00) | 00<br>(00.00) | 250<br>(100.00) |

$x^2 = 2.70$; df = 4; p = 0.62; सार्थक नहीं है।

जाति के आधार पर ग्रामीण नेता भविष्य में भारत में राजनीतिक व्यवस्था के अन्तर्गत लोकतंत्रात्मक व्यवस्था लाने से संबंधित अध्ययन से स्पष्ट होता है कि उच्च जाति के 41.67 प्रतिशत ग्रामीण नेता भविष्य में भारत में राजनीतिक व्यवस्था के अन्तर्गत लोकतंत्रात्मक व्यवस्था लाना चाहेंगे। 33.33 प्रतिशत ग्रामीण नेता भविष्य में भारत में राजनीतिक व्यवस्था के अन्तर्गत समाजवादी व्यवस्था लाना चाहेंगे जबकि 25.00 प्रतिशत ग्रामीण नेता भविष्य में भारत में राजनीतिक व्यवस्था के अन्तर्गत निरंकुश व्यवस्था लाना चाहेंगे। निम्न जाति के 50.00 प्रतिशत ग्रामीण नेता भविष्य में भारत में राजनीतिक व्यवस्था के अन्तर्गत लोकतंत्रात्मक व्यवस्था लाना चाहेंगे। 27.78 प्रतिशत ग्रामीण नेता भविष्य में भारत में राजनीतिक व्यवस्था के अन्तर्गत समाजवादी व्यवस्था लाना चाहेंगे जबकि 22.22 प्रतिशत ग्रामीण नेता भविष्य में भारत में राजनीतिक व्यवस्था के अन्तर्गत निरंकुश व्यवस्था लाना चाहेंगे। पिछड़ी जाति के 55.00 प्रतिशत ग्रामीण नेता भविष्य में भारत में राजनीतिक व्यवस्था के अन्तर्गत लोकतंत्रात्मक व्यवस्था लाना चाहेंगे। 25.00 प्रतिशत ग्रामीण नेता भविष्य में भारत में राजनीतिक व्यवस्था के अन्तर्गत समाजवादी व्यवस्था लाना चाहेंगे जबकि 20.00 प्रतिशत ग्रामीण नेता भविष्य में भारत में राजनीतिक व्यवस्था के अन्तर्गत निरंकुश व्यवस्था लाना चाहेंगे। काई–स्क्वायर के अनुसार अन्तर सार्थक नहीं है।

सारणी संख्या 5.18

**शैक्षणिक स्तर के आधार पर भविष्य में भारत में राजनीतिक व्यवस्था**

| शैक्षणिक स्तर/भविष्य में भारत में राजनीतिक व्यवस्था | लोकतंत्रात्मक व्यवस्था | समाजवादी व्यवस्था | निरंकुश व्यवस्था | अन्य | योग |
|---|---|---|---|---|---|
| नान मैट्रिक | 30<br>(50.00) | 14<br>(23.33) | 16<br>(26.67) | 00<br>(00.00) | 60<br>(100.00) |
| मैट्रिक | 67<br>(55.83) | 30<br>(25.00) | 23<br>(19.17) | 00<br>(00.00) | 120<br>(100.00) |
| इंटरमीडिएट | 20<br>(40.00) | 20<br>(40.00) | 10<br>(20.00) | 00<br>(00.00) | 50<br>(100.00) |
| ग्रेजुएट | 6<br>(40.00) | 4<br>(26.67) | 5<br>(33.33) | 00<br>(00.00) | 15<br>(100.00) |
| स्नातकोत्तर | 2<br>(40.00) | 2<br>(40.00) | 1<br>(20.00) | 00<br>(00.00) | 5<br>(100.00) |
| योग | 125<br>(50.00) | 70<br>(28.00) | 55<br>(22.00) | 00<br>(00.00) | 250<br>(100.00) |

$x^2 = 7.92$; df = 8; p = 0.44; सार्थक नहीं है।

शैक्षणिक स्तर के आधार पर ग्रामीण नेता भविष्य में भारत में राजनीतिक व्यवस्था के अन्तर्गत लोकतंत्रात्मक व्यवस्था लाने से संबंधित अध्ययन से स्पष्ट होता है कि नॉन मैट्रिक स्तर के 50.00 प्रतिशत ग्रामीण नेता भविष्य में भारत में राजनीतिक व्यवस्था के अन्तर्गत लोकतंत्रात्मक व्यवस्था लाना चाहेंगे। 23.33 प्रतिशत ग्रामीण नेता भविष्य में भारत में राजनीतिक व्यवस्था के अन्तर्गत समाजवादी व्यवस्था लाना चाहेंगे जबकि 26.67 प्रतिशत ग्रामीण नेता भविष्य में भारत में राजनीतिक व्यवस्था के अन्तर्गत निरंकुश व्यवस्था लाना चाहेंगे। मैट्रिक स्तर के 55.83 प्रतिशत ग्रामीण नेता भविष्य में भारत में राजनीतिक व्यवस्था के अन्तर्गत लोकतंत्रात्मक व्यवस्था लाना चाहेंगे। 25.00 प्रतिशत ग्रामीण नेता भविष्य में भारत में राजनीतिक व्यवस्था के अन्तर्गत समाजवादी व्यवस्था लाना चाहेंगे जबकि 19.17 प्रतिशत ग्रामीण नेता भविष्य में भारत में राजनीतिक व्यवस्था के अन्तर्गत निरंकुश व्यवस्था लाना चाहेंगे। इंटरमीडिएट स्तर के 40.00 प्रतिशत ग्रामीण नेता भविष्य में भारत में राजनीतिक व्यवस्था के अन्तर्गत लोकतंत्रात्मक व्यवस्था लाना

चाहेंगे। 40.00 प्रतिशत ग्रामीण नेता भविष्य में भारत में राजनीतिक व्यवस्था के अन्तर्गत समाजवादी व्यवस्था लाना चाहेंगे जबकि 20.00 प्रतिशत ग्रामीण नेता भविष्य में भारत में राजनीतिक व्यवस्था के अन्तर्गत निरंकुश व्यवस्था लाना चाहेंगे। ग्रेजुएट स्तर के 40.00 प्रतिशत ग्रामीण नेता भविष्य में भारत में राजनीतिक व्यवस्था के अन्तर्गत लोकतंत्रात्मक व्यवस्था लाना चाहेंगे। 26.67 प्रतिशत ग्रामीण नेता भविष्य में भारत में राजनीतिक व्यवस्था के अन्तर्गत समाजवादी व्यवस्था लाना चाहेंगे जबकि 33.33 प्रतिशत ग्रामीण नेता भविष्य में भारत में राजनीतिक व्यवस्था के अन्तर्गत निरंकुश व्यवस्था लाना चाहेंगे। स्नातकोत्तर स्तर के 40.00 प्रतिशत ग्रामीण नेता भविष्य में भारत में राजनीतिक व्यवस्था के अन्तर्गत लोकतंत्रात्मक व्यवस्था लाना चाहेंगे। 40.00 प्रतिशत ग्रामीण नेता भविष्य में भारत में राजनीतिक व्यवस्था के अन्तर्गत समाजवादी व्यवस्था लाना चाहेंगे जबकि 20.00 प्रतिशत ग्रामीण नेता भविष्य में भारत में राजनीतिक व्यवस्था के अन्तर्गत निरंकुश व्यवस्था लाना चाहेंगे। काई-स्क्वायर के अनुसार अन्तर सार्थक नहीं है।

**सारणी संख्या 5.19**

**व्यवसाय के आधार पर भविष्य में भारत में राजनीतिक व्यवस्था**

| व्यवसाय / भविष्य में भारत में राजनीतिक व्यवस्था | लोकतंत्रात्मक व्यवस्था | समाजवादी व्यवस्था | निरंकुश व्यवस्था | अन्य | योग |
|---|---|---|---|---|---|
| कृषि | 89 (59.33) | 37 (24.67) | 24 (16.00) | 00 (00.00) | 150 (100.00) |
| व्यापार | 12 (30.00) | 13 (32.50) | 15 (37.50) | 00 (00.00) | 40 (100.00) |
| मजदूरी | 10 (40.00) | 8 (32.00) | 7 (28.00) | 00 (00.00) | 25 (100.00) |
| नौकरी | 14 (40.00) | 12 (34.29) | 9 (25.71) | 00 (00.00) | 35 (100.00) |
| योग | 125 (50.00) | 70 (28.00) | 55 (22.00) | 00 (00.00) | 250 (100.00) |

$x^2$ =15.99; df = 6; p = 0.014; <0.05 सार्थक है।

व्यवसाय के आधार पर ग्रामीण नेता भविष्य में भारत में राजनीतिक व्यवस्था के अन्तर्गत लोकतंत्रात्मक व्यवस्था लाने से संबंधित अध्ययन से स्पष्ट होता है कि

कृषि व्यवसाय से जुड़े 59.33 प्रतिशत ग्रामीण नेता भविष्य में भारत में राजनीतिक व्यवस्था के अन्तर्गत लोकतंत्रात्मक व्यवस्था लाना चाहेंगे। 24.67 प्रतिशत ग्रामीण नेता भविष्य में भारत में राजनीतिक व्यवस्था के अन्तर्गत समाजवादी व्यवस्था लाना चाहेंगे जबकि 16.00 प्रतिशत ग्रामीण नेता भविष्य में भारत में राजनीतिक व्यवस्था के अन्तर्गत निरंकुश व्यवस्था लाना चाहेंगे। व्यापार से जुड़े 30.00 प्रतिशत ग्रामीण नेता भविष्य में भारत में राजनीतिक व्यवस्था के अन्तर्गत लोकतंत्रात्मक व्यवस्था लाना चाहेंगे। 32.50 प्रतिशत ग्रामीण नेता भविष्य में भारत में राजनीतिक व्यवस्था के अन्तर्गत समाजवादी व्यवस्था लाना चाहेंगे जबकि 37.50 प्रतिशत ग्रामीण नेता भविष्य में भारत में राजनीतिक व्यवस्था के अन्तर्गत निरंकुश व्यवस्था लाना चाहेंगे। मजदूरी से जुड़े 40.00 प्रतिशत ग्रामीण नेता भविष्य में भारत में राजनीतिक व्यवस्था के अन्तर्गत लोकतंत्रात्मक व्यवस्था लाना चाहेंगे। 32.00 प्रतिशत ग्रामीण नेता भविष्य में भारत में राजनीतिक व्यवस्था के अन्तर्गत समाजवादी व्यवस्था लाना चाहेंगे जबकि 28.00 प्रतिशत ग्रामीण नेता भविष्य में भारत में राजनीतिक व्यवस्था के अन्तर्गत निरंकुश व्यवस्था लाना चाहेंगे। नौकरी पेशा से जुड़े 40.00 प्रतिशत ग्रामीण नेता भविष्य में भारत में राजनीतिक व्यवस्था के अन्तर्गत लोकतंत्रात्मक व्यवस्था लाना चाहेंगे। 34.29 प्रतिशत ग्रामीण नेता भविष्य में भारत में राजनीतिक व्यवस्था के अन्तर्गत समाजवादी व्यवस्था लाना चाहेंगे जबकि 25.71 प्रतिशत ग्रामीण नेता भविष्य में भारत में राजनीतिक व्यवस्था के अन्तर्गत निरंकुश व्यवस्था लाना चाहेंगे। काई-स्क्वायर के अनुसार अन्तर सार्थक है।

## वर्तमान में राजनीतिक व्यवस्था में किस प्रकार परिवर्तन लाया जा सकता है

प्रस्तुत अध्ययन में ग्रामीण नेताओं से यह जानकारी प्राप्त की गयी कि वर्तमान में राजनीतिक व्यवस्था में किस प्रकार परिवर्तन लाया जा सकता है? प्राप्त जानकारी को निम्न सारणी में दर्शाया गया है:

**सारणी संख्या 5.20**

**वर्तमान में राजनीतिक व्यवस्था में किस प्रकार परिवर्तन लाया जा सकता है**

| परिवर्तन लाया जा सकता है | आवृत्ति | प्रतिशत |
|---|---|---|
| राजनीतिक प्रशिक्षण | 80 | 32.00 |
| शिक्षा का विकास | 120 | 48.00 |
| लोकतांत्रिक जागरूकता | 50 | 20.00 |
| योग | 250 | 100.00 |

सारणी के अवलोकन से स्पष्ट है कि अध्ययन में सम्मिलित 32.00 प्रतिशत ग्रामीण नेताओं के अनुसार वर्तमान राजनैतिक व्यवस्था में राजनीतिक प्रशिक्षण द्वारा परिवर्तन लाया जा सकता है। 48.00 प्रतिशत ग्रामीण नेताओं के अनुसार वर्तमान में राजनैतिक व्यवस्था में शिक्षा के विकास द्वारा परिवर्तन लाया जा सकता है जबकि 20.00 प्रतिशत ग्रामीण नेताओं के अनुसार वर्तमान में राजनैतिक व्यवस्था में लोकतांत्रिक जागरूकता द्वारा परिवर्तन लाया जा सकता है।

अतः स्पष्ट है कि अध्ययन में सम्मिलित अधिकांश 48.00 प्रतिशत ग्रामीण नेताओं के अनुसार वर्तमान में राजनैतिक व्यवस्था में शिक्षा के विकास द्वारा परिवर्तन लाया जा सकता है।

## वर्तमान भारत में नेतृत्व का स्वरूप कैसा होना चाहिए?

प्रस्तुत अध्ययन में ग्रामीण नेताओं से यह जानकारी प्राप्त की गयी कि वर्तमान भारत में नेतृत्व का स्वरूप कैसा होना चाहिए? प्राप्त जानकारी को निम्न सारणी में दर्शाया गया है:

**सारणी संख्या 5.21**

**वर्तमान भारत में नेतृत्व का स्वरूप कैसा होना चाहिए?**

| नेतृत्व का स्वरूप होना चाहिए | आवृत्ति | प्रतिशत |
|---|---|---|
| लोकतंत्रात्मक नेतृत्व | 90 | 36.00 |
| युवा नेतृत्व का उदय | 35 | 14.00 |
| उच्च जाति के महत्त्व में कमी | 45 | 18.00 |
| नेतृत्व का विकेन्द्रीकरण | 50 | 20.00 |
| उपरोक्त सभी | 30 | 12.00 |
| योग | 250 | 100.00 |

सारणी के अवलोकन से स्पष्ट है कि अध्ययन में सम्मिलित 36.00 प्रतिशत ग्रामीण नेताओं के अनुसार वर्तमान भारत में नेतृत्व का स्वरूप लोकतंत्रात्मक होना चाहिए। 14.00 प्रतिशत ग्रामीण नेताओं के अनुसार वर्तमान भारत में नेतृत्व का स्वरूप युवा नेतृत्व का उदय होना चाहिए। 18.00 प्रतिशत ग्रामीण नेताओं के अनुसार, वर्तमान भारत में नेतृत्व का स्वरूप उच्च जाति के महत्त्व में कमी होनी चाहिए। 20.00 प्रतिशत ग्रामीण नेताओं के अनुसार वर्तमान भारत में नेतृत्व के स्वरूप का विकेन्द्रीकरण होना चाहिए जबकि 12.00 प्रतिशत ग्रामीण नेताओं के अनुसार वर्तमान भारत में नेतृत्व का स्वरूप उपरोक्त सभी होने चाहिए।

अतः स्पष्ट है कि अध्ययन में सम्मिलित अधिकांश 36.00 प्रतिशत ग्रामीण नेताओं के अनुसार वर्तमान भारत में नेतृत्व का स्वरूप लोकतंत्रात्मक होना चाहिए।

## शेष बिहार के पुनर्निर्माण में जातियता, उग्रवाद तथा भ्रष्ट सरकारी पदाधिकारी एवं कर्मचारी बाधक हैं

प्रस्तुत अध्ययन में ग्रामीण नेताओं से यह जानकारी प्राप्त की गयी कि क्या शेष बिहार के पुनर्निर्माण में जातियता, उग्रवाद तथा भ्रष्ट सरकारी पदाधिकारी एवं कर्मचारी बाधक हैं? प्राप्त जानकारी को निम्न सारणी में दर्शाया गया है:

**सारणी संख्या 5.22**

**शेष बिहार के पुनर्निर्माण में जातियता, उग्रवाद तथा भ्रष्ट सरकारी पदाधिकारी एवं कर्मचारी बाधक हैं**

| जातियत, उग्रवाद तथा भ्रष्ट सरकारी पदाधिकारी एवं कर्मचारी बाधक है | आवृत्ति | प्रतिशत |
|---|---|---|
| हाँ | 160 | 64.00 |
| नहीं | 90 | 36.00 |
| योग | 250 | 100.00 |

सारणी के अवलोकन से स्पष्ट है कि अध्ययन में सम्मिलित 64.00 प्रतिशत ग्रामीण नेताओं के अनुसार शेष बिहार के पुनर्निर्माण में जातियता, उग्रवाद तथा भ्रष्ट सरकारी पदाधिकारी एवं कर्मचारी बाधक हैं जबकि 36.00 प्रतिशत ग्रामीण नेताओं के अनुसार शेष बिहार के पुनर्निर्माण में जातियता, उग्रवाद तथा भ्रष्ट सरकारी पदाधिकारी एवं कर्मचारी बाधक नहीं हैं।

अतः स्पष्ट है कि अध्ययन में सम्मिलित अधिकांश 64.00 प्रतिशत ग्रामीण नेताओं के अनुसार शेष बिहार के पुनर्निर्माण में जातियता, उग्रवाद तथा भ्रष्ट सरकारी पदाधिकारी एवं कर्मचारी बाधक हैं।

## आज की राजनीति में किस प्रकार के नेता प्रवेश कर रहे हैं?

प्रस्तुत अध्ययन में ग्रामीण नेताओं से यह जानकारी प्राप्त की गयी कि आज की राजनीति में किस प्रकार के नेता प्रवेश कर रहे हैं? प्राप्त जानकारी को निम्न सारणी में दर्शाया गया है –

**सारणी संख्या 5.23**

**आज की राजनीति में किस प्रकार के नेता प्रवेश कर रहे हैं**

| नेता प्रवेश कर रहे हैं | आवृत्ति | प्रतिशत |
|---|---|---|
| स्वच्छ चरित्र वाले | 70 | 28.00 |
| भ्रष्ट चरित्र वाले | 100 | 40.00 |
| माफिया | 80 | 32.00 |
| योग | 250 | 100.00 |

सारणी के अवलोकन से स्पष्ट है कि अध्ययन में सम्मिलित 28.00 प्रतिशत ग्रामीण नेताओं के अनुसार आज की राजनीति में स्वच्छ चरित्र के नेता प्रवेश कर रहे हैं। 40.00 प्रतिशत ग्रामीण नेताओं के अनुसार आज की राजनीति में भ्रष्ट चरित्र के नेता प्रवेश कर रहे हैं जबकि 32.00 प्रतिशत ग्रामीण नेताओं के अनुसार आज की राजनीति में माफिया नेता प्रवेश कर रहे हैं।

अतः स्पष्ट है कि अध्ययन में सम्मिलित अधिकांश 40.00 प्रतिशत ग्रामीण नेताओं के अनुसार आज की राजनीति में भ्रष्ट चरित्र के नेता प्रवेश कर रहे हैं।

## नेता में क्या गुण होना चाहिए?

प्रस्तुत अध्ययन में ग्रामीण नेताओं से यह जानकारी प्राप्त की गयी कि आपके अनुसार नेता में क्या गुण होना चाहिए? प्राप्त जानकारी को निम्न सारणी में दर्शाया गया है:

**सारणी संख्या 5.24**

**नेता में क्या गुण होना चाहिए**

| नेता में क्या गुण होना चाहिए | आवृत्ति | प्रतिशत |
|---|---|---|
| शारीरिक गुण | 20 | 08.00 |
| बुद्धिमान | 25 | 10.00 |
| आत्म विश्वास | 15 | 06.00 |
| सामाजिकता | 20 | 08.00 |
| परिश्रमी | 30 | 12.00 |
| अन्तःदृष्टि | 10 | 04.00 |
| लचीलापन | 25 | 10.00 |
| पढ़ा-लिखा | 40 | 16.00 |
| उपरोक्त सभी | 65 | 26.00 |
| योग | 250 | 100.00 |

सारणी के अवलोकन से स्पष्ट है कि अध्ययन में सम्मिलित 08.00 प्रतिशत ग्रामीण नेताओं के अनुसार नेता में शारीरिक गुण होने चाहिए। 10.00 प्रतिशत

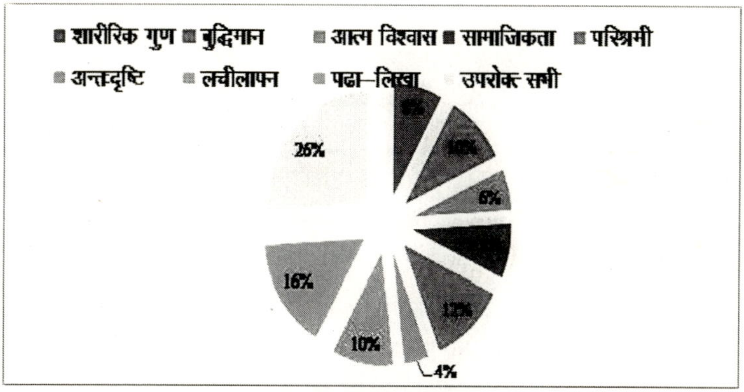


उत्तरदाताओं के अनुसार नेता बुद्धिमान होना चाहिए। 06.00 प्रतिशत उत्तरदाताओं के अनुसार नेता में आत्म विश्वास होना चाहिए। 08.00 प्रतिशत उत्तरदाताओं के अनुसार नेता में सामाजिकता के गुण होने चाहिए। 12.00 प्रतिशत उत्तरदाताओं के अनुसार नेता परिश्रमी होना चाहिए। 04.00 प्रतिशत उत्तरदाताओं के अनुसार नेता में अन्तःदृष्टि होनी चाहिए। 10.00 प्रतिशत उत्तरदाताओ के अनुसार नेता में लचीलापन होना चाहिए। 16.00 प्रतिशत उत्तरदाताओं के अनुसार नेता पढ़ा–लिखा होना चाहिए जबकि 26.00 प्रतिशत ग्रामीण नेताओं के अनुसार नेता में उपरोक्त सभी गुण होने चाहिए।

अतः स्पष्ट है कि अध्ययन में सम्मिलित अधिकांश 26.00 प्रतिशत ग्रामीण नेताओं के अनुसार नेता में उपरोक्त सभी (शारीरिक गुण, बुद्धिमान, आत्म विश्वास, सामाजिकता, परिश्रमी, अन्तःदृष्टि, लचीलापन, पढ़ा–लिखा) गुण होने चाहिए।

**'ऑनर किलिंग' जैसी घटना को आप सही मानते हैं**

प्रस्तुत अध्ययन में ग्रामीण नेताओं से यह जानकारी प्राप्त की गयी कि 'ऑनर किलिंग' जैसी घटना को आप सही मानते हैं? प्राप्त जानकारी को निम्न सारणी में दर्शाया गया है:

**सारणी संख्या 5.25**

**'ऑनर किलिंग' जैसी घटना को सही मानते हैं**

| सही मानते हैं | आवृत्ति | प्रतिशत |
|---|---|---|
| सही | 100 | 40.00 |
| गलत | 150 | 60.00 |
| योग | 250 | 100.00 |

सारणी के अवलोकन से स्पष्ट है कि अध्ययन में सम्मिलित 40.00 प्रतिशत ग्रामीण नेता 'ऑनर किलिंग' जैसी घटना को सही मानते हैं जबकि 60.00 प्रतिशत ग्रामीण नेता 'ऑनर किलिंग' जैसी घटना को गलत मानते हैं।

अतः स्पष्ट है कि अध्ययन में सम्मिलित अधिकांश 60.00 प्रतिशत ग्रामीण नेता 'ऑनर किलिंग' जैसी घटना को गलत मानते हैं।

## बच्चे बंद जाति व्यवस्था की खिड़कियों से बाहर निकलने तथा गैर जाति विवाह संबंध की ओर उन्मुख हो रहे हैं

प्रस्तुत अध्ययन में ग्रामीण नेताओं से यह जानकारी प्राप्त की गयी कि क्या बच्चे बंद जाति व्यवस्था की खिड़कियों से बाहर निकलने तथा गैर जाति विवाह संबंध की ओर उन्मुख हो रहे हैं? प्राप्त जानकारी को निम्न सारणी में दर्शाया गया है:

**सारणी संख्या 5.26**

**बच्चे बंद जाति व्यवस्था की खिड़कियों से बाहर निकलने तथा गैर जाति विवाह संबंध की ओर उन्मुख हो रहे हैं**

| उन्मुख हो रहे है | आवृत्ति | प्रतिशत |
|---|---|---|
| सहमत | 50 | 20.00 |
| असहमत | 200 | 80.00 |
| योग | 250 | 100.00 |

सारणी के अवलोकन से स्पष्ट है कि अध्ययन में सम्मिलित 20.00 प्रतिशत ग्रामीण नेता उक्त मत के प्रति सहमत हैं कि बच्चे बंद जाति व्यवस्था की खिड़कियों से बाहर निकलने तथा गैर जाति विवाह संबंध की ओर उन्मुख हो रहे हैं जबकि 80.00 प्रतिशत ग्रामीण नेता उक्त मत के प्रति असहमत हैं कि बच्चे बंद जाति व्यवस्था की खिड़कियों से बाहर निकलने तथा गैर जाति विवाह संबंध की ओर उन्मुख हो रहे हैं।

अतः स्पष्ट है कि अध्ययन में सम्मिलित अधिकांश 20.00 प्रतिशत ग्रामीण नेता उक्त मत के प्रति सहमत हैं कि बच्चे बंद जाति व्यवस्था की खिड़कियों से बाहर निकलने तथा गैर जाति विवाह संबंध की ओर उन्मुख हो रहे हैं।

## सारांश

इस अध्याय में पंचायती राज में नेतृत्व के उभरते हुए स्वरूप को दर्शाया गया है। ग्रामीण नेतृत्व के कौन-कौन से स्वरूप विकसित हुए हैं एवं इन स्वरूपों का आधार क्या है? इस संबंध में उत्तरदाताओं द्वारा विभिन्न तथ्यों पर प्रकाश डाला गया है, जिसमें पंचायती संस्थाओं के अंतर्गत जनसंख्या के आधार पर मिलने वाली आरक्षण की सफलता या असफलता के बारे में अधिकांश (66 प्रतिशत) उत्तरदाताओं का मानना है कि नेतृत्व प्रतिमान में आरक्षण सफल रहा है तथा पंचायतों का विकास रूक जाने के पीछे अधिकांश उत्तरदाताओं (52 प्रतिशत) द्वारा अशिक्षित मुखिया का चुना जाना प्रमुख कारण बतलाया गया है। जातिगत आरक्षण के संदर्भ में अधिकांश उत्तरदाताओं (66 प्रतिशत) का मानना है कि जाति, बोट बैंक निर्माण करने में वर्तमान समय अधिक प्रभावी नहीं है। अनुसूचित जाति, जनजाति तथा महिलाओं के नेतृत्व के विकास में शिक्षा की भूमिका को अधिकांश व्यक्तियों (66 प्रतिशत) ने अपरिहार्य माना है। महिलाओं द्वारा पंचायती संस्थाओं में भागीदारी ने किस प्रकार का प्रभाव डाला है, से संबंधित कथन पर बहुसंख्यक लोगों का मानना है कि महिलाओं एवं अनुसूचित जाति व जनजातियों की पंचायती संस्थाओं में भागीदारी एक क्रांतिकारी एवं सराहनीय क़दम है। संचार माध्यमों द्वारा समसामयिक विषयों पर अधिकांश उत्तरदाताओं (64 प्रतिशत) का मानना है कि नेता रेडियों, कम्प्यूटर, इन्टरनेट, पत्र-पत्रिकाओं आदि के माध्यम से सामाजिक राजनैतिक एवं समसामयिक विषयों पर चर्चा करते हैं। प्रजातांत्रिक मूल्यों के संबध में अधिकांश उत्तरदाताओं (60 प्रतिशत) का कहना है कि प्रजातांत्रिक मूल्यों का वर्तमान समय में विकास हो रहा है तथा उच्च जातियों के महत्त्व में कमी आयी है। नेतृत्व के माध्यम से पारिवारिक प्रतिष्ठा बढ़ी या घटी है, के सन्दर्भ में बहुसंख्यक (60 प्रतिशत) उत्तरदाताओं का मानना है कि नेतृत्व के माध्यम से उनकी पारिवारिक प्रतिष्ठा में अधिक वृद्धि हुई है। नेताओं की राजनैतिक आकांक्षाओं के में अधिकांश उत्तरदाताओं (44 प्रतिशत) का कहना है कि नेताओं द्वारा ग्रामीण विकास का कार्य करना प्रमुख उद्देश्य है तथा अल्पसंख्यक (25 प्रतिशत) मात्रा में उत्तरदाताओं का कहना है कि नेताओं की राजनैतिक आकाँक्षा राजनैतिक पद प्राप्त करना होता है। भारत में भविष्य के सन्दर्भ में किस प्रकार की शासन प्रणाली हो, इस सन्दर्भ में अधिकांश उत्तरदाता (50 प्रतिशत) लोकतांत्रिक व्यवस्था में विश्वास रखते हैं तथा अल्पसंख्यक मात्रा में (22 प्रतिशत) लोगों का विश्वास निरंकुशवादी व्यवस्था की तरफ है।

बिहार के ग्रामीण पुनर्निमाण में जातियता, उग्रवाद, भ्रष्ट सरकारी पदाधिकारी एवं कर्मचारी बाधक हैं, 'अथवा नहीं, इस संदर्भ में अधिकांश उत्तरदाताओं (64 प्रतिशत)' ने अपनी सहमति बाधक के रूप में अभिव्यक्त की है। वर्तमान समय में किस प्रकार के नेता राजनीति में प्रवेश कर रहे है, के संदर्भ में बहुसंख्यक मात्रा (40 प्रतिशत) में लोगों ने भ्रष्ट चरित्र वाले कथन पर अपनी सहमति व्यक्त की है, तथा वर्तमान समय में साफ-सुथरी छवि वाले लोग कम होते हैं, इस तथ्य को (28 प्रतिशत) मानने वाले नेताओं का कहना है कि गाँवों में 'ऑनर किलिंग' के संदर्भ में जो घटनाएं होती है उसको सही मानने वाले लोगों की संख्या कम है। अन्तर्जातीय विवाह को मान्यता देने के संदर्भ में अधिकांश उत्तरदाताओं ने (80 प्रतिशत) असहमति व्यक्त की है।

## संदर्भ ग्रंथ


1. Nehru, Jawaharlal:A Discovery of India, Delhi, Oxford, 1989, P.S. 2.
2. Dreeze, Jean and Amartya Sen: Indian Development and Participation, New York, Oxford, 2002, p. 10.
3. Dandekar, V.M : Nature at class conflict in the Indian Society" in Social Inquality in India, K.I. Sharma, ed. Jaipur, Rawat Publications, 1995, pp. 312-313.
4. Srinivas, M.N : Social Structure, New Delhi : Hindustan Publishing, 1991, p. 42.
5. Dumont Louis :HomoHerarchicus, Delhi, Vikas Publications, 1970, p. 38.
6. Srinivas, M.N : Social Structure, op. cit, pp. 76-80.
7. Dubey, S.C. : India's Changing Villages, Routledge and Kegan Paul, London, 1958.

# 6 ग्रामीण विकास में नेताओं का योगदान

ग्रामीण विकास एक ऐसी व्यूह रचना है, जो लोगों के एक विशिष्ट समूह, ग्रामीण निर्धनों की सामाजिक एवम् आर्थिक स्थिति में सुधार लाने के लिए तैयार की गई है, इसमें विकास का लाभ ग्रामीण क्षेत्र में सबसे गरीब तबके तक पहुँचाये जाने का कार्य भी शामिल है।[1]

दियाकृष्ण[2] ने अपने अध्ययन "इण्डियन फार्म ऐट क्रास रोड" में पाया कि समन्वित ग्रामीण विकास कार्यक्रम से तात्पर्य ग्रामीण क्षेत्र में पर्याप्त उत्पादन सामाजिक न्याय के साथ वृद्धि तथा बेरोज़गारों को पूर्ण रोज़गार देने से है।

ग्रामीण विकास से संबंधित पूर्ववर्ती अध्ययनों से यह स्पष्ट है कि विकास में सरकारी अभिकरण राजनीतिक, सामाजिक तथा आर्थिक कारक महत्त्वपूर्ण भूमिका का निर्वाह करते है। दूबे,[3] राज,[4] मिलर,[5] सिंह,[6] फिलजेल,[7] सिंह,[8] तथा सेन[9] इत्यादि के अध्ययनों में पाया गया कि संचार व्यवस्था से कृषि संबंधी नवीन तकनीक के अभिग्रहण में काफ़ी विविधता उत्पन्न हो जाती है। ग्रामीण क्षेत्रों में संचार साधनों के प्रयोग में तीव्रता लाने से ग्रामीण विकास की तीव्र गति होती है।[10]

सेरूनिलम फ्रांसिस[11] ने अपने अध्ययन में पाया कि विकास कार्यक्रमों का लाभ, ग्रामीण समाज के उस वर्ग विशेष को अधिकांशतः रूप में प्राप्त हुआ है जो पहले से ही शिक्षित, जागरूक तथा साधन सम्पन्न थे। निम्न आर्थिक स्तर वाले व्यक्ति विकास सुविधाओं से वंचित रह गये हैं। यदि इनको कहीं लाभ मिला भी है। तो अन्ततोगत्वा इनके शोषण का साधन ही सिद्ध हुआ है। इस तथ्य की पुष्टि राहुडकर[12] तथा गायकवाड[13] ने भी अपने-अपने अध्ययनों में की है।

किल्वीन व अन्य,[14] फिलजेल व अन्य,[15] के अनुसार कृषि संबंधी नवीन तकनीक के अभिग्रहण में सामाजिक आर्थिक कारकों की महत्त्वपूर्ण भूमिका होती है।

ग्रामीण व्यवस्था मुख्यतः कृषि पर आधारित होती है। ग्रामीण जीवन स्तर सुधारने की दृष्टि से सरकार द्वारा समय समय पर अनेक योजनाएं व कार्यक्रम लागू किए जा रहे हैं। परंतु ये कार्यक्रम अभी तक अपना लक्ष्य पूरा नहीं कर पा रहे है। ग्रामीण विकास के सन्दर्भ में सरकारी अभिकरण अत्यंत महत्वपूर्ण स्थान रखते हैं। दुबे,[16] राज,[17] सिंह,[18] फिलजेल,[19] राजगोपालन तथा सिंह।[20]

ग्रामीण विकास में सरकारी अभिकरणों की भूमिका अत्यधिक महत्त्वपूर्ण होती है, सरकारी तंत्र रूप से ग्राम्य संरचना में उच्च सामाजिक आर्थिक सदस्यों के सम्पर्क में अधिक रहता है, जिससे विकास संबंधी सूचना या सहायता उच्च स्तर के सदस्यों को अपेक्षाकृत अधिक आसानी से प्राप्त हो जाती है।[21]

अमेरिका, ब्रिटेन सहित विश्व के सभी देश विकास की प्रारंभिक दशा में ग्रामीण विकास की प्रक्रिया को संचालित कर चुके हैं। विकास की प्रारंभिक दशा ही ग्रामीण स्थानीय विकास है, क्योंकि जब तक जमीनी स्तर तक जुड़े लोगों का विकास नहीं होगा तब तक हम किसी भी प्रकार के विकास की संकल्पना नहीं कर सकते। ग्रामीण विकास हेतु कृषि का विकास अत्यधिक आवश्यक है, जिसके आधार पर अन्य विकास जुड़े होते हैं। अतः आर्थिक, सामाजिक, राजनैतिक विकास का प्रारंभिक बिन्दु ही स्थानीय विकास है। ग्रामीण विकास मुख्यतः ग्रामीण जनता के समग्र विकास की प्रक्रिया को प्रदर्शित करता है, ग्रामीण जनता को प्रत्येक दृष्टि से विकसित व खुशहाल बनाने हेतु उसका सामाजिक, आर्थिक, राजनैतिक तथा शैक्षणिक विकास किया जाना अपरिहार्य है। इन सभी विकास को किसी सुयोग्य पथ निर्देशन के माध्यम से ही प्राप्त किया जा सकता है अर्थात् किसी भी विकास में नेतृत्व का कुशल होना अपरिहार्य है।

ग्रामीण विकास के लिए नेता द्वारा ग्रामीण जनता के साथ-साथ समूचे ग्रामीण क्षेत्रों का उत्थान किया जाना आवश्यक होता है। ग्रामीण विकास, ग्रामीण जनता एवं ग्रामीण क्षेत्रों की आर्थिक, सामाजिक, राजनैतिक स्थिति में लगातार चलने वाली प्रक्रिया है, जिसमें ग्रामीणों की गरीबी दूर करके उन्हें सामाजिक, राजनैतिक रूप से सशक्त बनाया जाता है, जिससे वे आत्मनिर्भर बन सकें एवम् अपने विकास के लिए किसी पर भी निर्भर न रहे।

किसी गाँव का विकास आर्थिक, सामाजिक, राजनैतिक, सांस्कृतिक तत्वों पर निर्भर करता है। ये सभी तत्व एक-दूसरे से संबंधित होते हैं तथा एक-दूसरे को प्रभावी करते हैं, लेकिन यदि हम ग्रामीण विकास का सूक्ष्म विश्लेषण करें तो ज्ञात होता है कि ग्रामीण विकास का प्रारंभिक एवं अंतिम बिंदु आर्थिक विकास के माध्यम से सर्वांगीण विकास करना है, क्योंकि यदि ग्रामीण जनता आर्थिक रूप से सशक्त

होगी तो उसका सामाजिक, राजनैतिक एवं सांस्कृतिक विकास भी तेजी से होने लगेगा, और यदि ग्रामीण लोग सामाजिक, राजनैतिक एवं सांस्कृतिक रूप में विकसित एवं सक्षम होंगे तो वे आर्थिक रूप से पहले से और अधिक शक्तिशाली हो जाएंगे।[22]

### आपकी दृष्टि में मनरेगा का सफल संचालन हो रहा है

प्रस्तुत अध्ययन में ग्रामीण नेताओं से यह जानकारी प्राप्त की गयी कि क्या आपकी दृष्टि में मनरेगा का सफल संचालन हो रहा है? प्राप्त जानकारी को निम्न सारणी में दर्शाया गया है:

**सारणी संख्या -6.1**
**आपकी दृष्टि में मनरेगा का सफल संचालन हो रहा है**

| मनरेगा का सफल संचालन हो रहा है | आवृत्ति | प्रतिशत |
|---|---|---|
| हाँ | 195 | 78.00 |
| नहीं | 55 | 22.00 |
| योग | 250 | 100.00 |

सारणी के अवलोकन से स्पष्ट है कि अध्ययन में सम्मिलित 78.00 प्रतिशत ग्रामीण नेताओं की दृष्टि में मनरेगा का सफल संचालन हो रहा है जबकि 22.00 प्रतिशत ग्रामीण नेताओं की दृष्टि में मनरेगा का सफल संचालन नहीं हो रहा है।

अतः स्पष्ट है कि अध्ययन में सम्मिलित अधिकांश 78.00 प्रतिशत ग्रामीण नेताओं की दृष्टि में मनरेगा का सफल संचालन हो रहा है।

**सारणी संख्या-6.2**
**जाति के आधार पर मनरेगा का सफल संचालन**

| जाति/मनरेगा का सफल संचालन | हाँ | नहीं | योग |
|---|---|---|---|
| उच्च | 43<br>(71.67) | 17<br>(28.33) | 60<br>(100.00) |
| निम्न | 67<br>(74.44) | 23<br>(25.56) | 90<br>(100.00) |
| पिछड़ी | 85<br>(85.00) | 15<br>(15.00) | 100<br>(100.00) |
| योग | 195<br>(78.00) | 55<br>(22.00) | 250<br>(100.00) |

$x^2 = 4.92$; df = 2; p = 0.085; सार्थक नहीं है।

जाति के आधार पर ग्रामीण नेताओं की दृष्टि में मनरेगा के सफल संचालन से संबंधित अध्ययन से स्पष्ट होता है कि उच्च जाति के 71.67 प्रतिशत ग्रामीण नेताओं की दृष्टि में मनरेगा का सफल संचालन हो रहा है जबकि 28.33 प्रतिशत ग्रामीण नेताओं की दृष्टि में मनरेगा का सफल संचालन नहीं हो रहा है। निम्न जाति के 74.44 प्रतिशत ग्रामीण नेताओं की दृष्टि में मनरेगा का सफल संचालन हो रहा है जबकि 25.56 प्रतिशत ग्रामीण नेताओं की दृष्टि में मनरेगा का सफल संचालन नहीं हो रहा है। पिछड़ी जाति के 85.00 प्रतिशत ग्रामीण नेताओं की दृष्टि में मनरेगा का सफल संचालन हो रहा है जबकि 15.00 प्रतिशत ग्रामीण नेताओं की दृष्टि में मनरेगा का सफल संचालन नहीं हो रहा है। काई-स्क्वायर के अनुसार अन्तर सार्थक नहीं है।

## दूरसंचार क्षेत्र की प्रगति ग्रामीण विकास की धुरी है

प्रस्तुत अध्ययन में ग्रामीण नेताओं से यह जानकारी प्राप्त की गयी कि क्या आप मानते हैं कि दूरसंचार क्षेत्र की प्रगति ग्रामीण विकास की धुरी है? प्राप्त जानकारी को निम्न सारणी में दर्शाया गया है:

**सारणी संख्या 6.3**

**दूरसंचार क्षेत्र की प्रगति ग्रामीण विकास की धुरी है**

| विकास की धुरी है | आवृत्ति | प्रतिशत |
|---|---|---|
| हाँ | 210 | 82.00 |
| नहीं | 40 | 18.00 |
| योग | 250 | 100.00 |

सारणी के अवलोकन से स्पष्ट है कि अध्ययन में सम्मिलित 82.00 प्रतिशत ग्रामीण नेता मानते हैं कि दूरसंचार क्षेत्र की प्रगति ग्रामीण विकास की धुरी है जबकि 18.00 प्रतिशत ग्रामीण नेता नहीं मानते हैं कि दूरसंचार क्षेत्र की प्रगति ग्रामीण विकास की धुरी है।

अतः स्पष्ट है कि अध्ययन में सम्मिलित अधिकांश 82.00 प्रतिशत ग्रामीण नेता मानते हैं कि दूरसंचार क्षेत्र की प्रगति ग्रामीण विकास की धुरी है।

## आपको बिहार में पायी जाने वाली निम्नलिखित गंभीर समस्याओं की जानकारी है

प्रस्तुत अध्ययन में ग्रामीण नेताओं से यह जानकारी प्राप्त की गयी कि क्या आपको बिहार में पायी जाने वाली निम्नलिखित गंभीर समस्याओं की जानकारी है? प्राप्त जानकारी को निम्न सारणी में दर्शाया गया है:

**सारणी संख्या 6.4**

**बिहार में पायी जाने वाली गंभीर समस्यायें**

| समस्यायें | जानकारी है | जानकारी नही है | योग |
|---|---|---|---|
| जातिय संघर्ष की समस्या | 190 (76.00) | 60 (24.00) | 250 (100.00) |
| उग्रवाद की समस्या | 155 (62.00) | 95 (38.00) | 250 (100.00) |
| निर्धनता की समस्या | 150 (60.00) | 100 (40.00) | 250 (100.00) |
| उत्तरी बिहार में बाढ़ की विभीषिका | 180 (72.00) | 70 (28.00) | 250 (100.00) |

सारणी के अवलोकन से स्पष्ट है कि अध्ययन में सम्मिलित 76.00 प्रतिशत ग्रामीण नेताओं को बिहार में पायी जाने वाली गंभीर समस्याओं में जातीय संघर्ष की समस्या की जानकारी है, जबकि 24.00 प्रतिशत उत्तरदाताओं को इस समस्या की जानकारी नहीं है। 62.00 प्रतिशत ग्रामीण नेताओं को बिहार में पायी जाने वाली गंभीर समस्याओं में उग्रवाद की समस्या की जानकारी है, जबकि 38.00 प्रतिशत उत्तरदाताओं को इस समस्या की जानकारी नहीं है। 60.00 प्रतिशत ग्रामीण नेताओं को बिहार में पायी जाने वाली गंभीर समस्याओं में निर्धनता की समस्या की जानकारी है, जबकि 40.00 प्रतिशत उत्तरदाताओं को इस समस्या की जानकारी नहीं है। 72. 00 प्रतिशत ग्रामीण नेताओं को बिहार में पायी जाने वाली गंभीर समस्याओं में उत्तरी बिहार में बाढ़ की विभीषिका की समस्या की जानकारी है, जबकि 28.00 प्रतिशत उत्तरदाताओं को इस समस्या की जानकारी नहीं है।

## आपको ग्रामीण विकास के लिए चलाये जा रहे निम्नलिखित कार्यक्रमों की जानकारी है

प्रस्तुत अध्ययन में ग्रामीण नेताओं से यह जानकारी प्राप्त की गयी कि क्या आपको ग्रामीण विकास के लिए चलाये जा रहे निम्नलिखित कार्यक्रमों की जानकारी है? प्राप्त जानकारी को निम्न सारणी में दर्शाया गया है:

सारणी के अवलोकन से स्पष्ट है कि अध्ययन में सम्मिलित 66.00 प्रतिशत ग्रामीण नेताओं को ग्रामीण विकास के लिये चलाये जा रहे कार्यक्रमों के अन्तर्गत

सारणी संख्या 6.5

ग्रामीण विकास के लिए चलाये जा रहे कार्यक्रमों की जानकारी है

| ग्रामीण विकास कार्यक्रम | जानकारी है | जानकारी नहीं है | योग |
|---|---|---|---|
| जवाहर रोजगार योजना | 165 (66.00) | 85 (34.00) | 250 (100.00) |
| सुनिश्चित रोजगार योजना | 195 (78.00) | 55 (22.00) | 250 (100.00) |
| इंदिरा आवास योजना | 150 (60.00) | 100 (40.00) | 250 (100.00) |
| सामुदायिक विकास योजना | 170 (68.00) | 80 (32.00) | 250 (100.00) |
| ट्राइसेम योजना | 190 (76.00) | 60 (24.00) | 250 (100.00) |
| स्वर्ण जयंती ग्राम स्वरोजगार योजना | 220 (88.00) | 30 (12.00) | 250 (100.00) |
| प्रधानमंत्री ग्राम स्वरोजगार योजना | 200 (80.00) | 50 (20.00) | 250 (100.00) |
| राजीव गांधी राष्ट्रीय जल मिशन योजना | 160 (64.00) | 90 (36.00) | 250 (100.00) |
| सम्पूर्ण रोजगार गारण्टी योजना (SGRY) | 200 (80.00) | 50 (20.00) | 250 (100.00) |

जवाहर रोजगार योजना की जानकारी है, जबकि 34.00 प्रतिशत उत्तरदाताओं को इस कार्यक्रम की जानकारी नहीं है। 78.00 प्रतिशत ग्रामीण नेताओं को ग्रामीण विकास के लिये चलाये जा रहे कार्यक्रमों के अन्तर्गत सुनिश्चित रोजगार योजना की जानकारी है, जबकि 22.00 प्रतिशत उत्तरदाताओं को इस कार्यक्रम की जानकारी नहीं है। 60.00 प्रतिशत ग्रामीण नेताओं को ग्रामीण विकास के लिये चलाये जा रहे कार्यक्रमों के अन्तर्गत इंदिरा आवास योजना की जानकारी है, जबकि 40.00 प्रतिशत उत्तरदाताओं को इस कार्यक्रम की जानकारी नहीं है। 68.00 प्रतिशत ग्रामीण नेताओं को ग्रामीण विकास के लिये चलाये जा रहे कार्यक्रमों के अन्तर्गत सामुदायिक विकास योजना की जानकारी है, जबकि 32.00 प्रतिशत उत्तरदाताओं को इस कार्यक्रम की जानकारी नहीं है। 76.00 प्रतिशत ग्रामीण नेताओं को ग्रामीण विकास के लिये चलाये जा रहे कार्यक्रमों के अन्तर्गत ट्राइसेम योजना की जानकारी है, जबकि 24.00 प्रतिशत उत्तरदाताओं को इस कार्यक्रम की जानकारी नहीं है। 88.00 प्रतिशत ग्रामीण नेताओं को ग्रामीण विकास के लिये चलाये जा रहे कार्यक्रमों के अन्तर्गत स्वर्ण जयंती ग्राम स्वरोजगार योजना की जानकारी है, जबकि 12.00 प्रतिशत उत्तरदाताओं को इस कार्यक्रम की जानकारी नहीं है। 80.00 प्रतिशत ग्रामीण नेताओं को ग्रामीण विकास के लिये चलाये जा रहे कार्यक्रमों के अन्तर्गत प्रधानमंत्री ग्राम स्वरोजगार योजना की जानकारी है, जबकि 20.00 प्रतिशत उत्तरदाताओं को इस कार्यक्रम की जानकारी नहीं है। 64.00 प्रतिशत ग्रामीण नेताओं को ग्रामीण विकास के लिये चलाये जा रहे कार्यक्रमों के अन्तर्गत राजीव गाँधी राष्ट्रीय जल मिशन

योजना की जानकारी है, जबकि 36.00 प्रतिशत उत्तरदाताओं को इस कार्यक्रम की जानकारी नहीं है। 80.00 प्रतिशत ग्रामीण नेताओं को ग्रामीण विकास के लिये चलाये जा रहे कार्यक्रमों के अन्तर्गत सम्पूर्ण रोजगार गारण्टी योजना(SGRY) की जानकारी है, जबकि 20.00 प्रतिशत उत्तरदाताओं को इस कार्यक्रम की जानकारी नहीं है।

## आपको निम्नलिखित कृषि विकास कार्यक्रमों की जानकारी है

प्रस्तुत अध्ययन में ग्रामीण नेताओं से यह जानकारी प्राप्त की गयी कि क्या आपको निम्नलिखित कृषि विकास कार्यक्रमों की जानकारी हैं? प्राप्त जानकारी को निम्न सारणी में दर्शाया गया है:

**सारणी संख्या 6.6**

**आपको कृषि विकास कार्यक्रमों की जानकारी है**

| कृषि विकास कार्यक्रम | जानकारी है | जानकारी नहीं है | योग |
|---|---|---|---|
| उन्नत एवम् आधुनिक बीज | 175 (70.00) | 75 (30.00) | 250 (100.00) |
| रासायनिक खाद | 180 (72.00) | 70 (28.00) | 250 (100.00) |
| कीटनाशक दवाईयाँ | 200 (80.00) | 50 (20.00) | 250 (100.00) |
| कृषि का आधुनिक यंत्र | 190 (76.00) | 60 (24.00) | 250 (100.00) |

सारणी के अवलोकन से स्पष्ट है कि अध्ययन में सम्मिलित 70.00 प्रतिशत ग्रामीण नेताओं को कृषि विकास कार्यक्रमों के अन्तर्गत उन्नत एवम् आधुनिक बीज की जानकारी है, जबकि 30.00 प्रतिशत ग्रामीण नेताओं को इस कार्यक्रम की जानकारी नहीं है। 72.00 प्रतिशत ग्रामीण नेताओं को कृषि विकास कार्यक्रमों के अन्तर्गत रासायनिक खाद की जानकारी है, जबकि 28.00 प्रतिशत ग्रामीण नेताओं को इस कार्यक्रम की जानकारी नहीं है। 80.00 प्रतिशत ग्रामीण नेताओं को कृषि विकास कार्यक्रमों के अन्तर्गत कीटनाशक दवाइयों की जानकारी है, जबकि 20.00 प्रतिशत ग्रामीण नेताओं को इस कार्यक्रम की जानकारी नहीं है। 76.00 प्रतिशत ग्रामीण नेताओं को कृषि विकास कार्यक्रमों के अन्तर्गत कृषि के आधुनिक यंत्र की जानकारी है, जबकि 24.00 प्रतिशत ग्रामीण नेताओं को इस कार्यक्रम की जानकारी नहीं है।

## आप औरंगाबाद (बिहार) में पाये जाने वाले बैंक सेवाओं की जानकारी रखते हैं?

प्रस्तुत अध्ययन में ग्रामीण नेताओं से यह जानकारी प्राप्त की गयी कि क्या आप औरंगाबाद (बिहार) में पाये जाने वाले बैंक सेवाओं की जानकारी रखते हैं? प्राप्त जानकारी को निम्न सारणी में दर्शाया गया है:

**सारणी संख्या 6.7**

**औरंगाबाद (बिहार) में पाये जाने वाले बैंक**

| बैंक | जानकारी है | जानकारी नहीं है | योग |
|---|---|---|---|
| पंजाब नेशनल बैंक | 200 (80.00) | 50 (20.00) | 250 (100.00) |
| मध्य ग्रामीण बैंक | 180 (72.00) | 70 (28.00) | 250 (100.00) |
| भूमि विकास बैंक | 170 (68.00) | 80 (32.00) | 250 (100.00) |
| सहकारी बैंक | 210 (84.00) | 40 (16.00) | 250 (100.00) |
| एस.बी.आई. (S.B.I.) | 215 (86.00) | 35 (14.00) | 250 (100.00) |

सारणी के अवलोकन से स्पष्ट है कि अध्ययन में सम्मिलित 80.00 प्रतिशत ग्रामीण नेताओं को औरंगाबाद (बिहार) में पायी जाने वाली बैंक सेवाओं में पंजाब नेशनल बैंक की जानकारी है, जबकि 20.00 प्रतिशत ग्रामीण नेताओं को इस बैंक की जानकारी नहीं है। 72.00 प्रतिशत ग्रामीण नेताओं को औरंगाबाद (बिहार) में पायी जाने वाली बैंक सेवाओं में मुख्य ग्रामीण बैंक की जानकारी है, जबकि 28.00 प्रतिशत ग्रामीण नेताओं को इस बैंक की जानकारी नहीं है। 68.00 प्रतिशत ग्रामीण नेताओं को औरंगाबाद (बिहार) में पायी जाने वाली बैंक सेवाओं में भूमि विकास बैंक की जानकारी है, जबकि 32.00 प्रतिशत ग्रामीण नेताओं को इस बैंक की जानकारी नहीं है। 86.00 प्रतिशत ग्रामीण नेताओं को औरंगाबाद (बिहार) में पायी जाने वाली बैंक सेवाओं में एस.बी.आई. बैंक की जानकारी है, जबकि 14.00 प्रतिशत ग्रामीण नेताओं को इस बैंक की जानकारी नहीं है।

## आपको स्वास्थ्य कार्यक्रमों की जानकारी है

प्रस्तुत अध्ययन में ग्रामीण नेताओं से यह जानकारी प्राप्त की गयी कि क्या आपको स्वास्थ्य कार्यक्रमों की जानकारी है? प्राप्त जानकारी को निम्न सारणी में दर्शाया गया है:

**सारणी संख्या 6.8**

**स्वास्थ्य कार्यक्रमों की जानकारी**

| स्वास्थ्य कार्यक्रम | जानकारी है | जानकारी नहीं है | योग |
|---|---|---|---|
| आँगनबाड़ी | 190 (76.00) | 60 (24.00) | 250 (100.00) |
| पौष्टिक आहार | 200 (80.00) | 50 (20.00) | 250 (100.00) |
| टीकाकरण | 205 (82.00) | 55 (18.00) | 250 (100.00) |

सारणी के अवलोकन से स्पष्ट है कि अध्ययन में सम्मिलित 76.00 प्रतिशत ग्रामीण नेताओं को स्वास्थ्य कार्यक्रमों के अन्तर्गत आने वाले आँगनबाड़ी कार्यक्रम की जानकारी है, जबकि 24.00 प्रतिशत ग्रामीण नेताओं को इस कार्यक्रम की जानकारी नहीं है। 80.00 प्रतिशत ग्रामीण नेताओं को स्वास्थ्य कार्यक्रमों के अन्तर्गत आने वाले पौष्टिक आहार कार्यक्रम की जानकारी है, जबकि 20.00 प्रतिशत ग्रामीण नेताओं को इस कार्यक्रम की जानकारी नहीं है। 82.00 प्रतिशत ग्रामीण नेताओं को स्वास्थ्य कार्यक्रमों के अन्तर्गत आने वाले टीकाकरण कार्यक्रम की जानकारी है, जबकि 18.00 प्रतिशत ग्रामीण नेताओं को इस कार्यक्रम की जानकारी नहीं है।

## आपको निम्नलिखित कार्यक्रमों की जानकारी है

प्रस्तुत अध्ययन में ग्रामीण नेताओं से यह जानकारी प्राप्त की गयी कि क्या आपको निम्नलिखित कार्यक्रमों की जानकारी है? प्राप्त जानकारी को निम्न सारणी में दर्शाया गया है:

**सारणी संख्या 6.9**

**आपको निम्नलिखित कार्यक्रमों की जानकारी है**

| कार्यक्रम | जानकारी है | जानकारी नहीं है | योग |
|---|---|---|---|
| वृद्धापेंशन | 175 (70.00) | 75 (30.00) | 250 (100.00) |
| विधवा पेंशन | 205 (82.00) | 55 (18.00) | 250 (100.00) |
| विकलांग योजना | 200 (80.00) | 50 (20.00) | 250 (100.00) |
| अन्त्योदय योजना | 210 (84.00) | 40 (16.00) | 250 (100.00) |

सारणी के अवलोकन से स्पष्ट है कि अध्ययन में सम्मिलित 70.00 प्रतिशत ग्रामीण नेताओं को वृद्धापेंशन कार्यक्रम की जानकारी है, जबकि 30.00 प्रतिशत ग्रामीण नेताओं को इस कार्यक्रम की जानकारी नहीं है। 82.00 प्रतिशत ग्रामीण नेताओं को विधवा पेंशन कार्यक्रम की जानकारी है, जबकि 18.00 प्रतिशत ग्रामीण नेताओं को इस कार्यक्रम की जानकारी नहीं है। 80.00 प्रतिशत ग्रामीण नेताओं को विकलांग योजना कार्यक्रम की जानकारी है, जबकि 20.00 प्रतिशत ग्रामीण नेताओं को इस कार्यक्रम की जानकारी नहीं है। 84.00 प्रतिशत ग्रामीण नेताओं को अन्त्योदय योजना कार्यक्रम की जानकारी है, जबकि 16.00 प्रतिशत ग्रामीण नेताओं को इस कार्यक्रम की जानकारी नहीं है।

## आपको निम्नलिखित ग्राम विकास कार्यक्रम की जानकारी है

प्रस्तुत अध्ययन में ग्रामीण नेताओं से यह जानकारी प्राप्त की गयी कि क्या आपको निम्नलिखित ग्राम विकास कार्यक्रम की जानकारी है? प्राप्त जानकारी को निम्न सारणी में दर्शाया गया है:

**सारणी संख्या 6.10**

**ग्राम विकास कार्यक्रमों की जानकारी**

| ग्राम विकास कार्यक्रम | जानकारी है | जानकारी नहीं है | योग |
|---|---|---|---|
| लाल कार्ड योजना | 140 (56.00) | 110 (44.00) | 250 (100.00) |
| पीला कार्ड योजना | 180 (62.00) | 70 (38.00) | 250 (100.00) |
| वृक्षारोपण | 130 (52.00) | 120 (48.00) | 250 (100.00) |
| परिवार कल्याण | 175 (70.00) | 75 (30.00) | 250 (100.00) |
| प्रौढ़ साक्षरता | 190 (76.00) | 60 (24.00) | 250 (100.00) |

सारणी के अवलोकन से स्पष्ट है कि अध्ययन में सम्मिलित 56.00 प्रतिशत ग्रामीण नेताओं को ग्राम विकास कार्यक्रम के अन्तर्गत आने वाले लाल कार्ड योजना की जानकारी है, जबकि 44.00 प्रतिशत ग्रामीण नेताओं को इस योजना की जानकारी नहीं है। 62.00 प्रतिशत ग्रामीण नेताओं को ग्राम विकास कार्यक्रम के अन्तर्गत आने वाले पीला कार्ड योजना की जानकारी है, जबकि 38.00 प्रतिशत ग्रामीण नेताओं को इस योजना की जानकारी नहीं है। 52.00 प्रतिशत ग्रामीण नेताओं को ग्राम विकास कार्यक्रम के अन्तर्गत आने वाले वृक्षारोपण योजना की जानकारी है, जबकि 48.00 प्रतिशत ग्रामीण नेताओं को इस योजना की जानकारी नहीं है। 70.00 प्रतिशत ग्रामीण नेताओं को ग्राम विकास कार्यक्रम के अन्तर्गत आने वाले परिवार कल्याण कार्यक्रम की जानकारी है, जबकि 30.00 प्रतिशत ग्रामीण नेताओं को इस कार्यक्रम की जानकारी नहीं है। 76.00 प्रतिशत ग्रामीण नेताओं को ग्राम विकास कार्यक्रम के अन्तर्गत आने वाले प्रौढ़ साक्षरता कार्यक्रम की जानकारी है, जबकि 24.00 प्रतिशत ग्रामीण नेताओं को इस कार्यक्रम की जानकारी नहीं है।

## आप ग्रामीणों को निम्नलिखित कृषि विकास कार्यक्रमों को दिलाने में भूमिका अदा करते हैं

प्रस्तुत अध्ययन में ग्रामीण नेताओं से यह जानकारी प्राप्त की गयी कि क्या आप ग्रामीणों को निम्नलिखित कृषि विकास कार्यक्रमों को दिलाने में भूमिका अदा करते हैं? प्राप्त जानकारी को निम्न सारणी में दर्शाया गया है:

**सारणी संख्या 6.11**

**कृषि विकास कार्यक्रमों को दिलाने में भूमिका अदा करना**

| कृषि विकास कार्यक्रम | जानकारी है | जानकारी नहीं है | योग |
|---|---|---|---|
| उन्नत एवम् आधुनिक बीज | 110 (44.00) | 140 (56.00) | 250 (100.00) |
| रासायनिक उर्वरक | 130 (52.00) | 120 (48.00) | 250 (100.00) |
| कीटनाशक | 100 (40.00) | 150 (60.00) | 250 (100.00) |
| कृषि के आधुनिक यंत्र एवम् उपकरण | 155 (62.00) | 95 (38.00) | 250 (100.00) |
| कृषि ऋण | 115 (46.00) | 135 (54.00) | 250 (100.00) |

सारणी के अवलोकन से स्पष्ट है कि अध्ययन में सम्मिलित 44.00 प्रतिशत ग्रामीण नेताओं को कृषि विकास कार्यक्रम के अन्तर्गत उन्नत एवम् आधुनिक बीज कार्यक्रम की जानकारी है, जबकि 56.00 प्रतिशत ग्रामीण नेताओं को इस कार्यक्रम की जानकारी नहीं है। 52.00 प्रतिशत ग्रामीण नेताओं को कृषि विकास कार्यक्रम के अन्तर्गत रासायनिक उर्वरक कार्यक्रम की जानकारी है, जबकि 48.00 प्रतिशत ग्रामीण नेताओं को इस कार्यक्रम की जानकारी नहीं है। 40.00 प्रतिशत ग्रामीण नेताओं को कृषि विकास कार्यक्रम के अन्तर्गत कीटनाशक कार्यक्रम की जानकारी है, जबकि 60.00 प्रतिशत ग्रामीण नेताओं को इस कार्यक्रम की जानकारी नहीं है।

62.00 प्रतिशत ग्रामीण नेताओं को कृषि विकास कार्यक्रम के अन्तर्गत कृषि के आधुनिक यंत्र एवम् उपकरण कार्यक्रम की जानकारी है, जबकि 38.00 प्रतिशत ग्रामीण नेताओं को इस कार्यक्रम की जानकारी नहीं है। 46.00 प्रतिशत ग्रामीण नेताओं को कृषि विकास कार्यक्रम के अन्तर्गत कृषि ऋण कार्यक्रम की जानकारी है, जबकि 54.00 प्रतिशत ग्रामीण नेताओं को इस कार्यक्रम की जानकारी नहीं है।

## ग्रामीणों को कौन-कौन से बैंकों से लाभ प्राप्त करने के लिए आपने प्रेरित किया है

प्रस्तुत अध्ययन में ग्रामीण नेताओं से यह जानकारी प्राप्त की गयी कि ग्रामीणों को कौन-कौन से बैंकों से लाभ प्राप्त करने के लिए आपने प्रेरित किया है? प्राप्त जानकारी को निम्न सारणी में दर्शाया गया है:

**सारणी संख्या 6.12**

**ग्रामीणों को बैंकों से लाभ प्राप्त करने के लिए प्रेरित करना**

| बैंकों के नाम | आवृत्ति | प्रतिशत |
|---|---|---|
| सरकारी बैंक | 150 | 60.00 |
| गैर सरकारी बैंक | 100 | 40.00 |
| योग | 250 | 100.00 |

सारणी के अवलोकन से स्पष्ट है कि अध्ययन में सम्मिलित 60.00 प्रतिशत ग्रामीण नेताओं ने ग्रामीणों को सरकारी बैंकों से लाभ प्राप्त करने के लिए प्रेरित किया है जबकि 40.00 प्रतिशत ग्रामीण नेताओं ने ग्रामीणों को गैर सरकारी बैंकों से लाभ प्राप्त करने के लिए प्रेरित किया है।

अतः स्पष्ट है कि अध्ययन में सम्मिलित अधिकांश 60.00 प्रतिशत ग्रामीण नेताओं ने ग्रामीणों को सरकारी बैंकों से लाभ प्राप्त करने के लिए प्रेरित किया है।

## आपने वृद्धापेंशन, विधवा पेंशन, अन्त्योदय, बी.पी.एल., ए.पी.एल. तथा विकलांग कार्यक्रमों की श्रेणी में आने वाले ग्रामीणों को लाभ प्राप्त करने के लिए प्रेरित किया है

प्रस्तुत अध्ययन में ग्रामीण नेताओं से यह जानकारी प्राप्त की गयी कि क्या आपने वृद्धापेंशन, विधवा पेंशन, अन्त्योदय, बी.पी.एल., ए.पी.एल. तथा विकलांग कार्यक्रमों की श्रेणी में आने वाले ग्रामीणों को लाभ प्राप्त करने के लिए प्रेरित किया है? प्राप्त जानकारी को निम्न सारणी में दर्शाया गया है:

**सारणी संख्या 6.13**

**आपने वृद्धापेंशन, विधवा पेंशन, अन्त्योदय, बी.पी.एल., ए.पी.एल. तथा विकलांग कार्यक्रमों की श्रेणी में आने वाले ग्रामीणों को लाभ प्राप्त करने के लिए प्रेरित किया है**

| प्रेरित किया है | आवृत्ति | प्रतिशत |
|---|---|---|
| हाँ | 175 | 70.00 |
| नहीं | 75 | 30.00 |
| योग | 250 | 100.00 |

सारणी के अवलोकन से स्पष्ट है कि अध्ययन में सम्मिलित 70.00 प्रतिशत ग्रामीण नेताओं ने वृद्धापेंशन, विधवा पेंशन, अन्त्योदय, बी.पी.एल., ए.पी.एल. तथा विकलांग कार्यक्रमों की श्रेणी में आने वाले ग्रामीणों को लाभ प्राप्त करने के लिए प्रेरित किया है जबकि 30.00 प्रतिशत ग्रामीण नेताओं ने वृद्धापेंशन, विधवा पेंशन, अन्त्योदय, बी.पी.एल., ए.पी.एल. तथा विकलांग कार्यक्रमों की श्रेणी में आने वाले ग्रामीणों को लाभ प्राप्त करने के लिए प्रेरित नहीं किया है।

अतः स्पष्ट है कि अध्ययन में सम्मिलित अधिकांश 70.00 प्रतिशत ग्रामीण नेताओं ने वृद्धापेंशन, विधवा पेंशन, अन्त्योदय, बी.पी.एल., ए.पी.एल. तथा विकलांग कार्यक्रमों की श्रेणी में आने वाले ग्रामीणों को लाभ प्राप्त करने के लिए प्रेरित किया है।

## सारांश

किसी ग्राम का विकास आर्थिक, सामाजिक, राजनीतिक तत्वों पर निर्भर करता है तथा ये तत्व आपस में एक दूसरे से संबधित होते हैं। इन सभी तत्वों को समेकित रूप से किसी कुशल नेतृत्व के माध्यम से संयोजित करके प्रगति के मार्ग पर प्रशस्त करते हैं। ग्रामीण विकास के दृष्टिकोण के आधार पर उत्तरदाताओं से मनरेगा कार्यक्रम के संचालन की सफलता के संदर्भ में जब पूछा गया तो अधिकांश उत्तरदाता (78 प्रतिशत) ने सफल संचालन पर अपनी सहमति अभिव्यक्त की है। दूरसंचार क्षेत्र की प्रगति विकास की धूरी है, इससे संबंधित अवलोकन के आधार पर अधिकांश लोगों ने (82 प्रतिशत) ने बताया कि दूरसंचार के क्षेत्र में विकास होना चाहिए तथा ग्रामीण विकास में इसने महत्वपूर्ण भूमिका निभायी है।

ग्रामीण विकास से संबधित, प्रश्नों के आधार पर जो तथ्य प्राप्त हुए, वे इस प्रकार से हैं। बिहार में पाये जाने वाली गंभीर समस्या के सन्दर्भ में अधिकांश लोगों ने जातीय संघर्ष, उग्रवाद की समस्या, निर्धनता की समस्या तथा उत्तरी बिहार में बाढ़ की विभीषिका को गंभीर समस्याओं में इंगित किया है, ग्रामीण विकास हेतु जो कार्यक्रम चलाये जा रहे हैं, उनकी जानकारी के संदर्भ में अधिकांशः उत्तरदाताओं को जवाहर रोजगार योजना, स्वर्ण जयंती ग्राम स्वरोजगार योजना, प्रधानमंत्री रोजगार योजना एवं संपूर्ण रोजगार गारंटी योजना के बारे में जानकारी है तथा इंदिरा आवास योजना, सामुदायिक विकास योजना इत्यादि के बारे में एक तिहाई उत्तरदाताओं को जानकारी है। कृषि से संबधित विकास कार्यक्रमों के सदर्भ में उत्तरदाताओं ने बताया है कि उन्हे कीटनाशक दवाइयों, कृषि के आधुनिक यंत्रों, उन्नत एवम् आधुनिक बीजों के बारे में सामान्य जानकारी है। ग्रामीण स्वास्थ्य कार्यक्रमों के सन्दर्भ में कार्यक्रमों के बारे में एक-तिहाई से अधिक उत्तरदाताओं को आंगनबाड़ी, पौष्टिक आहार, टीकाकरण की जानकारी है। बिहार में पायी जाने वाली बैंकों के सन्दर्भ में अधिकांश उत्तरदाताओं (86 प्रतिशत) को S.B.I. की जानकारी है, तथा भूमि विकस बैंक की जानकारी न्यूनतम है। गाँवों के कमजोर वर्गो जैसे विधवा, बुजुर्ग, विकलांग, निर्धन आदि लोगों हेतु कौन-कौन से कार्यक्रम चलाये जा रहे हैं? इनमें वृद्धापेंशन, विधवापेंशन, विकलांग योजना, अन्त्योदय योजना की जानकारी एक तिहाई से अधिक उत्तरदाताओं को है। ग्रामीण लोगों के विकास कार्यक्रमों के सन्दर्भ में जागरूकता के स्तर को जानने हेतु लाल कार्ड योजना, पीला कार्ड योजना, वृक्षारोपण, परिवार कल्याण, प्रौढ़ साक्षरता से संबंधित कार्यक्रमों के बारे में प्रश्न पूछा गया, जिसमें प्रौढ़ साक्षरता के बारे में अधिकांश उत्तरदाताओं (76 प्रतिशत)

को इसकी जानकारी है तथा लाल कार्ड योजना की जानकारी मात्र (56 प्रतिशत) लोगों को है तथा वृक्षारोपण से संबधित कार्यक्रम की जानकारी न्यूनतम स्तर (52 प्रतिशत) की है। ग्रामीण लोगों को बैंकों से होने वाले लाभों के बारे में प्रेरित करने वाले बैंकों के बारे में पूछा गया तो अधिकांश: उत्तरदाताओं (60 प्रतिशत) ने सरकारी बैंकों को लाभ के लिए प्रेरित करने वाला बतलाया।

## संदर्भ ग्रंथ


1. Girdhari,G.D.: Gramin Vikas Prabandh Ke Mahatwapurna Pahalu, Changing Villages, Rural New's and Views 2(6) : 1971.
2. Daya Krishna, I.E.S : Indian Farmer at Cross-Road, Swan Publishers, 1980.
3. Dubey, S.C : India's Changing Villages, Routledge and Kegan Paul, London, 1958.
4. Raj, K.N : Changing Outlook in Indian Agriculture, in the Listner, August 18, 1960.
5. Millar, J.W. *et al* : Developing Rural India, Plan and Practice, New York, Cornell University Press, 1968.
6. Singh, S.N : Social Psychological Considerations in Agricultural Production in K.N. Singh *et al.* (ed.); Towards a Dynamic Agriculture, New Delhi, Indian Agricultural Research Institute, 1968.
7. Fliegel, F.C. *et al* : Agricultural Innovation in India's Villages, Hyderabad, National Institute of Community Development, 1968.
8. Singh, K.N.(ed) : Research in Extension Education for Accelerating Development Process, New Delhi, Indian Society of Extension Education, 1970.
9. Sen, B : Opportunities in Green Revolution in Co-operative Experience of Agricultural Develoment in Developing Countries of Asia and the South-east since World War II.
10. Lerner, D : The Passing of a Traditional Society, New York: The Free Press of Clences, 1964.
11. Francis, Cherunilam : Gaon Ki Garibi Ke Karan Aur Nivaran: Khadi Gramodyog, August 1980:479-810.
12. Rahudkar, W.B : op. cit.
13. Gaikwad, V.R : op. cit.
14. Kilvin, J.E. *et al* : op. cit.

15. Fligel, F;G. *et al*: op. cit., 1968.

16. Dube, S.C : India's Changing Villages, Routledge and Kegan Paul, London, 1958.

17. Raj, K.N: op. cit., 1960.

18. Singh, S.N: op. cit., 1968

19. Fliegel, F.C. *et al* : op. cit., 1968.

20. Raj Gopalan, C. and Singh, J : Adoptions of Agricultural Innovations, Delhi, National Publishing House, 1971.

21. Dube, S.C : Contemporary India-Community Development Programme, p. 226.

# 7 निष्कर्ष एवं सामान्यीकरण

## निष्कर्ष एवं सामान्यीकरण

प्रस्तुत शोध–प्रबंध बिहार राज्य के दक्षिणी क्षेत्र में अवस्थित औरंगाबाद जिले के पाँच ग्राम पंचायतो (बेला, इब्राहीमपुर, फेसर, परसडीह तथा ओरा) के गवेषणात्मक एवं वर्णनात्मक अध्ययन पर आधारित है जिसमें "पंचायत नेतृत्व के उदीयमान स्वरूप" (औरंगाबाद, बिहार के ग्राम पंचायत पर आधारित एक समाजशास्त्रीय अध्ययन) का समाजशास्त्रीय दृष्टिकोण से विश्लेषण किया गया है। औरंगाबाद जनपद के चयन का औचित्य यह है कि यह क्षेत्र विकास के दृष्टिकोण से पिछड़ा है तथा नेतृत्व में उच्च जाति की बहुलता, एवं 73वें संविधान संशोधन के पश्चात् पंचायतों में नेतृत्व परिमाणों को जानने हेतु प्रयास किया गया है।

ग्रामीण विकास की धूरी पंचायती नेतृत्व पर आधारित है। ग्रामीण क्षेत्रों के विकास कार्य स्वतंत्रता के पश्चात् विकास कार्यक्रमों के माध्यम से किये गये, लेकिन विकास कार्यक्रमों को नेतृत्व के अभाव में आशातीत सफलता प्राप्त नही हो पायी। अतः विकास कार्यक्रम को सफल बनाने हेतु नेतृत्व के माध्यम से जनता की सहभागिता को साकार किया गया। इस दिशा में सर्वप्रथम स्थानीय स्वशासन के माध्यम से लोकतांत्रिक विकेन्द्रीकरण की स्थापना की गई, जिसके पक्ष में बलवन्त राय मेहता कमेटी एवम् अशोक मेहता कमेटी ने अपने सुझावों को प्रस्तुत किया। इन समितियों की सिफारिशों के पश्चात् विभिन्न राज्यों में शासन की त्रिस्तरीय व्यवस्था लागू की गई, एवं जिसके माध्यम द्वारा ग्रामीण विकास को ही नही वरन् नेतृत्व अभिक्षमता को भी लोगों के मध्य विकसित किया गया।

73वें संविधान संशोधन के पश्चात् ग्रामीण शक्ति संरचना एवं नेतृत्व प्रतिमानों में व्यापक परिवर्तन परिलक्षित हुए। इस संवैधानिक निकाय की प्रस्थापना के पश्चात् जाति आधारित नेतृत्व कमजोर हुआ एवं समाज के निम्न वर्ग एवम् महिलाओं को नेतृत्व का अवसर मिला। समाज के उपेक्षित वर्ग को नेतृत्व अवसर प्राप्त होने के पश्चात् राजनैतिक जागरूकता में अभिवृद्धि हुई तथा जिसके माध्यम से अपनी

सामुदायिक शक्ति को बढ़ाने में पर्याप्त अवसर मिला, जिसके माध्यम से विकास एवं नेतृत्व के सन्दर्भ में नवीन प्रतिमानों का पता चला।

भारतीय ग्रामीण समाज की पारंपरिक व्यवस्था में पुरूषों को महिलाओं से श्रेष्ठ माना जाता रहा है। अतः पारंपरिक प्रभावशीलता के फलस्वरूप महिला नेतृत्व, पुरुषों की अपेक्षा ग्रामीण समाज में कम पाया गया। महिलाओं को विकास प्रक्रिया एवं शक्ति संरचना में सहभागी बनाने हेतु पंचायती निकायों में आरक्षण प्रदान किया, गया। इस संदर्भ में बिहार, प्रथम ऐसा राज्य रहा, जिसमें ग्रामीण स्थानीय स्वशासन में महिलाओं को 50 प्रतिशत आरक्षण प्रदान किया। अतः इस प्रकार से नेतृत्व का एक नया प्रतिमान उभर कर सामने आया। वर्तमान अध्ययन का प्रमुख उद्देश्य, बिहार के औरंगाबाद जिले में नेतृत्व के उभरते प्रतिमानों का जातिगत शक्ति संरचना, नेतृत्व व विकास के सह संबंध एवं नेतृत्व से जुड़े विभिन्न आयामों का समाजशास्त्रीय विश्लेषण करना है।

वर्तमान शोध के निम्नलिखित उद्देश्य हैं:

1. पंचायत नेतृत्व के निर्धारित कारको का अध्ययन करना।
2. ग्रामीण नेतृत्व के स्वरूप में हो रहे परिवर्तन का अध्ययन करना।
3. ग्रामीण नेताओं का दृष्टिकोण विकास कार्यक्रमों के प्रति सकारात्मक है, का अध्ययन करना।
4. 73वें संविधान संशोधन, 1993 में दिये गए आरक्षण के द्वारा अनुसूचित जाति, जनजाति, पिछड़ा वर्ग एवं महिलाओं द्वारा पंचायत नेतृत्व के स्वरूप में परिवर्तन हुआ, इसका पंचायती राज पर क्या प्रभाव पड़ा, का अध्ययन करना।
5. आज राजनैतिक पार्टी युवा नेतृत्व को बढ़ावा दे रहीं हैं, उसी पंचायती राज में युवा नेता किस प्रकार के कार्यों में संलग्न हैं तथा उनमें पंचायत के विकास पर कितना असर पड़ेगा, का अध्ययन करना ?
6. ग्रामीण नेता तथा सरकारी कर्मचारी के संबंध का असर, ग्रामीण विकास पर पड़ेगा, का अध्ययन करना।

## शोध परिकल्पना

1. संरचनात्मक दृष्टि से एकाकी परिवार की अपेक्षा संयुक्त परिवार को ग्रामीण नेतृत्व के क्षेत्र में अधिक अवसर प्राप्त हैं।

2. ग्रामीण नेतृत्व जातिगत आधारित नहीं है, फिर भी ग्रामीण नेतृत्व पर जाति का सकारात्मक प्रभाव है।

3. जहाँ तक सामाजिक परिवर्तन और विकास की बात है, ग्रामीण पुननिर्माण में ग्राम पंचायतों का महत्व सामाजिक कार्यों तथा गाँव की उन्नति, सामाजिक सुधार, कल्याण एवम् आर्थिक दशा में सुधार से संबंधित है।

4. वर्तमान स्थिति में परिवर्तन और नेतृत्व की क्षमता जनतांत्रिक विकेन्द्रीकरण की ओर बढ़ती जा रही है। अर्थात युवा, शिक्षित तथा पिछड़ी जातियों को ग्रामीण नेतृत्व में अधिक अवसर प्राप्त हो रहे हैं।

शक्ति संरचना एवं नेतृत्व के सहसंबंध का गहराई से एवं सूक्ष्म अध्ययन करने हेतु समय और वैयक्तिक सीमाओं को ध्यान में रखते हुए बिहार राज्य के औरंगाबाद जिले का चयन किया गया। इस जिले के औरंगाबाद प्रखण्ड के पाँच ग्राम पंचायतों के ग्रामीण नेताओं को अध्ययन हेतु एक निर्देश के रूप में चुनाव का अपना एक विशेष औचित्य है क्योंकि ग्रामीण नेतृत्व का संबंध आधुनिक प्रजांतात्रिक मूल्यों की वजह से परिमार्जित हो रहा है, जिसके अन्तर्गत पुरातन प्रतिमानों के स्थान पर नेतृत्व के नवीन प्रतिमानों का आर्विभाव हुआ है, एवं समाज के सभी वर्गों को नेतृत्व का अवसर प्राप्त हुआ है।

प्रस्तुत अध्ययन में तथ्य संकलन हेतु दो स्रोतों का प्रयोग किया गया है। प्राथमिक स्रोत के अन्तर्गत शोधकर्ता द्वारा निर्मित साक्षात्कार-अनुसूचित का प्रयोग किया गया है तथा द्वैतीयक स्रोत के अन्तर्गत पुस्तकों, पत्र-पत्रिकाओं, सरकारी अभिलेखों, प्रकाशित तथा अप्रकाशित लेखों एवम् अभिलेखों तथा विभिन्न प्रतिवेदनों आदि से सहायता ली गई है। उतरदाताओं का चयन समस्त स्तरीयकृत दैव निर्देशन प्रणाली के माध्यम से किया गया है, जिसमें बेला, इब्राहीमपुर फेसर, परसडीह तथा ओरा ग्राम पंचायतों के कुल 250 नेताओं (महिला / पुरुष) का चयन करते हुए साक्षात्कार के माध्यम से तथ्यों को संकलित एवम् विश्लेषित किया गया है।

प्राप्त गवेषणात्मक तथ्यों को उनकी विशिष्टताओं के अनुरूप विभिन्न वर्गों, श्रेणियों एवं समूहो में विभक्त करके सरल एवं जटिल रूप में वर्गीकृत किया गया, संकलित तथ्यों के वर्गीकरण के पश्चात् सामग्री को स्पष्ट एवं बोधगम्य स्वरूप प्रदान करने के लिए उनका सारणीयन एवं चित्रमय आलेख प्रदर्शन किया गया है। इसमें आँकड़ों को नियमित तथा सुव्यवस्थित रूप से रखते हुए सरल सारणियों के साथ बहुचरणीय सारणियों में प्रतिशत के माध्यम से तथ्यों को प्रस्तुत किया गया है। इस

अध्याय के अन्तर्गत अध्ययन में सम्मिलित परिकल्पना को तथ्यों के आधार पर जाँच कर निष्कर्ष प्राप्त करने का प्रयास किया गया और इस परिकल्पना की सत्यता को मर्टन के संरचनात्मक-प्रकार्यात्मक प्रारूप, गांधीवादी प्रारूप तथा अम्बेडकर के विचारों से तुलनात्मक अध्ययन करने का प्रयास किया गया है।

अध्ययन से संबंधित प्रथम उपकल्पना "संरचनात्मक दृष्टि से एकांकी परिवार की अपेक्षा संयुक्त परिवार को ग्रामीण नेतृत्व के क्षेत्र में अधिक अवसर प्राप्त हुआ है।" इस कथन की पुष्टि अवलोकित अध्ययन के आधार पर हो जाती है, क्योंकि अधिकांश (80 प्रतिशत) उत्तरदाता संयुक्त परिवार से संबंधित हैं। अवलोकित तथ्य यह प्रदर्शित करते हैं कि आयु की दृष्टि से अध्ययन क्षेत्र के अधिकांश उत्तरदाता (50 प्रतिशत) 31 वर्ष से 40 वर्ष के बीच आयु समूह के हैं।

जातीय पृष्ठभूमि से संबंधित आंकड़े यह दर्शाते हैं कि अधिकांश (40 प्रतिशत) उत्तरदाता निम्न जातियों से संबंधित हैं, जो संबंध क्षेत्र में संख्यात्मक दृष्टि से बहुलता को प्रदर्शित करता है। शेष उत्तरदाताओं का जातीय पार्श्वचित्र यह दर्शाता हैं कि (36 प्रतिशत) मध्यम जाति वर्ग एवम् (24 प्रतिशत) उच्च जातीय वर्ग के हैं। शत्त–प्रतिशत उत्तरदाता हिन्दू धर्मावलम्बी है। अधिकांश उत्तरदाता (92 प्रतिशत) विवाहित हैं।

उत्तरदाताओं की शैक्षणिक स्थिति के संबंध में देखा गया कि अधिकांश उत्तरदाता (48 प्रतिशत) मैट्रिक स्तर तक शिक्षित हैं, जबकि (26 प्रतिशत) उत्तरदाता इण्टरमीडिएट एवं स्नातक स्तर की शिक्षा प्राप्त किए हुए हैं दो केवल (दो प्रतिशत) उत्तरदाता ही उच्च शिक्षा से संबंधित रहे हैं। कोई भी उत्तरदाता अशिक्षित नहीं पाया गया। उत्तरदाताओं की व्यावसायिक पृष्ठभूमि से संबंधित तथ्य यह प्रदर्शित करते हैं कि निर्देशन में सर्वाधिक संख्या (60 प्रतिशत) कृषि कार्य करने वाले उत्तरदाताओं की है, (16 प्रतिशत) उत्तरदाता व्यापार एवम् (14 प्रतिशत) उत्तरदाता नौकरी करते है। मजदूरी करने वाले उत्तरदाताओं की संख्या सबसे न्यूनतम (10 प्रतिशत) है। आय के सन्दर्भ में अधिकांश: उत्तरदाताओं (44 प्रतिशत) की वार्षिक आय 30,001 से 40,000 के मध्य है। 20,001 से 30,000 तक वार्षिक आय वाले उत्तरदाताओं की संख्या सबसे कम (आठ प्रतिशत) है। भू–स्वामित्व, व्यक्ति की सामाजिक आर्थिक सम्पन्नता का द्योतक होती है। अत: इस सन्दर्भ में अवलोकित तथ्यों के आधार पर निष्कर्ष निकला है कि (44 प्रतिशत) उत्तरदाताओं के पास 0.5 एकड़ से 2.5 एकड़ के तक भूमि की उपलब्धता है, जबकि 2.5 एकड़ से अधिक, की भूमि (10 प्रतिशत) उत्तरदाताओं के पास है तथा (24 प्रतिशत) उत्तरदाता भूमिहीन है। अधिकांश उत्तरदाताओं की पारिवारिक स्थिति सुदृढ़ पायी गयी (56 प्रतिशत) उत्तरदाताओं के

पास पक्के मकान है तथा (28 प्रतिशत) उत्तरदाताओं के पास मिश्रित एवं (16 प्रतिशत) लोगों के पास कच्चे मकान पाए गए हैं।

चूँकि इस प्रकार ग्रामीण भारत में आज संयुक्त परिवारों के प्रति उन्मेष ज्यादा है और खासकर कृषि आधारित परिवारों में। अतः एकाकी या एकल परिवारों की तुलना में संयुक्त परिवार से जुड़े अधिकांशतः नेता एवं नेत्री पाये गये हैं।

शोध की दूसरी परिकल्पना "ग्रामीण नेतृत्व जातिगत आधारित नहीं है, फिर भी ग्रामीण नेतृत्व पर जाति का अप्रत्यक्ष प्रभाव है।" ये परिकल्पनाएं सार्थक रूप में पाई गई हैं, अर्थात् यह स्वीकार्य है। इस सन्दर्भ में अधिकांश (70 प्रतिशत) उत्तरदाताओं का मानना है कि परिवार में नेतृत्व परंपरा जाति के आधार पर नहीं है। इस सन्दर्भ में जाति के आधार पर ग्रामीण नेताओं के परिवार में नेतृत्व परम्परा के अध्ययन से स्पष्ट है कि उच्च जाति के (41.67 प्रतिशत) ग्रामीण नेताओं के परिवार में नेतृत्व परम्परा से चला आ रहा है। निम्न जाति के (33.33 प्रतिशत) ग्रामीण नेताओं के परिवार में नेतृत्व परम्परा से चला आ रहा है, जबकि (66.67 प्रतिशत) ग्रामीण नेताओं के परिवार में नेतृत्व परम्परा से नहीं चला आ रहा है। पिछली जाति के (20.00 प्रतिशत) ग्रामीण नेताओं के परिवार में नेतृत्व परम्परा से चला आ रहा है, जबकि (80.00 प्रतिशत) ग्रामीण नेताओं के परिवार में नेतृत्व परम्परा से नहीं चला जा रहा है। काई-स्क्वायर के अनुसार अन्तर सार्थक है। ग्रामीण नेतृत्व की प्रभावशीलता के सन्दर्भ में अधिकांशः (63.20 प्रतिशत) उत्तरदाताओं ने बताया है कि नेता जातियता को प्रोत्साहित करते हैं। ग्रामीण नेतृत्व में जाति का सहारा आवश्यक है या नहीं, इस विषय पर अधिकाशः (56.00 प्रतिशत) उत्तरदाताओं ने कहा कि ग्रामीण नेतृत्व में जाति का सहारा नही है, लेकिन प्रभावपूर्ण है। जातिवाद जब विकसित होता है, इस सन्दर्भ में अधिकांश उत्तरदाताओं (48.00प्रतिशत) का कहना है कि जातिवाद चुनाव के समय अत्यधिक विकसित होता है, शक्तिशाली समूहों की शक्ति संरचना के संबंध में अधिकांशः उत्तरदाताओं (60.00 प्रतिशत) का कहना है कि पारंपरिक शक्ति संरचना एवं नेतृत्व में परिवर्तन हुआ, जिसका सबसे प्रमुख कारण शिक्षा है। जाति के आधार पर ग्रामीण संघर्षों में नेता संबंध रखता है या नहीं, इस प्रश्न पर अधिकांश (64.00 प्रतिशत) उत्तरदाताओं ने संबंध के संदर्भ में असहमति व्यक्त की है।

उपर्युक्त परिकल्पना का सैद्धान्तिक विमर्श के आधार पर परीक्षण करने के दौरान मर्टन द्वारा संरचनात्मक-प्रकार्यवादी प्रारूप का प्रयोग किया गया, जिसके अन्तर्गत प्राप्त तथ्यों के आधार पर यह सामान्यीकरण प्रस्तुत हुआ कि जाति संरचना के अप्रत्यक्ष प्रभावों ने कुछ दुष्प्रकार्यात्मक प्रकार्य भी प्रकट किए हैं। ग्रामीण नेतृत्व

में चुनावी गतिविधियों के दौरान जातिवाद, दलबंदी, गुटबंदी नज़र आते है, शैक्षणिक प्रभावशीलता के बावजूद शक्ति संरचना में अप्रत्यक्ष रूप से हस्तक्षेप करने वाले लोग संभ्रान्त वर्ग से संबंधित हैं। इस प्रकार संवैधानिक प्रावधानों की सफलता से हमें आधारभूत विकास तो नजर आता है, लेकिन अप्रत्यक्ष रूप से ऐसी अनैच्छिक क्रियाएँ भी प्रकट होती हैं, जो समाज में अप्रतिमानहीनता को परिलक्षित कर रही हैं। जैसे– समाज का निम्न वर्ग सैद्धान्तिक तौर पर सशक्त हुआ है, लेकिन व्यवहारतः उसके निर्णय लेने की शक्ति विकासात्मक क्रियाकलाप आदि उच्च जाति वर्ग के द्वारा संचालित हो रहे हैं। अतः कमजोर वर्ग आज भी समाज की मुख्य धारा में समावेशित नहीं हो पाया है, जो कि संरचनात्मक स्तर पर दुष्प्रकार्यात्मक परिणामों को हमारे समझ प्रस्तुत करता है।

शोध की तृतीय परिकल्पना "जहाँ तक सामाजिक परिवर्तन तथा विकास की बात है, ग्रामीण पुनर्निर्माण में ग्राम पंचायत के नेताओं का महत्त्व सामाजिक कार्यों तथा गाँवों की उन्नति सामाजिक सुधार, कल्याण एवम् आर्थिक दशा में सुधार से संबंधित है।" यह परिकल्पना प्राप्त निष्कर्षों के आधार पर स्वीकार्य नहीं है क्योंकि ग्रामीण विकास के अन्तर्गत नई कृषि तकनीक, पशु सुधार एवं वृक्षारोपण को अपनाने में सर्वाधिक (50.00 प्रतिशत) मार्गदर्शन एवं सहायता करने में कृषि अधिकारी का योगदान रहा है, जबकि नेता का योगदान मात्र (20 प्रतिशत) रहा है। गाँवों में अथवा निकटवर्ती गाँवों में विद्यालय, पंचायत भवन की स्थापना किसके प्रयास से हुई ? इस सन्दर्भ में अधिकांश (44.00 प्रतिशत) उत्तरदाताओं ने सरकारी कर्मचारियों के प्रयासों को बतलाया तथा ग्रामीण नेता का योगदान बतलाने वाले (16 प्रतिशत) उत्तरदाता हैं। ग्रामीण पुनर्निर्माण के संदर्भ में सड़क एवं कुँएं निर्माण, विद्युत की व्यवस्था एवम् अन्य सामाजिक कार्यों की व्यवस्था में अधिकांशः (40 प्रतिशत) उत्तरदाताओं ने सरकारी कर्मचारियों को माध्यम बतलाया। ग्रामीण पुनर्निर्माण के संदर्भ में ( 20 प्रतिशत) उत्तरदाताओं ने ग्रामीण नेताओं को माध्यम बतलाया।

अतः इस निष्कर्ष के रूप में यह तथ्य प्राप्त होते हैं कि शक्ति संरचना जाति आधारित न होने के बावजूद भी जाति प्रभावशीलता से परे नहीं है तथा ग्रामीण पुनर्निर्माण में नेताओं के योगदान से ज्यादा सरकारी कर्मचारियों का योगदान रहा है।

प्रस्तुत शोध की परिकल्पना को गांधीवादी वैचारिकी के आधार पर विश्लेषित करने के पश्चात् यह ज्ञात होता है कि ग्रामीण संरचना का विकास गांधीवादी स्तर के आधार पर पूर्णरूप प्रयास किया गया। गांधीवादी वैचारिकी के आधार पर ग्रामों का विकास स्थानीय लोगों की पूर्ण सहभागिता तथा लघु व कुटीर उद्योगों की

स्थापना के द्वारा ही संभव है, लेकिन प्रस्तुत अध्ययन के अंतर्गत प्राप्त निष्कर्ष यह सामान्यीकरण करते हैं कि विकासात्मक कार्यों में स्थानीय नेतृत्व का योगदान कम है तथा नौकरशाह के माध्यम से ग्रामीण पुनर्निर्माण को साकार किया जा रहा है। इस प्रकार यह कहा जा सकता है कि गांधी ने जिस विकेन्द्रीकरण की वकालत की, वह आज निरर्थक प्रतीत हो रही है, क्योंकि गाँवों की भोली-भाली श्रमशील जनता न केवल दलबंदी के दलदल में धंसती गई, बल्कि जातिवाद के चरमशिखर पर पहुँच गई तथा भ्रष्ट नौकरशाह ने गांधीवादी विकास की संकल्पना को निरर्थक साबित कर दिया है।

शोध से संबंधित चतुर्थ परिकल्पना "वर्तमान स्थिति में परिवर्तन और नेतृत्व की क्षमता, जनतांत्रिकरण विकेन्द्रीकरण की ओर बढ़ती आ रही है अर्थात् युवा, शिक्षित, तथा पिछड़ी जातियों को ग्रामीण नेतृत्व में अधिक अवसर प्राप्त हो रहे हैं।"

यह परिकल्पना प्राप्त तथ्यों के आधार पर स्वीकार्य है। इस परिकल्पना के पक्ष में निष्कर्ष प्राप्त होते हैं। पंचायती संस्थाओं में जाति के आधार पर दिया गया आरक्षण सफल हो सकता है कि नहीं, के विषय में अधिकांशतः (66 प्रतिशत) लोगों ने अपनी सहमति व्यक्त की है तथा नेतृत्व अभिक्षमता में जाति की बजाय शिक्षा को अधिकांशतः ( 66 प्रतिशत) लोगों ने महत्त्व दिया है। इस संदर्भ में प्रस्तुत परिकल्पना सार्थक है क्योंकि उच्च जातियों के ( 56.67 प्रतिशत) निम्न जातियों ( 61.11 प्रतिशत) तथा पिछड़ी जातियों के ( 76 प्रतिशत) लोगों का मानना है कि नेतृत्व अभिक्षमता जाति के आधार पर न होकर शिक्षा के आधार पर है। काई-स्क्वायर के माध्यम से शिक्षा एवं जातिगत नेतृत्व में सार्थक संबंध है।

महिलाओं, अनुसूचित जातियों एवं जनजातियों के संदर्भ में अधिकांश लोगों ने (70 प्रतिशत) आरक्षण को सराहनीय एवं क्रांतिकारी कदम बतलाया है। नेतृत्व के उदीयमान स्वरूप के संदर्भ में अधिकांश (60 प्रतिशत) उत्तरदाताओं का मानना है कि ग्रामीण भारत में लोकतंत्रात्मक एवं युवा नेतृत्व का आविर्भाव हो रहा है तथा उच्च जातियों के महत्व में कमी आ रही है।

पंचायती राज के माध्यम से जनमानस की मानसिकता में क्या बदलाव आया है ? इस संदर्भ में छह वक्तव्यों का सहारा लिया गया है जिसमें जातिगत संरचना के संदर्भ में अधिकांश (56 प्रतिशत) उत्तरदाताओं का मानना है कि इसमें बदलाव आया है, शिक्षा के प्रति झुकाव के सन्दर्भ में अधिकांशः (72 प्रतिशत) उत्तरदाताओं ने अपनी सहमति व्यक्त की है। राजनीति में बढ़-चढ़ कर भाग लेना चाहिए या नहीं, इस संदर्भ में अधिकांश (52 प्रतिशत) उत्तरदाताओं ने अपनी सहमति व्यक्त की है, विकास कार्यों में लोग बढ़-चढ़कर भाग ले रहे हैं या नहीं, इस संदर्भ में अधिकांश

(76 प्रतिशत) उत्तरदाताओं ने साकारात्मक उत्तर प्रस्तुत किए हैं, वर्तमान समय में समता की भावना का विकास हो रहा है या नहीं, इस परिप्रेक्ष्य में अधिकांश (80 प्रतिशत) उत्तरदाताओं ने सहमति व्यक्त की है। नेतृत्व के माध्यम से पारिवारिक स्थिति पर सकारात्मक एवं नकारात्मक प्रभाव पड़ रहा है, के सन्दर्भ में अधिकांश (60 प्रतिशत) उत्तरदाताओं द्वारा पारिवारिक प्रतिष्ठा बढ़ने की बात स्वीकार्य की गई है, राजनीति मूल्यों में किस प्रकार की आकांक्षाए लोगों की जुड़ी हुई है? इस संदर्भ में अधिकांशः ( 44 प्रतिशत) उत्तरदाताओं ने राजनीतिक के माध्यम से गाँवों का विकास करना स्वीकार्य किया है, तथा ( 26 प्रतिशत) उत्तरदाताओं द्वारा राजनीतिक पहचान बनाने की बात को स्वीकार्य किया गया है, तथा ( 25 प्रतिशत) उत्तरदाताओं द्वारा राजनीतिक पद प्राप्त करने की बात स्वीकार्य है। भारत में राजनीतिक व्यवस्था के स्वरूप के संदर्भ में अधिकाशः ( 50 प्रतिशत) उत्तरदाताओं ने लोकतंत्रात्मक व्यवस्था को लागू करने की बात कही है। वर्तमान राजनीतिक व्यवस्था में परिवर्तन का माध्यम क्या हो ? इस विषय पर उत्तरदाताओं द्वारा अपने मत प्रस्तुत किए गए, जिसमें सर्वाधिक ( 48 प्रतिशत) उत्तरदाताओं ने शिक्षा के विकास द्वारा राजनीतिक व्यवस्था में परिवर्तन की बात स्वीकार की है, तथा ( 32 प्रतिशत) उत्तरदाताओं ने राजनीतिक प्रशिक्षण एवं ( 22 प्रतिशत) लोगों ने लोकतांत्रिक जागरूकता के पक्ष में अपने विचार दिये हैं।

बिहार के पुनर्निर्माण में नेतृत्व के मार्ग में कौन-कौन सी बाधाएँ आने वाली हैं ? इस संदर्भ में अधिकांश (64 प्रतिशत) लोगों द्वारा जातियता, उग्रवाद, भ्रष्ट सरकारी पदाधिकारी एवं कर्मचारियों को बाधक के रूप में प्रस्तुत किया है तथा वर्तमान राजनीति में किस प्रकार के नेता प्रवेश कर रहे हैं ? के संदर्भ में सर्वाधिक (72 प्रतिशत) उत्तरदाताओं का मानना है कि भ्रष्ट चरित्र वाले एवम् माफिया वर्ग से संबंधित लोग प्रवेश कर रहे हैं। 'ऑनर किलिंग' के संबंध में अधिकांश लोगों ने यह माना है कि बिहार में 'ऑनर किलिंग' की समस्या ( 60 प्रतिशत) कम है।

जातिगत व्यवस्था के अन्तर्गत वैवाहिक संबंधों के संदर्भ में किस प्रकार के प्रतिमान उभरकर सामने आ रहे हैं ? इस संदर्भ में अधिकाश (80 प्रतिशत) उत्तरदाआतों का मानना है कि वर्तमान पीढ़ी के लोग गैर जातिगत विवाह संबंध की ओर उन्मुख नहीं हो रहे हैं। अर्थात् ग्रामीण क्षेत्रों में वैवाहिक संबंधों के संदर्भ में जातिगत शिथिलता विद्यमान नहीं है।

प्रस्तुत शोध की परिकल्पना का विश्लेषण गांधीवादी एवं अम्बेडकरवादी चिंतन के समन्वय के रूप में किया गया है। 73वें संविधान संशोधन द्वारा गांधी तथा अम्बेडकर के पंचायत संबंधी विचारों को कार्यरूप देने अनुभाविश्रत समन्वय का

सार्थक प्रयास निरूपित किया जा सकता है। इसके लागू होने के साथ ही गांधी के सपनों के अनुरूप पंचायत के माध्यम से जहाँ लोकतंत्र जमीनी स्तर तक प्रभावी तथा मजबूत हुआ और ग्रामवासियों को अपने विकास के बारे में निर्णय लेने और अपनी समस्याओं को सुलझाने के लिए स्वयं पहल करने का अवसर प्राप्त हुआ। वहीं कमजोर वर्गों की ग्राम स्तर पर सत्ता में भागीदारी न हो पाने की संभावना की वजह से पंचायत से उन्हें होने वाली संभावित क्षति संबंधी डॉ. अम्बेडकर की शंका का समाधान भी हो गया इस प्रकार। संविधान में उक्त संशोधन के लिए पहल कर कमजोर वर्गों को अधिकार सम्पन्न, सशक्त एवं समर्थ बनाया गया है, जिससे जहाँ वे अपने हितों की रक्षा में समर्थ हुए हैं, वहीं वे ग्रामीण विकास में सार्थक भागीदारी के क़ाबिल भी बने हैं।

## मौलिक उपलब्धियाँ

प्रस्तुत अध्ययन के निष्कर्ष का विश्लेषण एवं परिकल्पनाओं की जाँच करने के पश्चात् शोध से संबंधित मौलिक उपलब्धियाँ निम्न प्रकार से हैं:

- नेतृत्व का उदीयमान स्वरूप अधिकतर संयुक्त परिवारों में परिलक्षित होता है अर्थात् अधिकतर नेता संयुक्त परिवारों से संबंध रखते हैं, जिनकी सामाजिक-आर्थिक प्रस्थिति उच्च रही है।
- अधिकांशतः उत्तरदाता सामाजिक-आर्थिक रूप से सुदृढ़ हैं, एवं नेतृत्व पारम्परिक आधार पर नहीं वरन् प्रजातांत्रिक आधार पर आधारित है।
- प्रजातांत्रिक मूल्यों की स्वीकार्यता के बावजूद जातीय एवं नातेदारी गुटबंदी प्रभावशाली रही है।
- 73वें संविधान संशोधन के पश्चात् अध्ययन से प्राप्त विश्लेषण के आधार पर शक्ति संरचना में वंशानुक्रम पर आधारित नेतृत्व का ह्रास हुआ है, एवं नवीन युवा वर्ग, अनुसूचित जाति, जनजाति तथा महिलाओं की सहभागिता में बढ़ोत्तरी हुई है। इस सहभागिता में बढ़ोत्तरी के पीछे सर्वप्रमुख शक्ति का कार्य संवैधानिक आरक्षण को बतलाया गया।
- ग्रामीण पुनर्निर्माण के सन्दर्भ में अधिकांशतः उत्तरदाताओं ने जातीयता, उग्रवाद, भ्रष्टाचार को बाधक माना है।
- ग्रामीण विकास एवं परिवर्तन के सन्दर्भ में अधिकांशः उत्तरदाताओं का मानना है कि शिक्षा, जनसहभागिता एवं जागरूकता में वृद्धि के बिना ग्रामीण सामाजिक संरचना में परिवर्तन संभव नहीं है।

- जातिगत व्यवस्था के अन्तर्गत वैवाहिक संबंधों के सन्दर्भ में नवीन प्रतिमान उभरकर सामने नहीं आए हैं, बहुसंख्यक उत्तरदाताओं ने यह बताया है कि वर्तमान पीढ़ी के लोग भी ग़ैर जातिगत विवाहों की ओर उन्मुख नहीं हो रहे हैं, इस वजह से 'ऑनर किलिंग' की समस्या प्रस्तुत अध्ययन क्षेत्र में विद्यमान नहीं है।

- 73वें संविधान संशोधन के पश्चात गाँव में एक नवीन जातीय समीकरण देखने को मिला अर्थात् अध्ययन के दौरान यह पाया गया कि नेतृत्व को लेकर सवर्ण जाति के लोग कमजोर वर्ग के लोगों के साथ मिलकर गठजोड़ करते हैं जो कि नवीन जातीय समीकरण को सत्ता के संदर्भ में परिलक्षित करती है, अर्थात् सैद्धान्तिक तौर पर सत्ता पर कमजोर वर्ग आसीन होता है लेकिन वास्तविकता के स्तर पर कमजोर वर्ग उच्च वर्ग की प्रभावशीलता के फलस्वरूप सत्ता का संचालन नहीं करता है, बल्कि सत्ता पर उसका नाममात्र अधिकार रहता है।

- संवैधानिक प्रावधानों के फलस्वरूप पारम्परिक शक्ति संरचना में परिमार्जन देखने को मिलता है। ग्राम पंचायतों के चुनाव के दौरान उच्च जातियों में अंतर्जातीय संघर्ष देखने को मिला है। इसका प्रमुख कारण यह है कि सत्ता के उपभोग की इच्छा उच्च वर्ग के अधिकांश लोग करना चाहते हैं। इस प्रक्रिया के दौरान विभिन्न उच्च वर्गों में कई प्रकार की गुटबंदी पायी जाती है। जिसके परिणामस्वरूप उच्च वर्ग एवम् उच्च वर्ग के ही मध्य अंतर्जातीय संघर्ष की पुष्टि अध्ययन से हुई है।

## सुझाव

- उत्तरदाताओं द्वारा प्राप्त सुझावों के फलस्वरूप उन्होंने मांग उठायी कि ग्रामीण विकास के स्थानीय स्तर पर जो कार्य किये जा रहे हैं, उनके हेतु सरकारी एवं गैर सरकारी प्रयासों के द्वारा संगोष्ठियों तथा कार्यशालाओं का आयोजन किया जाय जिससे नेतृत्व संबंधी प्रतिमान में जागरूकता के स्तर में वृद्धि हो एवं साथ ही साथ प्रशिक्षण भी प्राप्त किया जा सके।

- महिला उत्तरदाताओं द्वारा ग्रामीण नेतृत्व को और प्रभावशाली बनाने हेतु पुरुषवादी मानसिकता के अन्तर्गत बदलाव की मांग की है। उनके इस सुझाव के पीछे तर्क यह था कि उन्हें दोहरी भूमिकाओं से गुजरना पड़ रहा है।

# सन्दर्भ ग्रन्थ-सूची


**Reports**

*A Report on New Structures of Panchayati Raj.* (1994). Government of Rajasthan, Jaipur : Secretariat of Grameen Vikas and Panchayati Raj Development.

*A Report on Powers and Functions of Panchayati Raj Institution : A Framework.* (1994). Government of India, Hyderabad : National Institute of Rural Development.

*A Report on Revitalisation of Panchayati Raj in India, Problems and Prospects.* (1997). New Delhi: Rajiv Gandhi Foundation.

*A Report on Status of Women in India.* (1975). ICSSR, Government of India, New Delhi : Allied Publishers.

*A Report on the Training Workshop for Panchayat Functionaries,* Dec. 6,11, 2001. Organised by the Deptt of Political Science, M.L.S. University, Udaipur and Astha Sansthan.

*A Report on the Training Workshop for S.T. Women Sarpanch of South Rajasthan,* Jan. 27-29, 2002, organised by the Deptt of Political Science, M.L.S. University, Udaipur and Astha Sansthan.

Burman, B.K. Roy. (1994). "Tribal Areas and Constitution (73rd Amendment) Act". *Panchayati Raj Update*, New Delhi: Institute of Social Sciences.

Burman, B.K. Roy. (1995). "Bhuria Committee Report-A Critique", in *Panchayati Raj Update.* New Delhi : Institute of Social Sciences.

*Human Development Report (2002).* New Delhi : Oxford.

Mahila Janadhikar Samiti (2001). *Panchayat Lugayan Ki.* Ajmer : Book for Change.

Mathew, George. (1995). *"Dymothologising Partnership - Need for a New Paradigm"*, Paper presented at the India Seminar on Partnership, at the Evangelische Academic Bad Boll, Germany.

Mehta, B. (1962). "Community Development, Panchayati Raj and Planning", in *Kennedy Foreign Policy*, Jaipur: Univrsity of Rajasthan.

Mukherjee, B. (1963). *Community Development in India*, Delhi: Orient Longman and Co. Ltd.

*Panchayati Raj Development Report*. (1995). New Delhi: Institute of Social Science.

*Proceedings of National Workshop on Panchayati Raj*. May 19-20, 1993. New Delhi: Rajiv Gandhi Foundation.

*Report of the Committee on the Status of Women in India*. (1974). Govt. of India, New Delhi; Ministry of Education and Social Welfare Department.

*Report of the Indian Women : A Statistical Profile* (1975). Govt. of India, New Delhi; Ministry of Education and Social Welfare Department.

**Books**

Agrawal, Bina, (2000), "The Idea of Gender Equality: From Legislative Vision to Everyday Family Practices". *In Indian Anther Millennium.* (Romila Thapar ed.). New Delhi: Viking.

Agnew. Vijay, (1979), *Elite Women in Indian Politics*. Delhi: Vikas Publishing House.

Ahuja, Ram. (1988). *Violence against Women*, Jaipur: Rawat Publication. Ahuja, Ram (1995) *Rights of Women: Feminist Perspective*. Jaipur: Rawat Publication.

Alarcon, Norma. (2001). "The Theoretical Subject(s) of this bridge Called my Basic and Anglo-American Feminism", in *The New Social Theory Reader* (Steven Seidman and J.CX. Alexander, ed.). London: Keagun Paul.

Allen, Robert, (2000). *The New Penguin English Dictionary*, New Delhi: Penguin Books.

Ambekar, B.R. (1989). *Annihilation of Caste*, Aligarh: Anand Sahitya Sadan.

Asthana Pratima. (1994). *Women's Movement in India*. Delhi: Vikas Publishing House.

Baig, Tara Ali (1958). *Women of India*, Delhi: Government of India.

Baig, Tara Ali (1978), *India's Women Power*, Delhi: S. Chand and Company.

Barry, Peter, (1995). *Feminist Criticism, Beginning Theory*, New York: Manchester University Press.

Beteille, Andre, (1971). *Caste, Class and Power, Berkeley*: University of California Press.

Beteille, Andre, (ed.) (1969). *Social Inequality*. England: Penguin.

Betellie, Andre. (1969). *Caste: Old and New*, Bombay, Asia Publishing House.

Bhargava, B.S. (1979). *Panchayati Raj System and Political Parties*, New Delhi: Ashish Publishing House.

Bhasin, Kamla. (2000). *Bhala Yah Gender Kya Hai*, translated by Shivpuri, Veena, New Delhi: Jagori.

Connel, R.W. (1987). *Gender and Power: Society, The Peson and Social Politics*, Cambridge: Potelly.

Dandekar, V.M. (1995), "Nature of Class Conflict in the Indian Society", in *Social Inequality in India* (K.L. Sharma, ed.). Jaipur: Rawat Publications.

Datta, Bishaka. (1998). *And who will make the Chapatis*? Calcutta: STREE. Davies, J.L.1990) *Short History of Women*, New Delhi: Deep and Deep Publications.

Dawdia, C.K. (1975). Women of Rajasthan, Jaipur: Rajasthan University Press.

Dehrendorf, R. (1959). *Class and Class Confilict in Industrial Society*. New York: Stanford University Press.

Delamont Sara. (1980). *The Sociology of Women*, London: George Allen and Unwin.

Desai, A.R. (1961). *Rural Sociology in India*. Bombay, Indian Society of Agricultural Economics.

Desai, Neera (1996), "Women's Employment and their Familial Role in India", in *Social Structure and Change*, Vol. II (Shah, Baviskar and Rama Swamy, ed.), New Delhi; Sage.

Desai, Meghnad, (1975). "India Emerging Contradiction of Slow Capitalist Development" in *Explosion in a Subcontinent* (Robin Blackburn ed.). London: Penguin Book.

Devi, Laxmi (ed.). (1998), *Women and Development*. New Delhi: Anmol Publications Pvt. Ltd.

Dey, S.K. (1961). Panchayati Raj: *A Synthesis*, Bombay: Asia Publishing House.

Doshi, S.L. (1999). *Tribal Ethnicity, Class and Integration*, Jaipur: Rawat Publications.

Dreese, Jean and Amartya Sen (2002). *Indian Development and Participation*, New York, Oxford.

Dubey, Leela, (1986). "Seed and Earth: Symbolism of Biological Reproduction and Sexual Relations of Production", in *Visibility and Power; Essays on Women in Society and Development*. (L. Dube, B. Leacock and S. Ardener, eds.), Delhi: Oxford.

Dube, S.C. (1960). *India's Changing Village: Human Factors in Community Development*, London: Routledge and Keagan Paul.

Dube, S.C. (1999). "Men's and Women's Role in India: A Sociological Review" in *Tradition and Development*, New Delhi; Vikas Publishing House.

Dumont, Louis (1970). *Homo Hierarchicus*, Delhi: Vikash Publications.

Elvin, Verrier. (1960). *A Philosophy for Nefa*. Shilong: Government of Assam.

Epstein, S.T. (1996). "Culture, Women and India's Development" in *Social Structure and Change*, Vol. II, (Shah, Baviskar and Rama Swamy ed.), New Delhi: Sage.

Etienne, Gilbert. (1982). *India's Changing Rural Scene*. 163-1979. Delhi: Oxford.

Everett, J.M. (1981). *Women and Social Change in India*. New Delhi: Heritage Publishers.

Fadia, B.L. (1984). *State Politics in India*, Vol. I, II, New Delhi: Radiant Publishers.

Gandhi, M.K. (1962). *Village Swaraj* (Compiled by H.M. Vyas). Ahmedabad: Navajivan Publishing House.

Gaur, K.D. (1996), "Women and Governmental Programmes" in *Contemporary Indian Women, Collected Works*, Vol. IV, (Dharam Vir and Kamlesh Mahajan ed.), New Delhi; Academic Publishers.

Ghandiall Rehana, (1988). *Women in Indian Society*. New Delhi: Sage.

Ghurya, G.S. (1995). *The Scheduled Tribes*, Bombay: Popular Prakashan,

Giddens, Anthony, (2001). *Sociology*, New Delhi, Polity.

Gupta, S. and M. Gupta (eds.). (1966). *Role of Women in the Twenty-First Century*. Delhi: Anmol Publications.

Lsaac, T.N. Thomas, (2000). *Local Democracy and Development*, New Delhi: Leftword.

Jha, U.S.A. Mehta and L. Menon (eds.). (1998). *Status of Indian Women*, Vol. I-II, New Delhi; Kanishka Publishers.

John, B. (1953). *Child Care and Growth of Love*. Harmondesworth: Penguin.

Kapur, Pramila (1974) *The Changing Status of the Working Women in India*, New Delhi: Vikas Publishing House.

Karl, Mariles, (1995). *Women and Empowerment, Participation and Decision Making*. (London and New Jersey: Zed Books.

Kumaswat, S.S. (2001). *Udyami Aur Udyamita*, New Delhi: Classical Publishing Co.

Leslie, J. and M. Megee, (2000). *Invented Identify*, New Delhi: Oxford.

Lewis, Oscar. (1958). *Village Life in Northern India*. Urbana:University of Illinois Press.

Lingam, Lakshmi, (2002) "Taking Stock: Women's Movement and The State", in *Social Movements and the State* (Ghanshyam Shah ed.). New Delhi, SAe.

Lodha, Sanjay, (2002). "Panchayati Raj Vyavastha Ka Vikas", in *Pragatisheel Rajasthan* (R.M. Lodha ed.), Udaipur: Agretik Publishing Academy.

Lodrick, Deryck. (1994). "Rajasthan as a Region: Myth or Reality?" in *The Idea of Rajasthan*, Vol. I, II. (Schomer Erdman, Lodrick, Rudolph, ed.). New Delhi: Manohar.

Madan G.R. (1959). *Changing Patterns of Indian Village with Special Refernce to Community Development*, Delhi: S. Chand and Co.

Mahan, R. (19980. *Women and the National Movement*, Jaipur: Rawat Publications.

Marshal, Gordon, (1997). *Dictionary of Sociology*, New York, Oxford.

Marx. K. and Engels, F. (1975) Manifesto of the Communist Party. Moscow Progress Publishers.

Mathew, George. (1995), A Tale of Two Panchayats, Madras: The Hindi Mathew, George (ed) (1995), *Manifesto of the Communist Party.* Moscow Progress Publishers.

Mayer, Adrian. (1960). *Caste and Kinship in Central India: A Village and its Region*, Berkeley; University of California Press.

Mehrotra, Deepti P. (2001). *Bhartiya Mahila Andolan*, New Delhi: Sampoorna Trust.

Michels, Robert. (1968). *Political Parties*, New York: The Free Press.

Mies, Maria (1988). *Women—The Last Colony*, Delhi: Kali for Women.

Milbrath, L.W. and M.L. Goel. (1977). *Political Participation: How and Why do People Get Involved in Politics*? Chicago: Rand McNally.

Milovar, Djilas, (1958). *New Class*. London: Princeton.

Mishra, D.A. (1999). *Gender Perspective*, New Delhi : Radha Publications.

Mukaji, N. and B. Arora (eds.). (1992). *Federalism in India: Origins and Development*, Delhi: Vikas.

Murdock, J. (1949). *Social Structure*, New York: Macmillan.

Nadarajah, M. (1998). *Culture, Gender and Ecology: Beyond Workerism.* Jaipur: Rawat Publication.

Narasimhan, Sakuntala (1999). *Empowering Women.* New Delhi: Sage Publication.

Nehru, Jawaharlal. (1989). *The Discovery of India*, Delhi: Oxford.

Oakly, Ann. (1974). *House Wife*. London: Allen Lane.

Oakley, Ann. (1974). *The Sociology of Housework.* London: Martin Robertson.

Oakley, Ann. (1985). *Sex Gender and Society*. London: Temple Smith.

O,vedt, Gail. (1995). "The Awakening of Women's Power: The Rural Women's Movement in India", in *Contradictions in Indian Society* (Manorama Savar and Indra Munshi ed.). Jaipur. Rawat Publications.

Parkh, Indira. (1989). *Indian Women*, New Delhi: Sage.

Parashar, Sharad. (1995). *Rural Develpment Administration*. Jaipur: Arihant Publishing House.

Parkin, F. (1971). *Class Inequality and Political Order*. London: MacGibbon & Kee.

Parsons, T. and R.F. Bales (eds.) (1955). *Family, Socialisation and Interaction*. New York: The Free Press.

Pereto, Vilfredo. (1935). *The Mind and Society*, Vol. I, II. New York: Dover Publications.

Phoole, Jyotirao. (1994). *Gulamgiri*. Lucknow: Cultural Publishers.

Punalekar, S.P. (1995). "Bypassing the Poor and the Powerless: A study of some Aspects of Rural Devleopment in Western India", in *Contradiction in Indian Society* (Manorama, S. and Indra, M. ed.), New Delhi: Rawat Publications.

Rao, N.J. Usha. (1988). *Women in a Developing Society*. New Delhi: Ashish Publishing House.

Runcy, Man, W.G. (1969). "Three Dimensions of Social Inequality" in *Social Inequality* (Andre Beteille, ed.). England: Penguin.

See, W.O. Robert and W., Pauline. (1982), *The Women of Rural Asia*, Boulder: Colorado, Westview Press.

Sen, Ashok (1999). "Discussion Subaltern Studies Capital Class and Community" in *Subaltern Studies*, Vol. V. (Ranjit Guha, ed.), New Delhi: Oxford.

Seth, Mira. (2001). *Women Development*, New Delhi: Sage.

Sharpe, Sue (1976). *Just Like a Girl*, Harmondsworth: Penguin.

Simone De Beauvoir, (1952). *The Second Sex*. New York: Alfred A. Knopf Inc.

Singh, K.S. (eds.), (1998). *People of India* , Mumbai: Anthropoligical Survey of India.

Singh, Rajendra. (2001). *Social Movements, Old and New, A Post-Modernist Critique*, New Delhi: Sage.

Singh, Yogendra. (1973). *Modernisation of Indian Tradition*. Delhi Thomson Press.

Sisson, Richard, (1972). *The Congres Party in Rajasthan*, Delhi: Oxford.

Smith, Dorothy. (1973). "Women, The Family and Corporate Capitalism" in *Women in Canada* (Marylee Stephenson ed.). Toronto: The New Press.

Somner, G.J. (2001). *Empowering the Oppressed*. New Delhi: Sage Publication.

Sood, R. (1991, *Changing Status and Adjustment of Women*, Jaipur: Wawat Publications.

Spicer, E.H. (1952). *Human Problems in Technological Change*, New York: Russell Sage Fondations.

Srinivas, M.N. (1972). *Social Change in Modern India*, New Delhi: Orient Longman.

Srinivas, M.N. (1991). *India: Social Structure*, New Delhi: Hindustan Publishing.

Srinivas, M.N. (2002). *Collected Essays*, New Delhi : Oxford.

Steven S. and J.C. Alexander (eds.). (2001). *"The New Social Theory Reader*, London: Kegun Paul.

Svalastoga, Kaare. (1964). "Social Differentiation" in *Hand Book of Modern Sociology* (Rober Faris, ed.) Chicago: Rand Mcnaly and Co.

Tinker, Hugh (1954). *Foundation of Local Self-Government in India, Pakistan and Burma*, London: University of London.

Tumin, Menvil, M. (1969). *Social Stratification*, New Delhi: Prentice Hall of India.

Wandor, M. (ed.). (1972). *The Body Politics*. London : Stage One.

Watson, James. (1968). *The Double Helix*. London: Weidenfeld and Nicolson.

Watson, James (ed.) (1977). *Between Two Cultures*. Oxford: Blackwell.

Wesolowski, W., (1969). "The Nations of Strata and Class in Socialist Society", in *Social Inequality*. op.cit.

Wigmanuya, Poona (ed.) 1993). *New Social Movements in the South*. New Delhi: Viskaar Publications.

**Articles**

Bhargava, Naresh (2002)."Panchayati Raj Jan Bhagidari Aur Samajik Punji", in *Tribe*, A Journal of T.R.I., Vol. 32, No. 1-4, Jan-Dec.

Hanna Papanek. (1990). "Socialisat` ion for Inequality: Issues for Research and Action", in *Samya Shakti*, A Journal of Women's Studies, Vol. IV, V.

Lodha,Sanjay. (2000). "Pratyaksha Loktantra Aur Gram Sabha, Samasya Aur Samadhan", in *Tribe*, A Journal of T.R.I. Vol. 32, No. 1-4, Jan-Dec.

Mahi Pal. (1994). "Planing for Women's Progress under Panchayati Raj" in *Yojana*.

Mahi pal. (1998), "Women in Panchayat Experience of a Training Camp", in *Economic and Political Weekly*, Vol. XXXIII No. 4, Jan. 24-30.

Mathur, P.C. (1991). "Rural Local Self-government in India: Ideological Nances From Pipon to Jayaprakash Narayan, 1882-1964", in *Journal ofRural* Development. Vol. 10, No. 5, September.

Menon, Ritu (2000). "Structured Silences of Women", in *Economic and Political Weekly*, Vol. XXXV. No. 18, April 29-May 5.

Narain, Iqbal. (1964). "Democratic Decentralisation and Rural Leadership: The Rajasthan Experiement", in *Asian Survey*, Vol. IX, No. 8. August.

Rajagopal, S. (2000). "Women's Empowerment through State Benevolence", in *Economic and Political Weekly*. Vol. XXXV. No. 33, August 12-18.